运营管理案例

王　婷◎著

重庆大学出版社

内容提要

案例教学是工商管理专业教育教学中不可或缺的一部分。本书取材以贵州省本土企业的实践为主，东部发达地区企业的实例为辅，重点聚焦运营管理相关理论知识，研究不断出现与发展相关的新兴话题，把重点的理论知识点贯穿于生动的故事情节中，在阐明实际问题的同时介绍了核心理论及其应用方法。全书共 11 个运营管理案例，分别从生产运作管理、战略管理、项目干系人管理、设备维护与管理、质量管理、风险管理、采购管理、安全管理等维度剖析，分为案例正文与案例使用说明两部分，旨在培养学生在运营管理领域的创新创造能力与提供企业运营管理解决方案的综合能力，同时为相关课程的授课教师提供案例素材与思路借鉴。

图书在版编目（CIP）数据

运营管理案例 / 王婷著. -- 重庆：重庆大学出版社，2023.2
ISBN 978-7-5689-3594-4

Ⅰ.①运… Ⅱ.①王… Ⅲ.①企业管理—生产管理—案例 Ⅳ.①F273

中国版本图书馆 CIP 数据核字（2022）第 213913 号

运营管理案例

王 婷 著
策划编辑：沈 静

责任编辑：杨育彪　　版式设计：沈 静
责任校对：王 倩　　责任印制：张 策

*

重庆大学出版社出版发行
出版人：饶帮华
社址：重庆市沙坪坝区大学城西路 21 号
邮编：401331
电话：(023) 88617190　88617185（中小学）
传真：(023) 88617186　88617166
网址：http://www.cqup.com.cn
邮箱：fxk@cqup.com.cn（营销中心）
全国新华书店经销
重庆市正前方彩色印刷有限公司印刷

*

开本：787mm×1092mm　1/16　印张：16.25　字数：273 千
2023 年 2 月第 1 版　　2023 年 2 月第 1 次印刷
印数：1—1 000
ISBN 978-7-5689-3594-4　　定价：59.00 元

前　言——

　　案例教学作为管理类专业的主要教学方法,已成为现代管理科学与工商管理领域教育中不可分割的一部分。案例是对商业情境中真实情况的描述,目的是让案例使用者能够通过案例分析,理解或掌握管理学科知识点,将理论联系实际,掌握发现问题、分析问题、解决问题的方法。近年来,随着各地学者对案例教学的重视,我国案例研究取得了飞速的发展。然而我省处于西部地区,管理案例开发、建设工作相对于发达地区起步较晚,本土优秀案例依然有所欠缺。

　　笔者从 2010 年从事 MBA(工商管理)教育开始接触案例的教学与开发工作,通过教学与实践,深刻地认识到案例的选择对课程教学的重要性。从那时起就对教学案例开发产生了浓厚的兴趣,并积极参加全国工商管理教育委员会及中国管理案例中心组织的案例开发培训;在编写过程中,重点聚焦质量管理与运营管理相关理论知识,组织案例编写团队的老师和学生到企业中实际调研,从实际出发编写案例,试用于学校 MBA《运营管理》教学中,并不断修改和完善。笔者开发的《以质量为突破点,M 企业的破冰行动》(编号 BY-4-OM-20200630161709)入选第十一届"全国优秀百篇管理案例",案例《苔花如米小,也学牡丹开——M 制鞋公司的质量改善实践》(编号 BY-2-OM-20180518114546)、案例《玉经磨琢多成器:A 院采购管理改进之路》(编号 BY-3-OM-20190517110950)、《内外交困,G 航电公司破局之策》(编号 BY-4-STR-20200628200136)也被正式收录至中国管理案例共享中心案例库。长期的案例编写与教学工作让笔者深刻理解 MBA 专业学位的案例教学内涵,积累了许多宝贵的经验,才有了这本《运营管理案例》。

　　全书共 11 个案例,其特点主要有以下几个方面。

　　第一,本书以运营管理和质量管理为主,把相关理论知识与方法贯穿于故事情节中,在阐明问题和概念的同时介绍了理论方法的实用技巧,且不同案例涉及的理论方法不尽相同,便于读者更全面地掌握运营管理与质量管理的相关知识。

第二,本书严格按照 CMCC(中国管理案例共享中心)规范化要求进行案例写作,并配备详细的案例使用说明。案例正文的撰写分别从选题维度和表达维度两方面出发,考虑选题的典型性、决策点的恰当性,以及案例谋篇布局的合理性、案例的可读性等;案例使用说明的撰写从教学适用性维度、案例分析维度和课堂组织维度出发,考虑理论知识分析的深刻和清晰程度、教学目标设定的合理性、课堂计划的合理性等。

第三,本书所有的案例都是在通过实地访谈、问卷和考察等获得的第一手资料和数据的基础上开发和撰写的,资料翔实、客观。

第四,本书每个案例都在阐明重要知识点的基础上进行了精心的情节设计,增强了案例的故事性,能够更好地引导读者进入案例情境中,加深对知识点的理解和掌握;同时为配合案例的使用和教师的教学,本书配有案例说明,方便教师作为教辅材料。

第五,本书中所有案例均由具有丰富经验的 MBA 教学教师及研究生在实际调研的基础上进行开发,主要聚焦本省的本土企业,在不泄露企业商业机密的情况下尽可能还原故事原貌,旨在开发具有本土特色、符合区域内学生知识需求的运营管理案例集。

本书适合作为高年级本科生、MBA、EMBA、MEM、EDP 与培训学员运营管理、质量管理等课程教学参考书,也适合作为企业管理者的实践参考书。

案例编写工作实属不易,该书的完成离不开每一个参与案例开发的工作人员,在此对所有提供支持和帮助的企业、领导、教师和学生表示衷心的感谢!感谢陈刚、李平、张斌、熊成丞、李园、王海天、张艳凤、高阳、张浩、苏颉、陈彬、尹传龙、罗盛勇、陈亮、王景怀等研究生对案例编写的辛勤付出。

感谢重庆大学出版社编辑团队,他们为本书的出版高效而又细致地做了大量的工作。

限于作者的知识修养和学术水平,本书难免存在不足和缺陷,恳请读者在阅读和使用此书过程中提出宝贵意见,您的意见将更好地帮助我们完善此书。

编 者
2022 年 5 月

目录——

案例1

ERP 系统是 H 公司的救命稻草吗？

1.1 引 言

"叮铃铃……"清脆的下课铃声打破了黄昏时分的静谧,罗总望着黑板上的"ERP系统"几个大字,思绪仍沉浸在刚刚课上听到的内容中,迟迟没有起身收拾桌上的纸笔,一脸愁容。罗总是 H 公司公派到 A 高校工商管理专业学习相关知识的,经过课上老师的一番讲解,罗总便思考着能否在本公司应用 ERP 系统发挥有价值的服务。

在"信息化带动工业化"两化融合势在必行的今天,罗总了解到许多企业在实施ERP 系统过程中存在的一些问题,也从中学到了一些成功的经验。结合 H 公司实际情况,他决定从企业管理者的角度,尝试深度剖析自身企业现状、存在的问题,权衡利弊,充分分析风险项,看看公司实施 ERP 是否必要和是否可行。

纵观中国工业的发展和演变,ERP 的应用结果无非就是成功和失败,失败的结果惨痛,而成功案例取得的成绩和效果也无不鼓舞人心。老师在课程中提到"不要因为ERP 而选择 ERP""最好的不一定是最适合的"让罗总很受启发,决心要从企业实际需求出发,寻找既能解决企业当务之急,又能有助于企业长远发展,最适合自身企业的ERP 软件。

趁着天边的最后一缕余晖,罗总整装待发,踌躇满志,开始寻找 H 公司可以走的一条制造业技术与信息技术、管理技术、网络技术等相结合的发展之路。

1.2 案例背景

1.2.1 企业发展历程

H公司是一家国有企业,曾经是国家、省和市工程机械行业的重点骨干企业。前身是兵工厂,始建于20世纪30年代。20世纪70年代至今,主要生产民用、军选民用的液压挖掘机以及其他工程机械装备和矿用机械装备。

历经几次结构调整,H公司恢复建制之初,职工收入与原来相比差距较大,为维护职工的稳定,H公司学习市委、市政府、市国资委的精神,积极内控潜力,不等不靠,一方面努力挖潜,盘活资产,扩大收入;另一方面,努力开展生产自救,产品从当时的"零敲碎打"到成为顾客的主要配套厂家再到形成自己的砂石破碎系列产品以及多种经营为辅的规模企业。公司各类收入产值每年以15%～28%的速度增长,从2005年恢复建制时的年产值300万元到2016年实现各类产值6 800余万元,累计上缴税收1 800余万元,职工收入逐年增加,保证了在岗职工的稳定和企业的发展。

公司及下属子公司的60%主营业务主要来自为顾客提供工程机械配套生产及服务。近年来,受互补品生产和销售逐年下降的影响,配套生产及服务产值、收入严重下滑。受国家宏观经济影响,主产品砂石破碎机投资拉动需求放缓,同时省内本行业根据环保要求进行整合,"关小并大",加之2015年年初农业补贴政策的取消等诸多因素,公司产品销售大幅下滑,在岗员工收入也受到一定影响,企业面临着巨大的生存难题。为尽快实现企业解困,实现公司转型升级发展,H公司自2015年开始,投入智能立体车库技术的研究,于2015年年末自主成功研制了"PSHL2层升降横移、PJSL2层简易升降"两种型号的智能立体车库,2016年6月获国家质检总局颁发的"特种设备制造资质许可证"。目前以上型号的机械式立体停车库已形成批量生产能力,同时正在申办6层机械式立体车库制造资质认证。

1.2.2 运营现状

长期以来,受国有企业体制的影响,企业认为经济上的问题有政府"兜底",对外部压力敏感度不高,导致不以追求效益为主要工作目标的现象出现,管理决策随意、制度不严、纪律松弛、整体管理水平低下等问题也层出不穷。

情急之下,罗总召开全体部门领导人会议,一起探讨 H 公司目前在管理上存在的问题。

企划部的陈组长首先发言:"在我和公司员工的交谈中发现,管理干部思想偏于陈旧和落后。尽管公司正在大力抓发展和改革转型,以适应市场经济的环境,但公司中高层仍有部分领导在管理思想及管理方式上未能推陈出新。在公司内部创新、外部适应上,仍是'国企一家独大'的思维模式。"

罗总点了点头,说道:"公司上下长期安于现状,固有思想和组织架构未能得到创新,生产经营活动以'走一步看一步'为主,只追求短期效益,并且发展性思维和开拓性思维过于简单化,没有一套切实可行的中、长期总体战略目标和发展方向,在引导和推进企业转型发展方面的顶层设计是缺失的。"

陈组长补充道:"由于我们的员工缺乏良好的企业价值观,没有将企业兴衰存亡与个人利益结合考虑,这样就不能形成欣欣向荣的现代企业面貌。而且我们缺乏凝聚力和内部竞争的良好氛围,员工普遍反映没有感受到组织的关心。"

罗总眉头紧锁,感叹道:"确实,我们在企业文化建设上的投入并不多。其他部门呢,有什么看法?"

"我来说说吧。公司的直线化组织结构在设置上,存在重生产、轻计划、轻采购、轻销售的特点。与生产有关的组织架构分工精细、业务明确,人员配备相对齐全。生产外的职能组织设置粗放,人员配备弱化,相应的管理办法和考核制度也较少,例如,一线员工的考核主要根据生产任务和工时进行考核,而后勤服务职能部门员工的考核相对简单。任何组织都应该是一个完整、高效的运转团队,相互依靠、协作,过于单一直线化的组织是不能适应当今竞争激烈的市场环境的。"张副总郑重其事地讲道。

罗总对张副总的看法很有共鸣:"是啊,由于我们公司国有企业特有的身份,处室设置往往涉及非生产经营性职能部门,例如党群、纪检监察、社区、离退休、物业管理等工作,完全是一个社会性群体管理机构,极大地分散了公司主要领导和分管领导的有限精力。"

张副总紧接着说道:"公司目前的人员结构状况是一线工人和技术人员占比小,

非生产、非技术型岗位人员占比较大,其根源在于激励机制和相关考核任用办法没有完善,无法将其摆入正确的位置和岗位,一线工人会想方设法地离开生产岗位,进入后勤管理岗位,而一个企业真正能创造价值的群体还是生产一线。"

运营部的刘部长也将自己的观点和大家分享:"年度各项经营性指标的完成情况是政府部门考评公司领导班子的唯一渠道和方法,故形成以生产为中心,围绕产量、产值、规模和指标增长速度开展系列工作的局面,贪大求全,无法集中精力搞创新,无法聚集和形成拳头型产品,严重依赖非生产性业态创造附加价值,走粗放型发展道路。"

销售部的孙部长也同样担心:"销售人员的逐年减少和老龄化,导致公司市场推广受到严重影响,市场销量也逐年下滑,这使公司主产品的市场认知度和信誉都受到了一定的影响。"

财务部的魏组长说道:"首先是公司中层管理干部对成本控制的观念薄弱,认为年初预算和成本控制是'无形枷锁'。加之公司各项基础管理薄弱,各类记录、定额管理、计量验收、资产清查等基础管理制度不完善,有些制度形同虚设,停留在'挂在墙上、说在嘴上'的阶段,反应机制和监督机制也没有建立健全。其次是成本费用指标考核办法不科学,不能充分调动公司参与成本管理者的积极性,认为成本控制量化难度大,无法实现考核,奖惩力度也不大,和自己的经济利益牵连不大也就得过且过了,没有树立干部职工的费用开支责任感。"

罗总心头的石头越积越多,又听到人力资源部的齐经理说道:"首先,公司一方面存在着因历史遗留问题形成的大量冗员,另一方面是国有体制和机制的限制无法引进人才。其次,选拔任用制度和流程不够科学严谨。而且我们公司无论是企业经理层、中层,还是基层员工,素质相对较低。存在平均年龄偏大,富余人员多,高技术人才、专业技术工人缺乏,后勤工作人员偏多等情况。"

罗总的心里一直在打鼓,ERP 系统的实施真的能够改变这么多问题吗?

1.3 溯本求源——H 公司存在的问题

在市场经济和经济全球化的今天,H 公司是为数不多且继续沿用粗放式管理的一家老国有企业,虽能生存至今,但其机制、体制和管理上存在的问题也日益突显,亦不能适应当今的市场竞争环境和发展。

在罗总召开的全体部门领导人会议中,大家也对 H 公司存在的问题进行了讨论。

企划部的陈组长表示:"虽然公司历史悠久,但近 10 年的时间里公司的企业文化建设相对滞后。企业文化是企业发展的根和魂,是凝聚企业员工责任感和主人翁精神的重要途径,对提高和保持员工工作积极性和主动性有至关重要的作用。然而公司在几十年间为了发展和生存经历过两次重组和剥离,使员工觉得'家'越来越小了,生存的空间也越来越小了,前任领导团队也因年龄老化问题,没有为公司的未来作出更多的谋划和打算,使公司如今处于'生命垂危'阶段。"

张副总无奈地说道:"作为老国有企业,我们在组织建设和架构上还有很多不合理的地方,业务部门和子公司还涉及社区管理、离退休管理、职工医院、生活服务等方面,企业办社会、政企不分的局面极大地制约着公司的发展。此外,国有企业管理模式和结构过于单一,层级过多、设置臃肿,不利于公司现代企业制度的建立,导致管理组织使用能力差,经营管理效率低下,工作整体效率低下。"

运营部的刘部长搔搔头,说道:"公司目前的管理方式仍然较为粗放,生产环节不够科学和严谨,技术创新和人才聘用在'走出去、请进来'方面只停留在口头上,执行力不够,销售队伍方面,人员老化、思想老化,活力和开拓精神不足。"

销售部的孙部长说道:"公司的结构调整跟不上市场经济的发展,随着市场对产品先进性和可靠性的要求越来越高,公司的主营产品仍以中低档为主,且一直处于低水平、无序竞争的环境中,没有形成技术含量高、附加值高的拳头型产品,产品升级直接影响企业升级。"

罗总想了想,也说道:"公司在创新管理模式和利用信息化技术手段上不敢大胆尝试。随着全球经济一体化的发展,企业之间的竞争越发激烈,各个领域都纷纷通过实施信息化来提升企业的综合竞争力,信息化也逐渐成为装备制造业发展的必经之路。"

经过一番热烈探讨,各部门领导人都对 H 公司存在的问题有了深入了解,也许 ERP 系统的到来可以帮助公司解决这些问题。

1.4　学以致用——ERP 项目助力企业发展

1.4.1　ERP 项目带来双重效益

通过在 EMBA 阶段的学习,罗总明白,作为企业的负责人必须学以致用,将先进的管理思想注入自身企业,其中实施 ERP 项目就是实现现代化管理的一种途径和方法。ERP 项目建设本身是一项浩大的系统性投入工程,其中系统的硬、软件方面资金投入占比较大,如能按照预期效果投入运行,必然会使公司获得不可估量的经济效益和社会效益。

罗总首先和技术人员沟通交流,问道:"ERP 系统运行的介质是计算机,通过计算机和 ERP 系统的结合,能给公司带来什么改变呢?"

技术员工小 A 了解了罗总的来意后,将调查分析结果展示出来:"带来的改变将是运行速度加快,精度更加准确,工作程序更加规范、标准和完善,加之数据库系统的支持,使信息的提取更加及时和方便,从而大大提高各个管理环节的工作效率,为各项工作节省出更多时间。据初步了解,仅财务系统中的工资模块管理,计算一次全公司职工工资的所需时间将比人工计算节约 50~80 倍,同时数据的准确性也大大提高。"

罗总心想,从时间效益方面来分析,实施 ERP 项目是必要的。

接下来,罗总又和张副总谈道:"目前行业间企业的竞争日趋激烈,国家层面的改革力度和行业'洗牌'形势也非常严峻,同时对企业管理人员的素质提出了更高的要求,而企业管理人员的素质和水平将直接决定管理效益和竞争实力。"

张副总附和说道:"通过运用先进的管理思想和管理工具——ERP 系统,加上科学的管理,一定能提高企业决策层的管理水平,进而增加企业的整体实力,从竞争效益方面分析,实施 ERP 项目是必要的。"

随着深化国企改革步伐的加快,企业的发展逐步由粗放型向集约型转轨,企业在新形势下能否继续生存和得到进一步发展成为企业共同的焦点。企业通过信息化手段和技术,能有效获取各种信息资源,并且实现共享和交换,既能改变传统的工作方式、传统的管理思想和行为习惯,又能使人们从重复劳动中得到解脱,进而获得更多时间开展创造性的工作和思考，作出更加科学的决策，从企业整体效益提高分析，实施 ERP 项目是必要的。

罗总仔细考量后，估计 ERP 项目能实现的经济效益体现在两个方面：一是市场占用率、销售额增量效益；二是成本的减量效益。从销售合同及用户信息数据中可分析出用户对产品的需求量，而且通过对老用户的信息分析，可以得出需求订货（购货）周期，也就可以有针对性地跟进推销。在主动开拓市场方面可以多一种渠道，其关键在于留住了老顾客资源。ERP 系统的数据收集功能和数据快速运算能力，可通过集成化信息资源管理系统，避免内部重复性工作、事务性工作，为快速决策提供依据，并且有效地降低人工投入和人工成本。在成本减量方面，还可以实现流动资金周转更加灵活、高效，降低流动资金占用率，节约物资消耗，降低生产过程中的直接成本。这样看来，从经济效益方面分析，实施 ERP 项目也是必要的。

既然 ERP 在 H 公司的实施这么重要，是否有条件保证它的顺利实施呢？

1.4.2　为企业开展 ERP 筑基

企业实施 ERP 理论层面上的优势和带动性是显而易见的。但 H 公司是否具备实施 ERP 系统的可行性，是公司成功实施 ERP 的第一要素。根据罗总长期担任公司一把手的经历和对自身企业的掌控程度来看仍然不够，因此，罗总决定再和大家商榷一下，使实施 ERP 系统在公司变得可行所必须具备的要素。

罗总起头说道："我们需要综合分析自身的经济运行能力、技术积淀程度、工艺流程基础条件、人才队伍业务水平、方案科学可行程度，摸清自己的'老底'。不能为了 ERP 而实施 ERP，更不能寄望于 ERP 系统能'起死回生'。你们觉得还有哪些因素呢？"

张副总沉思后说道："管理层除了自身思想上的革新，还要因地制宜地做好员工和部门领导的动员工作，从而减少员工的抵制行为，使大家积极主动地适应 ERP、参与 ERP。"

罗总随即说道："没错。在公司实施好 ERP 项目，我作为公司负责人责无旁贷，总结概括为三个方面：一是问题面前严肃追究各级一把手的责任；二是明确项目组每一位负责人的责任；三是亲自主持实施的全过程。只有扫清技术上和思想上的障碍，明确需求目标，减少管理层级，搭建合理的组织架构和合理的业务流程，才能为项目实施提供高效的运转保障。"

张副总又说道："对，而且我们要做好实施过程中的控制管理。通过选用具有综合能力的项目经理，制定有效的项目管理策略，以强有力的管理保障变革的有序进行，引导广大员工树立对 ERP 系统的认同感和项目愿景，再加以合理有效的融合机制和激励机制，凝聚团队精神和战斗力，保证 ERP 项目的顺利实施。"

罗总越来越觉得 ERP 在 H 公司的实施是可行的，说道："我们通过建立完善相关的规章制度，为 ERP 系统的有序运行提供基础保障。建立自己的运维团队，在保证 ERP 系统正常运行的前提下，还能随着 ERP 系统应用的不断深入进行挖潜增效。建立持续的培训机制，使 ERP 系统的继续教育和培训与公司的发展紧密结合，为其提供源源不断的后备力量。"

两位总经理都看到了 ERP 系统在 H 公司实施的可能性，接下来就要考虑成功实施 ERP 系统的关键因素了。

1.5　锲而不舍——寻找项目成功实施的关键因素

在"两化融合"继续加快推进的今天，政策因素是持续向好的。国内 ERP 软件产品基本框架和设计思路基本是一致的，产品性能也大同小异。因此，在外部因素稳定利好的情况下，ERP 系统的成功就取决于实施的好坏，结合以往其他企业在实施 ERP 系统过程中的经验得失，可以总结出 H 公司 ERP 系统实施成功的关键因素是：三分看外部，七分看内部。

ERP 项目的投资大、风险高，国内企业实施 ERP 的成功率不是很高。ERP 系统实施有一些潜在的风险和问题，这就需要在实施之前做好外部和内部成功因素的研究和分析。

罗总依照课堂上学习的关于 ERP 实施的关键成功因素的理论模型，结合 H 公司自身情况，从外部和内部的关键因素分别考量。

外部因素主要是政策因素和 ERP 系统软件开发公司的实力和配合度因素。

在工业强省战略的背景下，全省工业加大技术改造投入，加快落后产能淘汰，积极推广信息化、节能环保、循环利用等技术，工业经济可持续发展能力得到了增强。在新时期下,作为本市乃至全省的老工业企业,就如何通过信息化带动工业化进程实现公司跨越式发展,为工业强省添砖加瓦和作出贡献是 H 公司当前必须完成的历史使命。在诸多利好政策的推动下,罗总心想,作为企业负责人,自己理应规划好企业的发展战略,并考虑如何通过努力实现既定的战略目标,如何通过信息化带动工业化进程实现公司跨越式发展,企业自身努力虽说是第一要素,但根本上还是离不开政府的影响力和相关政策,其中支持 ERP 系统的推广和应用十分关键。

实施 ERP 项目的各个企业中,对流程和流程中要求的功能大体相同。而不同的 ERP 供应商所擅长的行业范围、业务流程、产品功能、扩展性、二次开发等方面却各有专攻。在 ERP 供应商参差不齐或各有千秋的情况下,企业就要权衡自己的需求和资金能力,量体裁衣,从 ERP 供应商的信用等级、费用报价、服务水平、建设能力和熟悉行业程度等方面进行全面分析和比较后再选择最合适自身企业的 ERP 软件供应商。选择是一个相对复杂和考验判断能力的过程,企业在 ERP 软件供应商的选择上,自身是不具备判断能力的。在这种情况下,选择一家合适的咨询顾问公司是非常必要的。最终理想的状态就是找到一家既销售 ERP 系统软件又熟悉行业的软件供应商协助企业应用系统。

罗总又从内部因素出发,考虑公司战略布局因素、公司 ERP 软件需求定位因素、公司 ERP 实施时机选择因素、公司人员素质和队伍建设因素以及公司项目监控因素五个方面。具体而言:

第一,从客观上来讲,H 公司对 ERP 系统并不熟悉,要提出非常明确和具体的战略布局是相当困难的。要想走好第一步,作为公司高层管理者及相关部门负责人必须积极地与实施顾问沟通、交流和学习,更多、更全面地掌握和了解 ERP 系统,主动配合 ERP 实施顾问,为其提供本公司的基础数据、业务流程和生产经营模式,通过不断交流和思想碰撞,共同提出适用于自身企业实际的实施范围和战略布局。

第二,不能误以为只要投入资金购置 ERP 软件,就能解决公司当前面临的诸多管理问题。横冲直撞势必导致头破血流,只有真正了解公司自身的需求定位后,加以科学管理,才能提高 ERP 系统实施的成功率。

第三,从企业发展时期的角度来看,实施 ERP 最佳时机应该是公司发展期和成熟期,这段时期的企业很自然地产生了革新创业观念,内外环境相对稳定,容易成功。

第四,由于 H 公司处于欠发达地区,因此还面临的一个问题就是:普遍缺乏专业的复合型人才。正是因为缺乏专业的复合型人才,很多企业的信息化往往不知道什么时候该上 ERP,ERP 该如何上,如何开展相关工作等,对未来的发展也缺乏规划和整体布局。面对当今繁多的 ERP 软件品牌和功能,缺乏专业的复合型人才提供专业意见和决策依据,使企业在信息化和实施 ERP 的道路上困难重重。

第五,ERP 系统是公司生产经营管理的核心系统,须保证 ERP 系统内记载的业务记录正确、财务数据精确、基础信息可靠,以真实反映公司经营管理状况,为公司决策提供可靠、准确的参考数据。ERP 项目的风险极高,进行严密的项目监控是非常有必要的。其中制定项目例会和阶段性评审制度是重要环节,每周定期召开项目实施例会,通过例会及时协调处理实施过程中出现的问题,并做好阶段性评估,对计划及资源出现偏差的地方进行及时更新,同时提出更新依据和措施,对达到计划进度要求的,抓紧部署下一阶段的工作。

好不容易思考出 ERP 系统在 H 公司实施的关键成功因素,罗总又面临新的问题:对这些关键因素应采取什么对策呢?

1.6 因地制宜——ERP 项目的应用之路

罗总将 ERP 项目在 H 公司实施成功的关键因素罗列出来,发给全体部门领导人,并再次召集大家探讨针对这些因素采取什么样的对策。

张副总应声道:"从战略布局来考虑对策的话,由于 ERP 项目是涉及企业重大投资的项目,需要投入大量的人力、物力和财力,以及来自所有部门的有机统一和协作分工。因此,我们必须把 ERP 项目的投资定位在企业战略投资的高度,其价值和决策高度应该与企业发展战略相一致。分析存在的潜在风险项,以项目能合理、有序开展为前提,确立实施方向,提出应对对策。同时,规划好流程重组架构,以 ERP 系统需求对现有流程进行重新设计,确保公司各管理部门子系统的运行能整体契合、信息共享和有机统一。最后,我们要针对 ERP 的实施风险,进行实施过程中风险控制,充分地认识过程中的环境风险、流程风险、决策信息风险,针对风险建立项目风险管理机制。"

罗总补充道:"是的,万事开头难,摆正位置和开好头是尤为关键的,我们在实施

ERP 项目之前必须结合实际,充分分析,把 ERP 项目实施提高到整个公司的战略布局的层面,才能保证成功率初期的第一步。"

运营部的刘部长说道:"ERP 项目的实现目标主要围绕库存周转率、资金流、排产计划、设备利用率、交货率、人力资源等综合性目标,使其得到改善和提升。在 ERP 项目启动之后,各种目标才能体现其具体意义,否则实施 ERP 项目得到的结果就会只有骨架没有灵魂。"

罗总受到刘部长发言的启发,说道:"这让我想到了实施时机的判断。咱们公司的现状就是处于再发展期,在这一阶段,我们的基础是好的,对传统中好的管理模式也是可以沿用一部分的,我们需要的是通过管理创新和先进的信息化管理工具来提高管理水平。通过 ERP 系统的实施,我们一方面可以提高工作效率,另一方面,也可以革新企业管理人员的管理思想。因此,公司正处于 ERP 系统实施成功率最高的时期,所以我们要争取一切条件尽早实施 ERP 系统。"

张副总又问道:"我们也需要对公司人员素质、队伍建设机制提供保障吗?"

罗总想了想,说道:"人员素质的提升,还得以做好全员培训为基础。在培训的过程中需要采用实践和理论知识相结合的方式进行,不但要注重 ERP 的理论知识、ERP 软件系统功能、ERP 软件操作使用方法等方面的内容进行培训,还将注重 ERP 系统运行环节的培训。"

张副总补充道:"我们还需要通过有效的人力资源政策、措施吸引和稳定公司信息化人才队伍,提高人才队伍综合素质和整体素质。"

这时,财务部的魏组长也考虑到项目专项资金管理对策,说道:"公司一旦确定实施 ERP 项目,大量资金投入是必然的,如果项目资金链断裂,项目的实施就会出现搁浅或者暂停,甚至直接导致整个项目的失败,使公司资金严重损失。作为中小型国有企业,在 ERP 的资金投入方面,严谨的管理办法和合法合规的流程是我们在资金管理上需要重点考虑的。"

罗总点了点头:"小魏,会后你再把需要着重考量的方面写成报告给我看看。"

张副总灵机一动,和大家说道:"项目监控对策也是需要的。我们公司的 ERP 项目监控工作,在制度建立方面可从注重日常监控和定期检查两个方面着手。"

……

讨论仍在继续。

1.7 尾 声

罗总带领大家通过对 H 公司现状及存在的问题,ERP 系统实施的必要性、可行性以及实施的关键成功因素进行研究,提出实施对策,明确 ERP 项目之于企业的核心地位,使 H 公司在实施 ERP 的工作始末更具针对性,更大程度上确保实施的成功率,进而提升企业的整体实力和综合实力,为 H 公司在"十四五"期间实现跨越式发展和转型升级提供支持。

启发思考题

1. 以 H 公司为典型的中小型生产制造业企业有何特点? H 公司的运营现状是怎样的? 存在哪些问题?

2. H 公司为何要考虑运用 ERP 系统?

3. ERP 系统在 H 公司实施的关键成功因素有哪些? 是否还有其他因素?

4. H 公司针对 ERP 项目实施的关键成功因素采取了哪些措施?

使用说明

ERP 系统是 H 公司的救命稻草吗?

1.1 教学目的及用途

(1)本案例主要适用于运营管理课程的教学。

（2）本案例是一篇描述 H 公司在考虑运用 ERP 系统时思考一系列内容的现实案例，其遇到的问题具有很好的代表性，很多中小制造业企业在生产运营管理过程中都会遇到。

（3）本案例的教学目的：了解企业在实施 ERP 项目过程中存在的问题以及成功运用 ERP 的经验；了解在实施 ERP 项目过程中将风险减少到最低的影响因素有哪些；通过讨论分析，依靠 ERP 系统走一条将传统制造业技术与信息技术、管理技术、网络技术等相结合的发展之路，并将这种思想运用到实际生产管理环节。

1.2 启发思考题

（1）以 H 公司为典型的中小型生产制造业企业有何特点？H 公司的运营现状是怎样的？存在哪些问题？

（2）H 公司为何要考虑运用 ERP 系统？

（3）ERP 系统在 H 公司实施的关键成功因素有哪些？是否还有其他因素？

（4）H 公司针对 ERP 项目实施的关键成功因素采取了哪些措施？

1.3 分析思路

本案例是一篇描述 H 公司在考虑运用 ERP 系统时思考的一系列内容，教师可根据自己的教学目标（目的）灵活使用该案例。本案例的主要分析思路如图 1.1 所示，仅供教学参考。

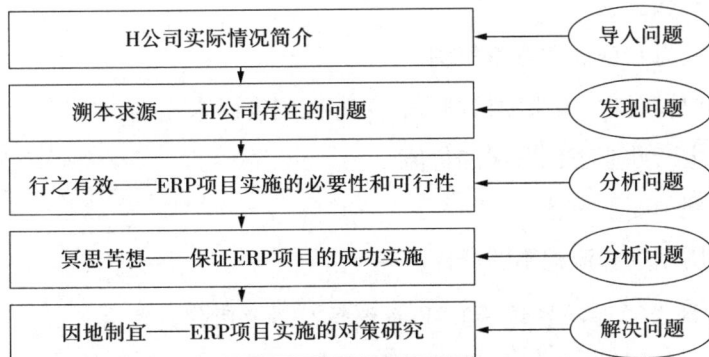

图 1.1 案例分析思路图

1.4 理论依据及分析

1）以 H 公司为典型的中小型生产制造业企业有何特点？H 公司的运营现状是怎样的？存在哪些问题？

【理论依据】

中小型生产制造业企业是我国国民经济的重要组成部分，为国民经济的快速增长和吸纳劳动就业，构建和谐社会发展，发挥着重要的不可替代的作用，是推动我国经济社会发展的重要力量。但总体而言，中小型生产制造业企业管理水平低，主要表现为管理理念落后、基础管理薄弱、现场管理混乱、组织制度建设滞后、生产经营粗放等。这些问题的存在，制约中小型生产制造业企业的发展，影响中小型生产制造业企业社会功能和作用的充分发挥。加强中小型生产制造业企业管理工作，有利于提高产品质量，推动技术创新，增加经济效益，建立节约型社会；有利于引导企业提高科学管理水平，规范化经营，强化社会责任，促进国民经济可持续发展。因此，提高中小型生产制造业企业管理水平是一项十分重要的任务。

【案例分析】

H 公司长期以来受国有企业体制的影响，认为经济上的问题有政府"兜底"，对外部压力敏感度不高，导致公司出现不以追求效益为主要工作目标的现象，管理决策随意、制度不严、纪律松弛、整体管理水平低下等问题也层出不穷。总体来说，H 公司目前存在的问题有：

①管理干部思想过于陈旧和落后。

②创新性不够。

③缺乏凝聚力和良性的竞争氛围。

④职能组织设置粗放，激励机制和相关考核制度尚未完善。

⑤依赖非生产性业态创造附加价值。

⑥基础管理制度不完善。

⑦选拔任用制度和流程不够严谨。

2）你认为 H 公司有必要运用 ERP 系统吗？请说明你的理由。

【理论依据】 ERP 的基本概念及核心思想

（1）ERP 的基本概念

企业资源计划系统（ERP），是指建立在信息技术基础上，通过系统化的管理思想，集成信息技术与先进的管理思想，为企业决策层及员工提供决策运行手段的管理平台。有机地将制造、采购、财务、经营、人力资源等各个环节结合起来，整合管理，实现物流、资金流、信息流的全面一体化，使其成为现代企业的运行模式。

（2）ERP 的核心思想

对于企业来说，要清醒地认识到：ERP 的意义首先是管理思想，其次才能把它当作一种管理手段与信息系统。ERP 的灵魂是管理思想，人们不能很好地实施和应用 ERP 系统的原因往往在于不能正确认识 ERP 的管理思想。那么，ERP 的管理思想的精要是什么？"先进的管理思想"具体表现在哪些地方？总结为五大方面。

①在企业体制创新上 ERP 可以提供基础，能够帮助企业建立一种新的管理体制。ERP 作为一种先进的管理思想和手段，它所改变的不仅是表层上的一个组织动作或个人行为，而是从思想上为管理者注入新观念。其根本在于，管理思想是否接地气、是否实用。当前我国企业中普遍存在的一个现象就是捧着"金饭碗"要饭，即斥巨资上马 ERP 系统，却买而不用或发挥不出实际效果。这种情况别说实现企业体制管理创新，就连企业基本的信息化也很难实现。

②把组织看作是一个社会系统。ERP 的这一管理思想源于巴纳德（西方现代管理理论中社会系统学派的创始人），其观念是把组织视为社会系统，并且是一个协作的系统，将 ERP 的现代企业管理思想与通信技术和网络技术相结合，建立起互联互通的有效信息系统供组织内部交流沟通，其实际意义在于这一系统能保证决策层掌握真实有效的信息，保证决策意见下达和执行的科学有效性。建立一个有效的信息交流系统，是企业发展的第一要素。

③以"供应链管理"为核心。ERP 是基于 MRP Ⅱ 扩展和发展的产物，并始终把客户需求以及供应商的制造资源整合在一起，形成一个完整的供应链，并有效地管理着供应链上所有的环节，ERP 管理系统的核心始终围绕着供应链。供应链覆盖了部门、跨越了企业，其业务流程以产品或服务为核心。制造行业中的供应链，涉及原材料供应商、生产厂家、代理商、分销商、零售商和用户群体。以供应链为核心的 ERP 系统，满足在竞争激烈的市场环境中生存与发展的需要，给企业带来实质性的帮助和解决方

案,消除中间冗余的环节,实现业务重组和社会资源重组,改善物流与信息流在经济活动中运转的效率和有效性。

④以人为本的竞争机制。以人为本的管理思想是近年来企业间比较流行的一种观念。是不是企业以人为主导作用就叫作以人为本呢？这种解释未免太笼统,也会给管理层和员工造成误解。以人为本在ERP管理思想中的前提是,首先要在企业内部形成一种竞争环境,以员工的职业道德和操守来自我约束是不够的。因此,只有在竞争机制和竞争环境的基础上,给员工制定切实可行的评价标准,并通过评价标准对员工设立奖惩标准,以制度管人,向制度要生产效率,这样以人为本的管理思想才不会沦为空泛的教条。

⑤实现客户关系管理。在顾客就是上帝的时代,企业的焦点终端是客户。客户关系管理能集中资源,更加有效地利用现有的客户资源和潜在的客户资源。通过改进客户价值、客户满意度,缩短销售周期,降低销售成本,扩展新市场,提高盈利能力以及客户的忠诚度等方面来改善企业的管理。ERP系统在以供应链为核心的管理基础上,增加了客户关系管理后,为企业客户关系管理提供了更有力的支撑。

(3)ERP对企业运行管理的影响

ERP对企业运行管理的影响主要包括对企业供应链的影响、对企业库存的影响、对生产的影响、对财务的影响以及对组织管理的影响。

①对企业供应链的影响。ERP系统将合作伙伴的业务连接在一起进行供应链管理,以网络技术和软件工具取代传统管理模式和沟通工具,极大地改善了供应链管理的效率和质量。企业的核心是客户群体,其需求信息是企业进行生产和经营的依据。为了满足客户的订单,需要下达计划进行外协外购各种原材料、零部件、辅料,以及外协加工的零部件等。企业需要把这些物料的需求计划传递给下游配套供应商,形成供应链系统的集成。

②对企业库存的影响。ERP系统的应用将颠覆传统库存台账手工记录方式,系统建立了内部所有物料电子化的库存台账,包括原材料、辅料、零部件、产品、半成品等。库存信息的动态化管理,为相关管理人员提供了高效、准确、简便的库存查询功能,并能实现多种库存分析,包括高储和低储分析、ABC分析、资金占用分析、积压和有效期分析、缺件分析等,使企业的库存信息更加及时、准确和透明,同时还可实现库

存数据的共享，消除手工管理物资家底不清的现象，充分挖掘企业库存的潜力，使库存物料得到充分利用，减少重复投产和采购。库存分析功能是一种可以根据库存状态自动监督和报警的功能。在超过最高库存控制水平或低于安全库存水平时均可发出预警信号，提醒管理人员将库存维持在一个合理的水平。又如库存的积压和有效期分析功能，可以监督库存物资是否超过保存的有效期，通知库存管理人员及时进行处理以免造成库存物资的损失。总之，ERP 系统通过对库存的数字化、动态化管理，使库存管理水平得到改善和提升，并极大地改善了手工管理物料不清的混乱状态，最终提高了企业的资金利用率和经济效益。

③对生产的影响。ERP 系统可实现平衡生产能力的作用。生产能力是一个相对恒定的数值，在人工计划排产时，由于人为因素造成生产任务分布不均，加工负荷集中，使设备加工能力长期处于超负荷状态，形成产能瓶颈。ERP 系统可提供能力需求解决方案，计划编制模块会对生产计划进行能力测算，将生产负荷按时间段叠加，与该时间段所能提供的能力（设备能力或人工能力）进行对比分析，判断生产计划、生产能力超/欠的情况，并显示负荷与能力对比情况，为计划和调度人员提供进行能力平衡的依据。传统 ERP 系统是一个无限能力计划系统，在编制生产计划（MPS/MRP）时，先考虑能力的限制，在计划编制完以后再分别编制粗能力需求计划和细能力需求计划，计划和调度人员根据能力需求计划测算的结果，进行能力的调整和平衡，从而保证生产的顺利进行。ERP 系统采用两级能力需求计划法，在主生产计划（MPS）后编制出能力需求计划，对关键工作中心的能力进行测算；在物料需求计划（MRP）后编制细能力需求计划，对计划涉及的所有工作中心都进行测算。随着 ERP 技术的发展，新一代的 ERP 系统提供了更先进的有限能力计划方法（APS），在生产负荷累积的同时，不断地进行能力的测算和平衡，使能力平衡更加及时和自动化，为管理人员提供了更先进的计划手段和工具。

④对财务的影响。ERP 系统可对资金提供有效的监督和控制。ERP 系统能对企业的物流和资金流进行有效的集成控制，使物流的每一个活动都能及时地反映资金的变化。例如，销售部门将产品卖给客户以后，ERP 系统就会根据发票信息自动生成相应的应收账款信息，并与财务总账相关联。又如，采购部门在从供应商购买的物料到货以后，ERP 系统会自动生成应付账款信息，并与总账相关联。同样，如库存动态、固

定资产、人员工资、车间生产零部件或产品时,各项费用(材料费、工时费、制造费用等)的变化也都能动态地反映为财会信息的动态变化。这样财务和资金就成为控制企业生产经营活动的经济杠杆。与ERP系统预算机制相配合,财务系统可以有效地监督各部门资金的使用情况。ERP系统还设置了完善的成本核算和成本分析的功能,针对不同的生产类型提供不同的成本要素设置和核算方法。ERP系统可随时采集和记录企业生产的每种产品在制造过程中产生的各种制造费用(材料费、人工费、其他制造费用),并计算出各种产品(或半成品)的实际成本。ERP系统还可以将实际成本与标准成本、同期成本、计划成本等进行对比分析,找出本期实际成本变动的原因,以便进行有效控制。从而达到降低成本,提高效益的目的。据某些统计资料显示,成功应用ERP系统可使企业降低成本5%左右。

⑤对组织管理的影响。ERP系统的应用是对企业原有的管理模式和业务流程的一次改造和创新。在ERP系统实施的过程中,必须以ERP提供的流程为模板,对企业基于传统手工管理的现有业务流程进行重组;对现行的组织机构以及职能的设置进行必要的调整;重新制定与ERP新管理模式相适应的管理规章制度、绩效考核制度和激励机制;全面整顿和补充各项管理基础数据,如各项定额、期量标准等,为ERP系统的成功运行打下良好的基础。ERP系统提高了企业的应变能力。随着社会经济的快速发展,市场竞争的规律也发生了根本性的变化,从过去的企业生产的产品供不应求发展到现在的供过于求。过去的企业只要有一个好产品,生产出的产品不怕卖不出去。因此,企业的生产经营是以产品为中心。在当今市场竞争的环境下,由于产品供过于求,客户在购买产品时选择的面宽了,除考虑产品性能、质量、服务、价格因素以外,客户在选择时会有更多的个性化需求,企业间的竞争也就演变成对客户的争夺,也就是时下提倡的"服务型企业"。客户的需求成为市场的导向,企业的经营方针从以产品为中心转变为以客户为中心,由市场和客户的需求拉动企业。转型为服务型企业对应变能力提出了更高的要求。由于客户需求的个性化倾向,使产品的细分类型不断增多,而且客户对物流时间的要求都在缩短。这种市场氛围下,企业要想生存和发展,就必须加快改变传统的管理模式,重组企业的业务流程,采用先进的管理工具,引进先进的管理应用软件。改变企业的信息运行机制,采用现代化的管理理念、模式和方法,使企业快速地获取市场的信息和客户的需求,企业的管理系统能快速根据客户的需求

和市场预测,编制出企业的生产计划和采购计划,快速组织生产和采购活动。企业只有建立起这样的快速反应、高效的管理系统,才能在激烈的市场竞争中生存和发展。

【案例分析】

ERP是指建立在信息技术基础上以系统化的管理思想为企业决策及员工提供决策运行手段的管理平台。它不仅是一个软件,更重要的是一个管理思想,它通过软件把企业的人、财、物、产、供、销及相应的物流、信息流、资金流、管理流、增值流等紧密地集成起来,实现资源优化和共享。根据上一题分析结果可知,H公司目前存在管理决策随意、制度不严、纪律松弛、整体管理水平低下等问题,因此,ERP系统的运用,第一,改变的不仅是表层上的一个组织动作或个人行为,而是从思想上为管理者注入新观念,帮助公司建立新的管理体制;第二,可以帮助建立一个有效的信息交流系统,保证决策意见下达和执行的科学性、有效性;第三,可以实现公司业务重组和社会资源重组,帮助公司各方面的资源充分调配和平衡,使公司在激烈的市场竞争中全方位地发挥足够的能力,从而取得更好的经济效益;第四,增加了客户关系管理,为企业客户关系管理提供了有力的支撑。综上所述,H公司有必要运用ERP系统。

3)ERP系统在H公司实施的关键成功因素有哪些？是否还有其他因素？

【理论依据】　ERP系统实施成功的关键因素

ERP系统实施成功的关键因素主要包括以下几个方面。

①企业领导的支持和参与。ERP是一个投资巨大的项目,领导必须下定决心,投入较大且适当的人力、物力和资金,并监督这些资源的合理利用。

②侧重教育培训。企业高层领导、部门业务骨干和普通员工需要在不同层次上系统地接受ERP原理、相关的管理理论及应用方面的知识,企业应根据实际情况,分层次地进行教育和培训。

③主抓基础工作。ERP系统要求基础管理数据具有完整性、准确性、可靠性。

④强化项目管理。ERP系统的实施是一项巨大而复杂的工程。因此,在实施ERP系统中加强项目管理对实施的成功具有重要作用。

⑤推行企业文化。企业文化是企业在长期的经济活动中围绕企业的最高目标所培育形成的价值观念、道德规范,也是一个组织的价值观、信念、行为准则、处事方式等组成的特有的文化形象。

⑥加强沟通和协调。企业应该及时地把在实施 ERP 时所遇到的问题反馈给 ERP 供应商,让供应商知道企业对他们提供的 ERP 流程是否真正的理解。

【案例分析】

ERP 系统在 H 公司实施成功的关键因素是:三分看外部,七分看内部。其中,外部因素主要是政策因素和 ERP 系统软件开发公司的实力等因素。内部因素主要是公司战略布局因素、公司 ERP 软件需求定位因素、公司 ERP 实施时机选择因素、公司人员素质和队伍建设因素以及公司项目监控因素等。

除此之外,ERP 系统实施成功的关键因素还有:企业领导的支持和参与、教育培训、强化项目管理、推行企业文化等。

4)H 公司针对 ERP 项目实施的关键成功因素采取了哪些措施?

【理论依据】 略。

【案例分析】

①从战略布局来考虑对策。首先,把 ERP 项目的投资定位在企业战略投资的高度,其价值和决策高度应该与企业发展战略相一致。分析存在的潜在风险项,以项目能合理、有序开展为前提,确立实施方向,提出应对对策。同时,规划好流程重组架构,以 ERP 系统需求,对现有流程进行重新设计,确保公司各管理部门子系统的运行能整体契合、信息共享和有机统一。最后,我们要针对 ERP 的实施风险,进行实施过程中的风险控制,充分地认识过程中的环境风险、流程风险、决策信息风险,针对风险建立项目风险管理机制。

②从需求定位考虑对策。找准企业管理瓶颈所在,主要围绕库存周转率、资金流、排产计划、设备利用率、交货率、人力资源等综合性目标实施 ERP,使其得到改善和提升。

③从人员管理考虑对策。首先,做好全员培训,在培训的过程中需要采用实践和理论知识相结合的方式进行,不但要针对 ERP 的理论知识、ERP 软件系统功能、ERP 软件操作使用方法等方面的内容进行培训,同时还要注重 ERP 运行环节的培训。其次,通过有效的人力资源政策和措施,吸引和稳定公司信息化人才队伍,提高人才队伍综合素质和整体素质。

④从资金管理考虑对策。设置严谨的管理办法和合法合规的流程。

⑤从项目监控考虑对策。从注重日常监控和定期检查两个方面着手。

1.5 背景信息

到目前为止,全球预计有数千家的软件厂商都拥有自己的 ERP 产品,有超过 10 万人在直接从事 ERP 方面的开发、咨询、实施和服务,有超过 5 万家企业都已经实施了 ERP。ERP 应用在欧美等发达国家已经非常普及,大中型企业多数已推行 ERP 系统,ERP 的实施在财富排行榜前 100 强企业中,超过 70% 的企业均已推行,并且目前很多企业已经开始推行全球化供应链管理技术和敏捷化企业后勤系统。当今的数字时代,很多企业已把 ERP 作为企业生存的支柱,许多小型企业在 ERP 系统的推行中也收获颇多。

国内许多知名企业在近 10 年内纷纷推行了 ERP 系统,使国内的 ERP 系统应用进入了快车道。尽管如此,并非所有的企业和企业家都认可 ERP 系统。究其原因,主要是 ERP 系统的投资深不可测,同时管理模式和企业财务的附加风险太大。很多企业在上马 ERP 系统时,由于没有进行科学的研究和可行性分析,只看见丰厚的收益就盲目跟风,此类不正确的态度和观念必然影响到这些企业 ERP 系统的实施效果,欠缺事前的系统分析,就给实施 ERP 系统的企业带来更多不利因素。

综上所述,在全球经济逐步融为一体的今天,产品无国界,竞争无围墙,企业的生存和发展完全取决于自身的竞争实力,而竞争实力则直接体现在企业的经济实力上。ERP 技术的发展和运用,整合了企业资源,在体现经济效益的同时,能使企业各个生产管理环节严密有序、互为关联、有机地融为一体,最终以较低的生产成本获得效益最大化,从而形成竞争实力。所以,面对全球化给我国企业带来的机遇和挑战,企业和企业家们都应该对 ERP 系统及其先进的管理技术和思想有一个全面、清晰的认识。

1.6 关键要点

①在"产品无国界、竞争无围墙"的今天,管理者要明白市场经济的生存法则,即企业的生存和发展完全取决于自身的创新力和竞争力。而竞争力则又表现在经济实

力上,ERP 的运用能整合企业资源,在保证基本效益目标的前提下,使各个生产管理环节紧密配合,互为一体,高度关联,通过较低的生产成本获得企业效益最大化,从而提升竞争的实力。

②成功地实施 ERP,将改变传统的经营方式和管理模式,促使企业生产、经营和管理工作更加科学和更具挑战,使传统制造业走上一条可持续发展之路。像 H 公司这种已基本丧失竞争力的传统国有企业,不能再坐以待毙,更不能局限于纸上谈兵,要在思想上和实际行动中,将 ERP 的先进理念融合到企业的各项工作中,以"壮士断腕、刮骨疗伤"的决心,通过实战见真功,才能让 ERP 系统从根本上帮助企业解决发展中的瓶颈和问题,助推企业转型发展。

③引导学生深入了解 ERP 项目之于企业的核心地位,重点考量如何选择一款适合的 ERP 软件、如何选择时机、如何建立运行组织架构、如何改善流程、如何培养人才队伍、如何保障有效运行,系统地掌握如何针对企业实际情况开展 ERP 管理。

K 公司的创新发展战略探索之路

2.1 引 言

窗外乌云密布,李总站在 19 层的办公室的落地窗前,思考着 K 公司的未来。电阻生产业的竞争越来越激烈,如何才能在激烈的市场竞争中激流勇进,取得更大的发展呢? 为此,李总在短期内对行业及公司的发展做了相应的调查和总结:自公司 1996 年成立以来,经营业绩逐年上升,公司发展处于扩张阶段。然而,随着大量国外同行大规模将生产基地迁入国内,并不断扩大产能,使我国成为世界片式电阻器制造中心,这样的厂商增加和产能扩张加剧了电阻生产行业竞争的残酷性。K 公司位于中国西部地区,工业配套基础差,80% 的生产原材料和设备配件均需从外购进,甚至进口,费用高昂;与此同时,K 公司存在国有企业典型的弊端,如意识落后、管理落后、信息滞后、新产品开发缓慢、实现批产困难等,相对外资业生产总量偏小,成本居高不下,在民用领域已无竞争优势。

面对这样的发展状况,K 公司究竟该何去何从?

2.2 背景资料

2.2.1 生产线的发展

K公司的生产线在国内率先通过质量体系认证并获得AB级供应商资格。公司与电子、船舶、兵器、核工业等用户建立良好的关系，每年3 500多万支的片式膜电阻器向电子、船舶、兵器等领域配套并用于多项重点工程，K公司在众多用户的供应商评定中多次被授予"优秀供应商"或"最佳合作伙伴"。民品市场则广泛向M（中国）电子有限公司等知名公司进行产品宣传。

2.2.2 研究机构的发展

K公司于2007年成立研发中心，2009年成立省级技术中心，2010年成立市级技术中心，2012年成立D大学-K有限公司微波元件实验室，同年成立材料事业部和微波器件事业部，形成上游的电子功能材料，中游的片式厚、薄膜电阻器及网络，下游的新型片式膜电阻器、第三代保护元件和微波元件的产业链研发团队。

2.2.3 产品的发展

K公司产品参与我国飞船发射升空的配套项目并获得成功。2001年获得我国电子元器件质量认证委员会颁发的"电子元器件制造厂生产线认证合格证书"。同年1608、3225、5025、6332四个片式厚膜电阻器代表品种获得中国军用电子元器件质量认证委员会颁发的"电子元器件质量认证合格证书"，片式电阻器逐步向航天、航空、电子、船舶、兵器、核工业推广使用。一直以来，K公司积极奔走在不同航天院所之间，寻求为航天事业产品配套服务的机会。2005—2013年，产品销售数量、品种的增加使公司处在高速发展阶段。

2.2.4 经济效益

公司销售收入为1996年228万元，2000年1 235万元，2001年下降到581万元，

2002 年 1 707 万元,2005 年 5 003 万元,2009 年 8 100 万元,2010 年 10 066 万元,2011 年 13 239 万,2012 年 22 300 万元,2013 年 24 500 万元。2005 年以后,公司创造了一次又一次奇迹,公司的销售收入、利润逐年攀升,连续 8 年利税保持 1 000 万元以上。

2.2.5　企业文化

K 公司成立初期,生产经营处于资金短缺、技术薄弱、人心不稳、濒临倒闭的状态,"'衣食'无着、前途渺茫"可谓公司当时处境最真实的写照。好在公司具有良好的合资企业基因,凭借简捷高效的办事效率、精益求精的企业精神,摆脱对材料、技术、市场的依赖,材料实现国产化或国内采购,消化、吸收外来技术并逐渐形成自身的工艺技术。公司经历 20 多年风雨,总结出"精益、高效"的企业精神,制定了"打造世界一流高端片式元器件制造商"的愿景和"以人为本、品牌兴业、诚信拓市"的质量方针。

2.3　锐意进取——勇争行业第一

市场竞争日益加剧,厂商之间的销售争夺和价格战愈演愈烈,竞争对手对 K 公司形成了强大的威胁。9 月 28 日,李总召集各部门就公司未来的发展方向展开讨论分析。如何能在日益激烈的市场竞争中激流勇进,是一个值得探讨的问题。

会上,李总宣布:"行业竞争越来越大,公司怎样才能实现突破,是我们需要深思的并且急需解决的问题。我希望接下来的一段时间里,可以由胡副总和市场部王经理牵头,就我公司的发展历程、内外部环境进行分析,并根据科学的方法实施战略管理,给公司足够的战略保障。"

2.3.1　公司外部环境分析

市场部王经理深知,外部环境对企业生存和发展至关重要,属于企业自身无法控制的范畴。于是王经理迅速带领整个部门展开了对公司外部环境的分析。他强调:"为了让我们能够更加深入了解公司发展的外部环境,应当在使用 PEST 分析方法对公司所处的宏观环境进行分析的基础上,再使用五力分析模型针对5个方面进行具体剖析。"

两天后,部门成员小张将分析结果交给了王经理。小张说:"这一份是宏观环境图(图2.1),主要包括宏观政治法律环境、经济环境、社会环境和技术环境等内容。"

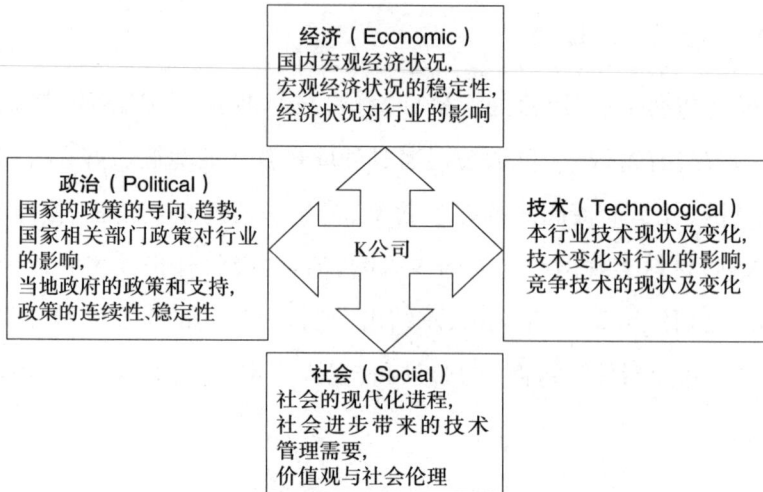

图2.1 宏观环境分析示意图

王经理点点头,小张接着说:"然后我们用波特五力模型对行业环境进行了进一步分析,首先是行业情况及现有竞争者分析,您知道的,表面安装技术(SMT)是20世纪70年代末在国际上发展起来的一种新型电子产品安装技术,目前已在多类电子产品中获得广泛应用。配合表面安装技术,片式元件的发展也日新月异,而片式元件更是电子元件发展的主流和方向,目前各类电子元件的片式化率已达70%以上。现如今,在各类整机电路中,片式元件和半导体有源器件的数量比例通常在20:1~50:1,其中一些高端电子产品,如手机、笔记本电脑、PAD(掌上电脑)等,片式元件的比例更高,有时甚至可达到100:1。用于表面安装技术的电子元器件包括片式电阻器、片式电容器、片式电感器、片式半导体器件,以及其他片式产品。其中片式电阻器的需求量最大,占整个片式元器件的45%以上。而去年全球片式电阻器的年需求量则超过了1万亿只。在这样一种需求市场里,竞争也是非常激烈的。"片式电阻产品应用市场如图2.2所示。

```
                    ┌─────────────────────┐
                    │  片式电阻产品应用市场  │
                    └─────────────────────┘
          ┌──────────────┼──────────────┐
   ┌──────────┐   ┌──────────┐   ┌──────────┐
   │ 民品应用市场 │   │ 军品应用市场 │   │ 其他应用市场 │
   └──────────┘   └──────────┘   └──────────┘
```

| 移动通信 手机 电话机 | 计算机 音像 办公设备 | 家电 空调 汽车电子 | 电子玩具 收录 DVD | 航空工业 航天工业 | 船舶工业 兵器工业 | 核工业 地面控制系统 | 军用电子信息及系统 | 厚膜混合电路 | 机器人及新研发领域 |

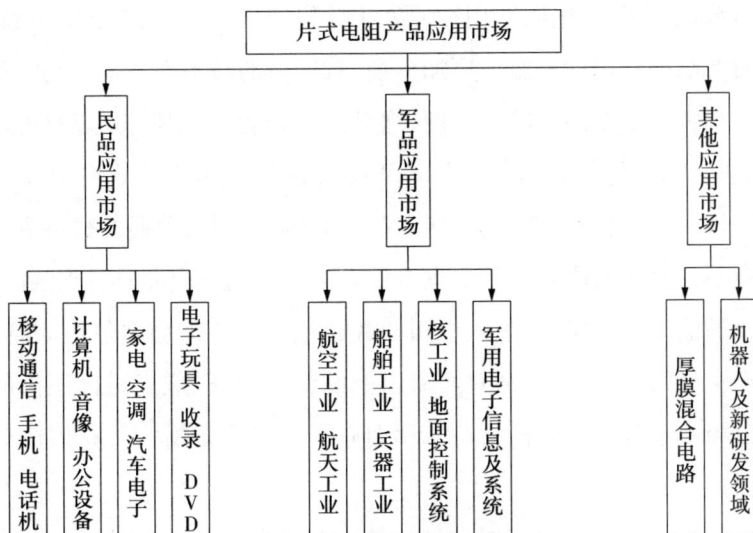

图2.2 片式电阻产品应用市场

一旁的小吴接着说:"其次针对潜在或新进入者威胁进行分析。我们发现,在民品领域,片式电阻产品行业的市场竞争日益加剧,产品价格平均每年下降5%～10%。这一行业已进入一个微利时代,厂商之间的销售争夺和价格战像一场灾难一样愈演愈烈,目前年产能力100亿只以上的厂家多达14家,所有竞争对手都对公司的片式电阻形成了很大的威胁。我们公司也只能在强手如林的竞争中分到一块小小的'蛋糕'。目前,在世界总体和平、局部动荡的大背景下,以及新式武器装备的小型化发展需要使用更多片式电阻器的现实需求下,军品市场有了一个好的增长空间,因此,对于我们公司而言,最大的希望就在国内和欧洲的军品应用市场。"

"而在购买议价能力分析这一块。我们发现,由于专业性强,投资额巨大,技术门槛较高,片式电阻器产品的客户一般不具备组建上游自我供应企业的能力和必要。民品方面,我们公司产量不大,终端用户少,终端用量也少,通过中间商的销量偏高。但中间商都以倒卖赚取差价为唯一目的,不直接使用,也就不关注过高的质量和可靠性,只要无质量和使用问题,价格越低越好,这些中间商客户具备较强的讨价还价能力,会给企业带来一定的竞争压力。因此,我们公司今后要在大力提高产品质量和可靠性的基础上,拓展资信度好的终端用户,减少对中间商的依赖,从而提高产品的售价,提高获利的能力。军品应用市场方面,产品质量好、供货响应速度快、品种齐套性高使公司具有一定优势。公司作为中国军用元器件首批合格供应商和首家选定的宇航级军品片式电阻出口单位,在片式电阻军用行业处于领先地位,公司用户群基本稳定,并不断扩大。用户对产品的稳定性和服务更加重视,对价格的敏感性不是很高。价格竞争的压力主要来自少数几家军品电阻供应商,这是公司有能力面对且足以化解的。"

"而对于供应商议价能力的分析",小张接过话头,"由于片式电阻器的主要生产材料为陶瓷基板、各种电阻浆料、电镀化工材料和编带材料,普通的材料供应商以及生产设备供应商不会对行业内企业产生竞争压力。国外的供应商具备很强的能力,也具备向前一体化的能力。近年来,进入中国的片式电阻器生产材料供应商越来越多,我们公司在生产主材的应用领域,都有两家以上的供应商,供应商讨价还价的能力有所削弱。我们公司由于自身掌握核心技术和拥有军工供货资格,所以,供应商不会直接对公司产生巨大的威胁。"

"而在替代品方面,片式电阻器本身就是传统电阻器的替代品,属体积最小、最新型、最具发展前景的电子元件产品。虽然目前生产已相当成熟,但应用还处于上升期,对贴片元器件的应用正处于新兴上升阶段,预计在短期内不存在替代品的竞争威胁。"

看着大家的分析结果,王经理发现,公司生产的片式电阻器的竞争主要是同行业企业间的竞争,在民用领域,国内竞争对手技术、资金实力相对较弱,生产规模都不大,但许多极具实力的日本企业转入中国并不断扩大生产规模,使片式电阻民用品的市场竞争日益加剧。而公司地处西部,信息获取及市场响应速度比沿海的企业相对较慢,再加上较高的运费成本,使公司的民品已完全处于不利的竞争地位。

2.3.2 公司内部环境分析

胡副总这边主要负责对公司的内部环境展开分析。内部环境分析包括对企业自身优势因素和劣势因素分析,它是对公司在发展中自身存在的积极因素和消极因素的剖析,属于主动因素。这些因素一般归类为管理团队、组织结构、经营模式、资产情况、市场、人力资源等不同范畴。内部能力分析主要是帮助了解企业当前优势及缺点,从而评估企业现在具有或应尽快弥补的条件。因此,在胡副总的组织下,各部门分别展开内部环境分析,分析结果如下。

（1）组织结构

历经几届班子的换届和调整，公司已逐步完善了治理结构，具备了较完整的组织结构和内部运营体系。公司的组织架构是总经理负责总体经营管理，副总经理负责各自业务板块，部门部长对各自部门工作进行具体管理的运行模式，除生产车间设有班组长形成四级权限管理外，其他大多部门为三级权限层级。设有市场部、科技发展部、资产管理部、财务部、生产保障部、研发中心、信息中心、采购部、经理部、人力资源部、质量部、一车间、二车间、材料事业部等17个部门。

（2）人力资源的构成

近两年来，K公司采取多种办法，开拓多种渠道，通过网络招聘、高校招聘、人才引进等方式，共招聘管理人才8人、技术人才15人，引进博士2名、硕士8名、大学本科28人，不断加强各种专业人才的引进与培养，充实了研发队伍，增强了研发力量，已初步形成一个具有现代企业意识和良好专业技能，能经营、善管理的经营团队，能更好地推进高附加值产品和新产品的研发速度。

（3）财务状况

公司自2001年成立以来，经营业绩逐年提高，正处于上升期。目前公司财务资源状况良好，主要财务指标都处于较优状态。

（4）生产条件情况

基础设施方面，公司在2012年合并S电子材料有限公司，继承面积900 m^2 的M厂房后，厂房总面积达12 890 m^2。生产设备方面，公司经过多年的积累和改进，拥有从美国、日本引进的当今世界先进水平的生产设备、检测仪器，年生产电子元器件能力提升到150亿支。安全生产方面，公司成立了以总经理为主任，主管副总经理为副主任的安全生产管理委员会，负责公司安全管理体系的建立、资源配置及监控协调。安全生产管理委员会在生产保障部设置办公室，作为安全生产管理委员会的工作机构，具体负责安全生产管理委员会的日常工作。安全生产管理委员会制定了以安全生产责任制度为主体的各类安全生产管理制度25个，从而保障公司认真贯彻落实"安全第一，预防为主"的方针，促进了各级部门及人员安全管理责任的有效落实，保证了公司员工在生产过程中的人身安全与健康，切实体现了"以人为本"的现代企业管理理念。

（5）产品及技术资源情况

公司基于市场需求，以产品的研发和质量的提高为核心开展科技创新，将过去以生产为中心的创新模式向以研发为中心的创新模式转变，从单一的电阻产品向保护元件、敏感元件、微波元件、光电元件及功能材料等多元化产品扩展，树立"为用户打造品牌、以创新赢得兴业"的创新理念。在今后的知识产权试点期间，通过自主创新，继续努力挖掘专利，专利申请量两年总数达到 30 件，专利运用率达 90%，提高知识产权创造和运用能力。

（6）资质信誉情况

公司先后获得 ISO 9001 质量体系认证、GJB 9001 质量体系认证，成为国内率先通过欧洲宇航质量体系认证的企业之一，构建了良好的产、学、研科研技术平台。公司贯标产品已达 45 余种，广泛应用于电子、兵器、船舶、卫星、通信、核工业等尖端技术领域和国防重点工程。公司被多家用户评为"优秀供应商""最佳合作伙伴"。目前公司有三条军标线：厚膜片式电阻器生产线、薄膜片式电阻器生产线、熔断器生产线。2011年来，公司先后承担省、市、区科研项目 54 项。拥有专利 42 项，参加 12 项国家、省级标准的制定，具备一定的科研能力。

2.4 三思而后行——公司的战略选择

李总对公司外部、内部环境分析报告进行了仔细的研究，决定用 SWOT 分析公司的战略环境。

2.4.1 公司 SWOT 分析

1）优势分析

（1）目前，公司财务状况、银行信誉等良好，资产负债率一直低于 20%，销售额和利润率逐年攀升，为公司下一步发展提供了可靠的财务保证。

（2）产品销售在军品市场较为稳定，近几年市场占有率一直处于比较好的状态。随着宇航产品验厂的通过，知名度进一步得到提高。

（3）军工贯标品种居同行前列，配套能力强。

（4）销售网点的逐年增加，目前在全国 10 个主要城市（北京、天津、上海、西安、洛阳、宝鸡、成都、深圳、南京、武汉）都开设了销售办事处。有利于及时了解市场行情和各种相关信息，并提供及时的售后服务和新产品推广跟进工作。

（5）以片式电阻器生产平台为基础的新品研发工作正在展开，大大节约了科研设备投入所需要的资金。

（6）开展已有的以生产平台为基础的新品研发，节约科研资金。

2）劣势分析

（1）产品品种单一，高附加值产品较少，新品的推出又需要相当长的一段时间。

（2）高技术人才少，创新能力有限；一线技术、维修人员缺乏；销售人员素质参差不齐。

（3）民品制造成本高于同行平均水平，没有价格优势。

（4）民品终端客户少，过分依赖中间商。由于中间商赢利的目的性和讨价还价的能力非常强，因此售价相当低。

3）机会分析

（1）2009 年，公司通过与 D 大学的合作，在产品研发上取得了一定的进展，公司将利用此次机会借助高校科研能力，力争在较短时间内培养出一支研发能力较强的队伍。

（2）目前世界经济仍然处于恢复时期，我们更要抓住机会研发出更多的以厚膜片式电阻器为基础的高附加值产品或新品，使产品配套能力得到进一步提高，增强公司的竞争能力，削弱竞争中对手所造成的威胁。

（3）通过与 S 公司合作，利用公司现有的工艺平台，已在保护类器件（如静电抑制器、熔断保险丝）取得突破，下一步期望获得资金支持，建成生产线，以实现一定规模的量产。

4）威胁分析

（1）军、民品市场竞争日益加剧。厂商之间的销售争夺和价格战愈演愈烈，所有竞争对手都对公司形成了巨大的威胁。

（2）同行企业对新品开发所投入的人力、物力和财力，比公司更具实力。

公司的 SWOT 分析如图 2.3 所示。

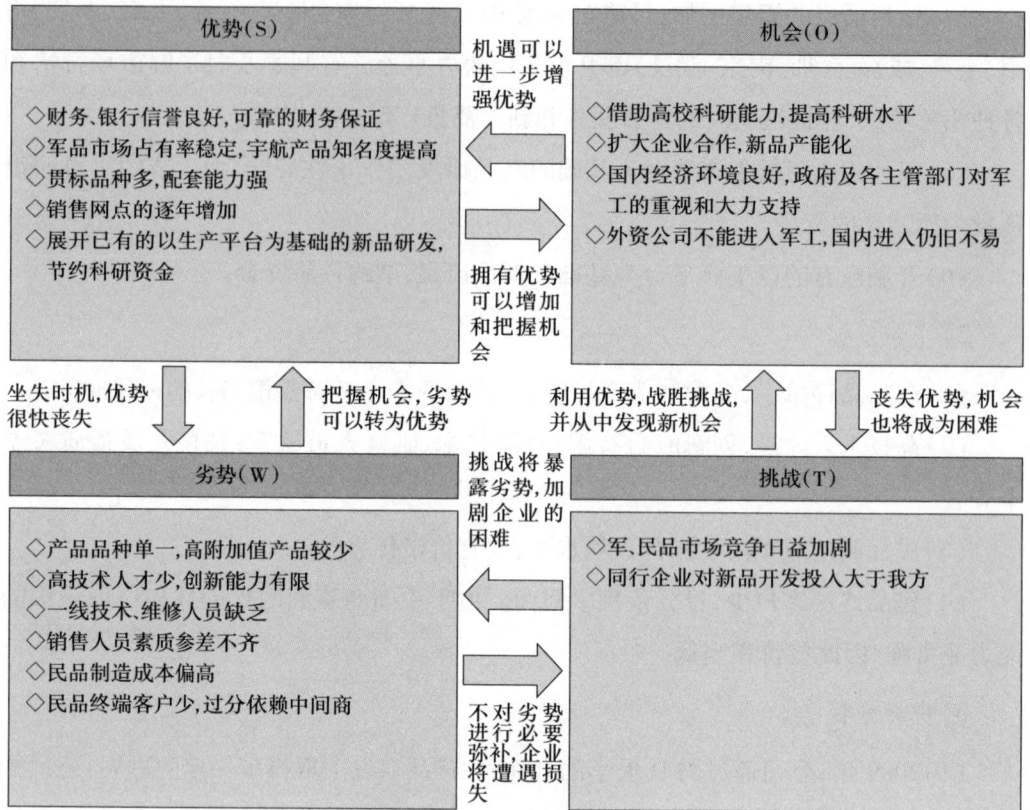

优势(S)
◇财务、银行信誉良好,可靠的财务保证
◇军品市场占有率稳定,宇航产品知名度提高
◇贯标品种多,配套能力强
◇销售网点的逐年增加
◇展开已有的以生产平台为基础的新品研发,节约科研资金

机会(O)
◇借助高校科研能力,提高科研水平
◇扩大企业合作,新品产能化
◇国内经济环境良好,政府及各主管部门对军工的重视和大力支持
◇外资公司不能进入军工,国内进入仍旧不易

机遇可以进一步增强优势
拥有优势可以增加和把握机会
坐失时机,优势很快丧失
把握机会,劣势可以转为优势
利用优势,战胜挑战,并从中发现新机会
丧失优势,机会也将成为困难
挑战将暴露劣势,加剧企业的困难

劣势(W)
◇产品品种单一,高附加值产品较少
◇高技术人才少,创新能力有限
◇一线技术、维修人员缺乏
◇销售人员素质参差不齐
◇民品制造成本偏高
◇民品终端客户少,过分依赖中间商

挑战(T)
◇军、民品市场竞争日益加剧
◇同行企业对新品开发投入大于我方

不对劣势进行必要弥补,企业将遭遇损失

图 2.3 公司 SWOT 分析

分析表明,公司的优势与劣势并存,发展的机会与挑战同在。这些优势和劣势、机会和挑战是可以转化的。公司面临的环境机会远大于挑战,内部的优势也大于劣势。

2.4.2 K公司发展战略的选择

李总将企业内外环境的分析和对 PEST 模型、SWOT、五力模型的分析报告在会议上进行了展示,经大家讨论发现公司更适合"适度规模特色发展推动跨越"的发展战略,会议最后以"一个核心、两个平台、三个方向"为战略方向予以支撑,提出了公司战略选择的基本思路和基本原则,具体整理如下。

(1)战略选择的基本思路和基本原则

将"全面推进公司产品结构调整、产品品种优化和转变发展方式等重大事项"作为公司发展规划的主线。结合公司已建立的厚、薄膜工艺生产平台和国家、省产业发展的方针政策,推进"适度规模特色发展推动跨越"的发展战略建设。

结合已有的科研和生产平台,加快科研产品向高精度、大功率、特色化方向的进程,进一步增强公司发展的可持续性;在明确市场需求的基础上,合理安排好投资技改项目的建设,进一步夯实企业发展的内在动力;结合科研、生产、技改的实施,引进、培养人才,建设、打造一支善管理、会经营、能创新、不怕困难、团结向上的员工队伍。进一步激发企业发展的核心活力,夯实企业发展之本。

(2)适度规模发展

第一,随着台资企业在大陆不断扩大片式电阻器的生产,并结合公司规模相对偏小、产量不高,没有形成规模效应的现状,从投资风险和现实市场回报分析,民品不具有成本领先差异化优势,且不具有竞争资源。因此,公司在不盲目追求产量的前提下,有必要发挥现有规模化生产片式电阻器的产能。第二,由于没有一定数量的民品片式电阻器作支撑,设备折旧、人员工资等缺少依托的问题仍然存在。在这种情况下,公司应当坚持"以销定产"的原则,同时结合生产实际保持适度规模,总之在确保交货期使合同按期履约的前提下增加产量。

K公司的生产技术已相对成熟,产品质量、可靠性和技术服务已形成差异化,目前国内片阻的市场占有率高达80%以上。但由于片阻的数量和市场空间有限,为了更好、更合理有效地利用资源,K公司最佳的选择就是针对市场需求和自身条件对产品结构进行调整,对产能受限的产品细化生产计划,对班组按合同交付节点安排生产,进一步做好工序之间的衔接,将合同交付纳入班组管理,确保入库指标的完成。每个工序根据生产需要进行详细区域划分,建立和完善相关的定置图片和管理条例,使生产现场得到明显的改观,较好地满足了现代化的现场管理需要和文明生产要求,最大限度地满足量产的需求。充分利用节假日对设备进行保养,以增加生产的有效时间。为不影响生产,利用春节长假,对生产线按技改项目要求进行重新布局和调整,达到工艺生产所需要的预期效果。

K公司从产量追求转向对经济效益的追求,对于批量产品,一是需要加强一线员工质量意识培训,加大对产品质量预防成本的投入,加大对产品质量成本的考核力度,重视产品实物质量的持续改进,严格控制生产线材料消耗和投入产出率,使产品不合格率下降;二是需要加强生产计划管理,集中财力、物力、精力抓好生产经营,盘活资产,有效地提高公司的资产效益,以市场需求组织生产,不盲目追求产量,控制和减少存货资金占用。

（3）特色发展

向边缘产品扩展，人才团队在产品研究方面将以厚、薄膜片式电阻为基本平台，向保护元件、敏感元件、功率电阻、网络电阻等方面扩展。材料研究方面围绕产品开展功能性材料的研究，并努力推进片式保护元件、特殊性能电阻器的成果转化；尽快搭建片式敏感元件制造平台、工艺平台和测试平台，筑牢技术创新、实现跨越发展基础；积极筹建光子晶体材料及器件实验室，为产品预研创造良好环境；充分发挥已有的电子浆料制作成熟技术，研制和开发新产品所需要的电子功能材料。为了产品的快速发展，在未来会将科技投入比例增加到销售收入的 10% 以上。

产品差异化竞争，电子行业专业技术性很强，K 公司的客户对产品的性能和使用技术都比较熟悉，因而差异化要求更高，顾客的要求体现在关注产品固有的使用功能、可靠性能差异化和技术服务。经过多年的努力，K 公司已获得"制造厂生产线合格证书"和"电子元件质量认证合格证书"。到目前为止，K 公司已经完全具备军品电阻器生产供货的各种资格，处于该领域的领先地位。九大系列产品，广泛用于兵器、电子等领域及一些国防重点工程上，在军工领域已具有较高知名度。但 K 公司仍需注意同行在这一特殊领域的进步，关注该领域的发展趋势，同时将差异化应用在品牌中，不断地保持 K 公司的竞争优势，获取企业应有的利润。

不仅如此，李总还制定了详细的三年滚动发展规划目标及年度目标分解。总体目标以片式厚膜电阻器军品市场为基础，加快薄膜电阻器、保护元件认证和市场推广进程，兼顾民品的发展，并详细制定了产品结构调整目标、人力资源目标及风险控制目标。

2.5 尾 声

此次对 K 公司的战略发展详细制定后，公司的未来发展有了更加明确的目标。但李总认为，为了保证公司发展战略的有效实施，确保公司战略目标的实现，K 公司必须在人力资源管理和人才结构上进行优化，加强新品研发和市场营销的管理，加快品牌的建设，对公司各方面的管理制定出客观、科学、合理和可行的战略支撑措施。K 公司的未来还需要脚踏实地,不断发展。

启发思考题

1.结合 K 公司及其行业背景,说明 K 公司制定战略管理的重要意义。

2.K 公司进行战略环境分析的主要流程是什么?

3.分析 K 公司战略规划的合理性,并思考 K 公司如何保障发展战略规划的实施。

使用说明

K 公司的创新发展战略探索之路

2.1　教学目的与用途

(1)本案例主要适用于运营管理课程的教学。

(2)本案例是一篇描述 K 公司战略目标制定的案例。K 公司所遇到的战略问题具有很好的代表性,很多电阻生产企业在战略发展过程中都会遇到。

(3)本案例的教学目的:了解电阻生产企业现状,并有一定的认识;引导学生学会使用应用战略管理的理论解决公司发展所面临的问题;具备分析和解决企业实际运营过程中所遇到的战略管理问题的能力。

2.2　启发思考题

(1)结合 K 公司及其行业背景,说明 K 公司制定战略管理的重要意义。

（2）K公司进行战略环境分析的主要流程是什么？

（3）分析K公司战略规划的合理性，并思考K公司如何保障发展战略规划的实施。

2.3　分析思路

教师可以根据自己的教学目标(目的)灵活使用本案例,重点分析案例中的情节,引导学生理解战略环境分析的重要性,并加强学生对战略环境分析方法的掌握。如图2.4所示提出本案例的分析思路,仅供参考。

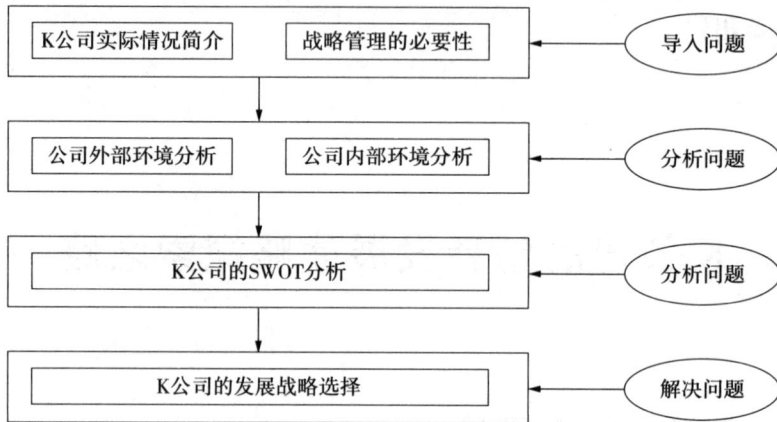

图2.4　案例分析思路图

2.4　理论依据及分析

1)结合K公司及其行业背景,说明K公司制定战略管理的重要意义。

【理论依据】　与战略相关的概念简述

（1）战略分析

战略一词来源于希腊文字"Strategos",其含义是"将军"。该词原意为指挥军队的艺术和科学。由于战争是对抗双方根本利益的冲突,是你死我活的战斗性质,使人们不得不重视战争,重视战争研究。因此,军事上就出现了以研究战争全局的规律性为内容的战略学。战略分析是通过对自身及外部环境的分析,制定战略远景和业务使命,指明主要业务范围和前进方向,树立一个长期的发展目标。战略分析具体是为了评价影响战略主体现阶段和后续发展的关键因素,并确定该关键因素在战略选择步骤中的影响度。

(2)战略制定

战略制定是指对战略主体外部环境和内部环境的分析后,确定战略主体所具有的优势和劣势,以及机会和威胁,拟订经营战略方案,并在实施中对经营进行评价,为经营战略实施提供条件。战略制定解决了战略管理中战略目标的完成度、竞争优势的持续获取方式、可持续发展的途径等重要问题。

(3)战略实施

战略实施为战略管理的行动阶段,是通过行政、经济、法律等一系列手段将既定的战略转化为实际行动并取得结果的过程。战略制定的关键在于其适合性,而战略实施的关键则为有效性。战略实施的成败取决于能否把实施战略所必需的组织、资金、人员、技术等资源与各项管理功能有效地调动起来,进行综合的配置。

(4)战略的评估和控制

战略的评估和控制是确定战略实施过程中在其达到目标上取得多大成效。战略的制定过程属于主观认识范畴,其真正的价值必须经过实践进行验证。在战略实施过程中进行评估,进一步辨认在战略制定的过程中对外界环境的分析是否正确,所制定的战略途径和手段是否有效,所把握的战略方向是否正确。从中发现战略差距,分析偏差及成因,从而根据变化的环境修改战略目标,使战略行动更好地与环境及所要达到的目标相协调。企业要在战略管理这个小循环中不断地修正、前进、调整、发展,才能在市场发展的这个大循环中逐步地生存扩张、增长价值、获取利益。

【案例分析】

战略管理中对战略主体进行外部环境和内部环境的分析,可以确定战略主体所具有的优势和劣势,以及机会和威胁,从而更好地拟订经营战略方案,并在实施中对经营进行评价,为经营战略实施提供条件。K公司目前面临的压力包括:①同行企业的竞争;②原材料及设备配件购入价格高;③自身竞争优势提升的必要性等。因此,适当的企业战略管理有助于K公司正确评价外部环境的危机与机遇,帮助明确K公司的核心能力,制定有效的战略活动领域,使K公司依据自身的具体情况对企业战略进行适度的调整。因此,K公司制定战略管理不仅能够保证公司专业化的发展,还可以帮助公司在多样性的业务上获得长久的竞争优势。

2)K公司进行战略环境分析的主要流程是什么?

【理论依据】 战略分析方法

(1)PEST模型分析

PEST模型即宏观环境的分析,宏观环境是指影响一切行业和企业的各种宏观因素。由于行业和企业各自特点和经营需求的差距,对宏观环境进行分析的具体内容也会有所不同,通常情况宏观环境的分析应包括政治环境、经济人口环境、技术自然环境和社会环境4大类影响企业的外部环境因素,如图2.5所示。

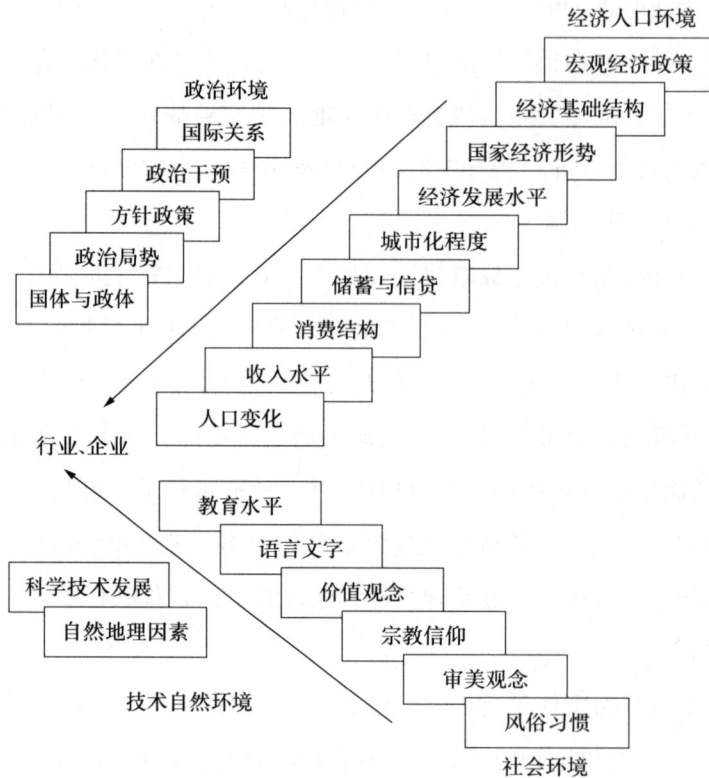

图2.5　宏观环境分析

(2)五力分析模型

波特教授(Michael Porter)于20世纪80年代提出了五力分析模型,此模型在世界范围内极大地影响着企业战略制定。五力分析模型中的五力分别是行业现有竞争能力、供方讨价能力、买方讨价能力、潜在进入者的威胁和替代品威胁。模型有效地分析在企业所处的竞争环境下,企业应采取的竞争战略。基于五种竞争力量,能够在市场中巩固自身地位,增强市场竞争能力,企业可以采取影响、改变行业当前的竞争规则;把企业经营从现有竞争中剥离;占据有利市场地位;实施进攻性的竞争行动适时应对五力竞争中具体的情形。

(3)SWOT模型分析

所谓SWOT分析法,就是分析企业的优势(S)和劣势(W)以及机会(O)和威胁(T),从而从整体上概要地说明企业的业务状况、企业地位等。SWOT分析法的理论基础是战略制度必须在企业的外部环境与内部条件良好配合的情况下。因此,SWOT分析法能清晰地了解企业资源能力的缺陷、企业所面临的市场机会以及涉及企业未来利益的外部威胁,对企业战略的制定有着重要的意义,但是,SWOT分析法具有局限性,并不能全面、系统地对某一企业战略进行更深入的管理,需要辅以其他分析手段和分析因素为制定企业战略提供进一步的支撑。

【案例分析】

首先是外部环境分析,K公司使用PEST分析方法对其所处的宏观环境进行分析,明晰现在公司面临的宏观政治环境、经济人口环境、社会环境和技术自然环境等,然后再次使用波特五力分析模型进行具体剖析,了解目前公司所面临的具体竞争压力。

其次进行内部环境分析,即对公司在发展中自身存在的积极和消极因素的剖析。K公司主要针对组织结构、人力资源、财务状况、生产条件情况、产品及技术资源情况、资质信誉情况等展开分析。

最后借助SWOT分析工具,将公司的战略与公司内部资源、外部环境有机结合,用来确定企业本身的优势(Strength)、劣势(Weakness)、机会(Opportunity)和威胁(Threat),从而将公司的战略与公司内部资源、外部环境有机结合。

3)分析K公司战略规划的合理性,并思考K公司如何保障发展战略规划的实施

【理论依据】

企业发展战略的实施是一个综合调动和应用内外部资源,并按照既定的战略目标和措施进行战略推进的全过程,它与战略的制定有着十分紧密的联系。对于任何生产

企业或经营企业而言,无论选择了什么样的发展战略,都要将其应用在企业的发展实践当中,必须形成完善的战略实施体系,才能互为补充,互相作用并推动总体发展战略的有效实施。企业发展战略实施的保障策略,就是要立足自身实际,通过采取积极有效的措施,为发展战略的有效实施创造条件,从各方面提供先决条件和对发展有利的优势条件,为发展战略的有效实施提供保障。

(1)组织结构优化是实施发展战略的基础条件

组织结构优化是发展战略执行过程中的关键要素,高效的组织不仅能够有效分配内部资源,还能为其适应外部环境提供有力支持,是实现企业发展战略目标的基础。

(2)企业文化建设是实施发展战略的灵魂所在

一个企业的主流文化就是这个企业价值观的体现,也是这个企业的核心竞争力所在,一个企业的产品、技术都可以被别人所掌握并予以应用,可唯独企业文化是不能被复制的,企业文化的差异才是竞争差异的根本所在。企业文化具有极强的导向作用、凝聚作用、激励作用和规范作用,对企业发展战略的实施及战略目标的实现都有着十分重要的意义。

(3)人力资源建设是实施发展战略的根本保障

人力资源管理战略要与企业总体发展战略相适应、相结合,要针对其发展过程中存在的突出问题,实施科学系统的管理,优化人才队伍结构,培养后备骨干力量,完善绩效考核机制,着力建设一支专业化、高素质、年富力强的人才队伍。

【案例分析】

K 公司提出了公司战略选择的基本思路和基本原则,并将其具体整理如下:

(1)战略选择的基本思路和基本原则。

(2)适度规模发展。

(3)特色发展。

(4)发展规划目标及年度目标分解。

K 公司要实现更好的发展,必须在制定好发展战略规划的基础上,对内部管理的各项措施、机制进行强化,构建一个高效、健康、良性的管理组织,形成企业独有的、积极向上的企业文化,打造一个强大的人力资源队伍,只有这样,发展战略和目标才不会成为空话,各项具体实施的步骤才能按计划得到有效的执行和落实,才能推动企业发展战略的有效实施,实现企业的更好发展。

2.5　背景信息

K公司的组织机构图如图2.6所示。

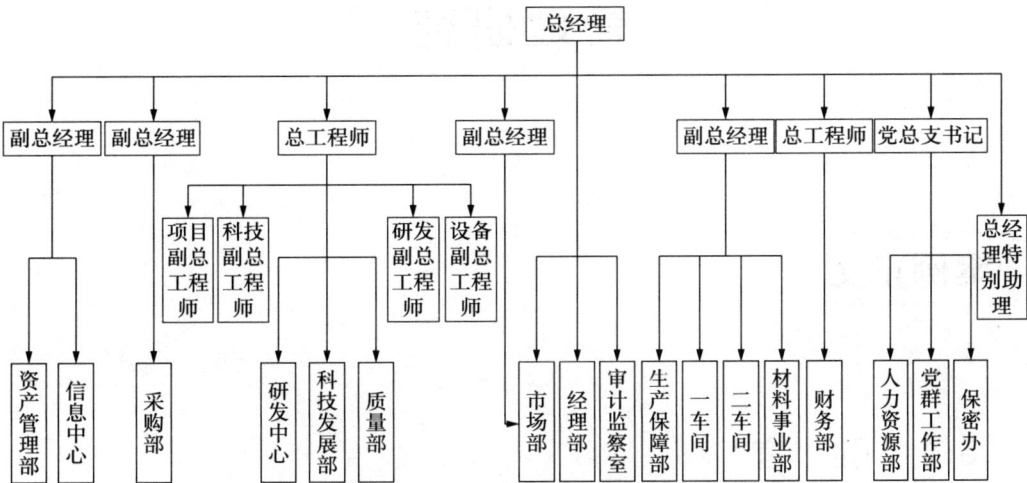

图2.6　K公司的组织机构图

2.6　关键要点

(1)对企业的宏观环境、技术现状、行业现状等外部环境进行分析以及对公司现状如组织、人力、运营、资本构成等多种资源进行内部环境分析。

(2)结合K公司的发展历程、内外部环境进行分析,了解科学的战略管理实施方法。

F软件项目开发中干系人
管理研究

3.1 引　言

　　7月末,强烈的阳光炙烤着大地,盛夏的蝉鸣在耳边聒噪个不停,回到办公室的王总回想起刚刚结束的会议,内心升起令人烦躁的闷热感。"叮铃铃……"一阵欢快的手机铃声响起,王总接过电话,"老王啊,最近在忙什么呢,我刚从北京回来,出来一起吃饭吗?"听到电话那头传来老朋友谭总熟悉的声音,王总连日工作的疲惫和巨大的压力顿时消减了一半,他回答:"你可别说了,我们公司最近接了一个扶贫软件开发项目,我现在就是热锅上的蚂蚁,忙得晕头转向,这不,我这才刚开完会出来。""扶贫软件开发是个好项目啊,怎么,遇着难题了?"王总长叹一口气,接着说道:"这项目上头重视得很,时间又紧,需要调整的地方太多了,越理越乱,这次你回来我抽不出时间跟你见面了,下次我亲自给你'赔罪'"。"别啊!"谭总及时打断了他,接着说:"这样吧,咱们晚上一起吃个饭,你给我说说遇到什么困难了,兄弟我也帮你出出主意!"经谭总这么一说,王总才猛然想起,谭总才从北京学习深造回来,说不定还真能帮到自己,于是赶忙应了下来:"好,那就这么说定了,今晚上你定地方,我来找你。"

3.2　案例背景

为确保 2020 年消除绝对贫困,贫困区域以及贫困人口要与全国人民一起进入小康社会,党中央、国务院高度重视贫困人口建档立卡工作,提出了"贵在精准,重在精准,成败之举在于精准"的扶贫理念,要求努力完善贫困人口建档立卡识别机制,帮助扶贫模式从以前的"大水漫灌"转变为精准"滴灌",针对贫困区域以及贫困户存在的贫困原因制定帮扶措施,并实行动态管理和预警监测。我国精准扶贫建档立卡工作于 2014 年正式启动,随着建档立卡工作的深入,我国各级人民政府都需要一个高效的管理软件对建档立卡贫困户进行有效的管理、动态的调整以及对当前存在的问题进行分析,与之匹配的扶贫相关软件开发项目也如雨后春笋般在各省、市、县开始了建设。

随着大数据时代的到来,习近平总书记不止一次强调,大数据在保障和改善民生方面大有作为,要加强精准扶贫领域的大数据运用,为打赢脱贫攻坚战助力。在当前大数据环境下,G 省扶贫部门积极响应国家对大数据、大生态、大扶贫的号召,运用大数据加工工具,加强数据比对与数据分析,加强对扶贫资金的使用与监管,防止扶贫资金用于非贫困人员、非合理扶贫项目等问题发生,运用大数据技术助推精准扶贫,实现"看真贫、扶真贫、真扶贫",全面提高国家财政专项扶贫资金的使用效益。

为进一步推进脱贫攻坚精准化,G 省领导直接授意省扶贫办,加强信息化建设,利用大数据服务好大扶贫,扶贫办领导在接到该任务后高度重视,立即成立了信息化专班,并组织力量考察扶贫软件开发行业的供应商的现状,了解扶贫软件开发行业的各个公司的研发能力以及服务能力。信息化专班由扶贫办副主任(副厅级)直接负责,可见省领导以及扶贫办领导对项目的重视程度。经过 3 个月的需求调研,收集包括领导指导意见、基层干部诉求、业务处室需求之后,最终形成了需求说明书,并立即组织申报预算,开展招投标工作。项目最终由在扶贫软件开发领域具有丰富经验的 D 公司与在 GIS 地理信息可视化方面有较高权威性的 S 公司中标,分为项目的品目一与品目二。

然而,扶贫软件开发项目的干系人错综复杂,对于扶贫软件开发项目的诉求也不相同。想要做好扶贫软件项目管理工作,就必须抓住关键干系人的关键期望,集中力量对应此类干系人的期望。如果仅依靠项目经理的个人经验处理各类干系人之间的冲突、解决干系人的诉求,会导致该项目的干系人管理混乱,缺少规范化的流程,进而导致项目推进受阻甚至导致项目失败。

3.3 存在的问题

当晚,王总独自驱车前往饭店,看着一路上的车水马龙,他的思绪不禁飘到了早上的会议上……

"今天把大家都请来,主要还是商量一下这个扶贫项目开发的问题。你们也知道,这个项目是上面领导交办下来的政治任务,对项目交付时间有明确的要求,我们只有 3 个月时间,但现在这个项目迟迟没有推进,时间紧迫,大家都一起来说说到底存在哪些问题。"

会议室里气氛凝重,每个人都皱着眉头,埋头深思。项目部小陈率先打破沉默:"王总,我们项目部也是尽快在赶进度了,这兄弟们都连续加班一周了,实在是没法啊!"他顿了顿,接着说:"需求说明书是由信息化专班来制定的,从说明书制定到项目团队进场开发实施,大约也经历了 3 个月的时间,但是现在国家对扶贫项目的重视导致要求也在不断变化,在这分秒必争的情况下,国家和省级部门对扶贫工作的要求也在不断发生变化,工作重心也发生了改变,但由于我们没办法时刻与需求提出方保持沟通,就没能及时做出需求变更,导致开发出来的功能并不能完全满足需求提出方的要求,没办法我们只能重新调研需求进行开发,这样折腾下来,影响了开发进度。"

小陈话音刚落,项目部小方立即接上:"我还想补充一点,刚刚小陈提到的需求说明书中,部分需求描述也非常模糊,可能是因为缺乏专业的项目管理知识,在收集需求时,没有将领导、业务处室、基层的需求做较为清晰的描述,导致项目团队在进行需求分解时,无法准确分解,而需要对这些不明确的需求进行补充调研,这样一来,工作量就远大于项目的成本了啊,我们派人去跟他们信息化专班谈,但他们也只是打太极、绕圈子,完全不考虑我们这边的成本。"

"对对对!"小魏连连点头,接着说道:"就比如对于'在业务系统中重构国务院扶贫开发信息系统'这一句话,业务处室要求完全复制'国务院扶贫开发信息系统'的所有功能,但这个需求涉及版权、合同、保密协议等一系列问题,且在需求说明书中只有一句话,很容易被忽略,导致这句话成了影响项目范围的主要因素,我们与甲方很难达成一致,若按照甲方业务处室要求,公司将根据'全国扶贫开发信息系统'的功能进行同步开发,但对于公司而言,若实现该需求,项目成本远超合同金额,并且存在巨大的法律风险。"

这时候事业部开发团队小刘接着说:"这次的区域实施团队为项目实施中新组建的团队,由于与事业部开发团队对于项目的边界存在理解上的差异,导致现场项目团队开发的功能不在需求说明书当中,客户也并不认可该部分功能产生的工作量,这一部分浪费的工作量也导致了项目进度受到影响。"

"而且这个项目的工期要求时间非常紧迫,这段时间项目一直处于赶工和快速跟进的状态,我们的开发人员'一人多用'的情况非常严重,经常会发生有人当天提出的需求,第二天就要求上线,开发人员白天不得不做需求调研,晚上通宵开发需求,实施人员也仅有几个小时的时间进行测试和上线工作,最后导致需求的完成度不高。"

这时,一直闷不做声的毛经理也说道:"新的外部干系人突然介入项目,项目组未及时对该项目干系人进行识别管理,对其介入项目会导致的风险没有及时制定应对措施,导致新的外部干系人通过向扶贫办施压,让我们公司免费为其在系统开发中用于管理第一书记、驻村工作队的相关功能,导致项目范围扩大,进而影响项目的进度。"

……

大家都激烈地讨论着。

3.4　雪中送炭——昔日旧友解燃眉之急

推杯换盏间,谭总仔细听完了王总对项目的描述和各部门开会时反馈的问题。他向服务员借来了纸笔,开始认真思考起来。过了很久,他抬起头说:"其实这个项目现在面临的最大的问题就是时间",他将草稿纸上的"时间"两字重重地圈了起来,继续说道:"正是因为时间紧迫,才会出现许多问题。"

"现在你们主要存在的问题有这么几个",谭总另起一行,边写边说:"第一个问题就是你说的省扶贫办的业务处室和信息化专班对项目的期望不完全相同。这个也可以理解,因为信息化专班是该项目的直接负责处室,他们主要希望项目尽快地完成需求说明书中的各项开发内容,完成好省领导、扶贫办领导交办的项目任务,完成项目验收,但其他业务处室更希望扶贫云系统能更好地支撑处室的日常相关工作,他们的需求要与时俱进,需求发生变化时,肯定就会辛苦你们项目开发队了。"

"对对对,老谭你真神了!"王总高声附和:"上次领导交办业务处室的紧急任务,信息化专班就只能要求我们公司进行额外的开发工作,导致了项目范围的蔓延,我们真是有苦说不出。"

谭总笑了起来,接着说:"因为这个项目属于政府项目,但现在省扶贫办的信息化建设还很薄弱,没有懂项目管理或软件开发的专职人员,提出的需求没有经过较为严谨的需求分析,导致有较多的不合理性,开发人员无法正确理解需求提出人所想表达的需求含义,导致需求反复修改自然会导致需求质量较低。"

不等王总说话,谭总接着说道:"再一个就是集团事业部开发团队与区域实施团队协调困难的问题,这个问题你们项目部也有人反馈了,你们的事业部开发团队主要由在扶贫项目深耕多年的研发人员组成,曾经多次参与制定扶贫项目的各项指标规范,对于扶贫软件的开发有非常丰富的经验,而对于区域实施团队而言,扶贫行业是一个全新的领域,而且,这个项目实施团队是临时组建的团队,这样一来你们事业部开发团队肯定也不能完全放心。"

王总连连点头:"是的没错,本来根据我们公司的项目规划,在项目验收之后,实施与维护工作将交由区域实施团队负责,区域维护团队在项目实施过程中逐渐接替事业部开发人员的工作。但是从区域实施团队组建完成到逐渐介入项目,事业部开发团队都不能完全信任区域开发团队,在项目实施过程中经常发生冲突,导致区域实施团队存在比较严重的人员流失情况,进而导致项目推进受到影响。"

谭总喝了杯酒,继续写道:"合作伙伴也很关键。这个项目是由你们公司和S公司合作开发,上头要求你们公司负责项目的总体协调工作,S公司则根据你们公司的系统架构方案进行研发工作,为了保证公司的核心竞争力,在进行数据分享时你们公司肯定会有顾虑,两家公司在合作时没办法打开天窗说亮话,自然会有问题出现。"

"是的,S公司需要把我们公司计算好的数据以GIS地理信息可视化的方式呈现。

但我们公司在扶贫这一块摸爬滚打这么多年,这些核心数据和功能都是我们一点一点摸索得到的,S 公司态度也很明了,他们就是希望通过这个项目开拓全国扶贫软件开发领域的市场,这我们不得不防啊。"

"老王你也别太焦急了,很明显这是一个项目干系人管理问题,虽然现在需要协调的问题的确有很多,但是由于时间紧迫,项目的资源也有限,你们需要在这些项目干系人影响因素中找到最重要且最急需解决的关键影响因素,我建议采用层次分析法,这是一种有效的、客观的方法,它可以通过对项目的实际状况和出现的问题进行分析,从而找到最能影响项目的关键影响因素,然后针对最关键的问题提出相应的解决方案。我过两天就要回北京,可能没办法帮你做调查分析了,你可以去找一个专业人士帮你看看,别担心,这不是什么大问题,只要处理得好,你们项目的推进就很快了!"

"没事没事,我已经很感谢你了,但咱俩这交情我也不跟你谢来谢去了,一句话,等我这事成功解决了,我来北京找你喝酒!"

"哈哈,肯定没问题!那今天我就不拉着你喝酒了,你回去再好好理理思路!"

3.5　拨云见日——找出关键影响因素

第二天,王总请来了业内专家林教授。正如老朋友谭总所说,林教授立即分析了D 公司扶贫软件开发的项目干系人的主要结构,并做出了整理,如图 3.1 所示。

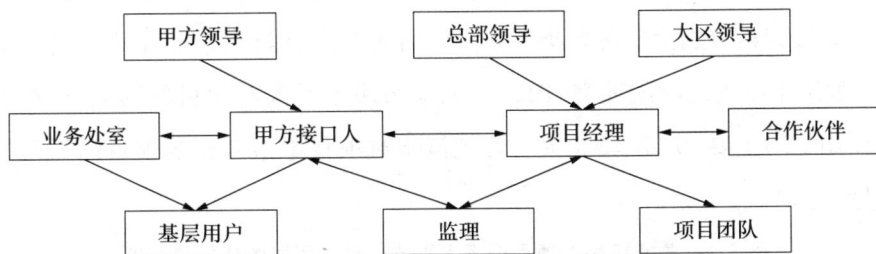

图 3.1　项目干系人的主要结构

其中,职责以及分工如下:

①甲方接口人。主要负责接收包括甲方领导、业务处室、基层用户提出的需求,将需求同时反馈给 D 公司项目经理与监理单位。

②D 公司项目经理。主要负责接收需求并对需求进行整理分析,形成需求文件,

将需求文件与甲方接口人进行需求确认，甲方接口人确认需求后，项目经理将其提交给项目团队进行研发、测试、上线工作。当涉及合作伙伴的需求时，将需求整理后发给合作伙伴 S 公司的项目经理，并监控合作伙伴的研发、测试、上线工作。

③监理单位。主要负责按照 G 省的项目实施规范，监控 D 公司与 S 公司的项目推进工作，当系统出现故障或出现生产事故时，依照合同对实施单位责令整改或处罚。

在对项目进行详细了解之后，林教授也同样提倡使用层次分析法，将该项目干系人管理这个复杂的问题分解为多个层面，用不同的层面建立一个逐层的层次系统，使干系人管理问题定量化、层级化、结构化。复杂的问题经过逐层分解，变得简化，本来需要对多个因素进行比较，经过分层简化为每层的少数几个因素之间的两两比较，然后对所有因素求取权重值并进行排序、评估，最后就能很快找到影响项目干系人管理的关键因素。之后就可以根据分析的结果制定出有效的措施和解决方案。

因此，林教授根据层次分析法（AHP），结合本文项目中的管理现状进行分析，将影响因素分解为目标层、准则层和决策层 3 个层级。

之后，教授结合项目的实际情况，选出了 14 个影响干系人管理的因素，用于解决目前项目中出现的问题，并分别与甲方信息化专班、公司项目管理专家、项目经理、项目核心成员进行一对一面谈，对这些影响干系人管理的因素进行两两比较，最终得到比较矩阵，对影响因素按照权重值进行高低排序，结合项目特点，以及运用项目管理知识体系中的帕累托法则，即 80% 的问题是由 20% 的关键因素导致，重点解决权重值最高的 3 个关键因素分别为明确各类干系人的沟通方式（P11）、识别干系人的期望和影响（P2）、解决干系人之间的冲突（P12）。对应解决干系人对项目的影响，根据解决该影响的作用分为主要、次要、不相关。关键策略对项目干系人影响项目的因素的作用分析表见表 3.1。

表 3.1　关键策略对项目干系人影响项目的因素的作用分析表

影响	P11	P2	P12
需求说明书的需求范围描述不清晰	不相关	主要	不相关
项目范围存在蔓延的风险	主要	主要	主要
项目范围存在镀金风险	主要	不相关	次要
干系人变更导致项目范围受到影响	次要	主要	次要

影响	P11	P2	P12
需求说明书的项目范围不清晰,导致项目进度受到影响	不相关	主要	不相关
项目蔓延导致项目进度受到影响	主要	主要	主要
项目镀金导致的项目进度受到影响	主要	不相关	次要
内部干系人冲突导致的项目进度受到影响	次要	次要	主要
干系人变更导致项目进度受到影响	次要	主要	次要
需求提出人缺乏需求分析的专业知识导致项目质量受到影响	次要	主要	不相关
缺乏专职测试人员以及测试流程不规范导致项目质量受到影响	不相关	不相关	不相关
项目赶工导致项目质量受到影响	不相关	次要	主要
销售为了维系客户关系导致项目成本受到影响	不相关	主要	次要
项目赶工导致项目成本受到影响	不相关	次要	主要
合同中的模糊条款导致成本受到影响	不相关	主要	次要
干系人变更导致项目成本受到影响	次要	主要	次要

3.6　对症下药——针对问题逐个击破

王总拿到这张表,迫不及待地召开了公司会议,两位教授一起参加了会议,试图针对这3个关键影响因素对项目制定对应的解决策略。对其有针对性地制定措施以及管理,提升项目的管理水平。

会上,林教授首先发言:"由于时间紧迫,我们找到了目前3个急需解决的问题,分别是明确各类干系人的沟通方式、识别干系人的期望和影响、解决干系人之间的冲突,我们今天开这个会,就是想要针对这几个问题制定方案。"

看着大家聚精会神的样子,林教授继续说:"明确各类干系人的沟通路径需要查阅公司组织过程资产以及分析与该项目类似的干系人沟通管理计划,同时结合该项目的自身特点,与各类干系人明确项目沟通方式,制订沟通管理计划,我们把干系人分为内部干系人和外部干系人两大类。首先,外部干系人是明确由甲方信息化专班进行统一对接,包括甲方领导、业务处室、基层用户。这类干系人提出的需求以及诉求,统一由甲方接口人进行汇总,做简单的需求分析,判断需求是否具有可行性、是否超过项目范围边界、是否涉及项目变更等。当甲方接口人初步判定需求合理后,会集中转交给我们公司项目经理进行进一步的需求研判,下面是我做的一张流程图(图3.2),大家可以看看。"

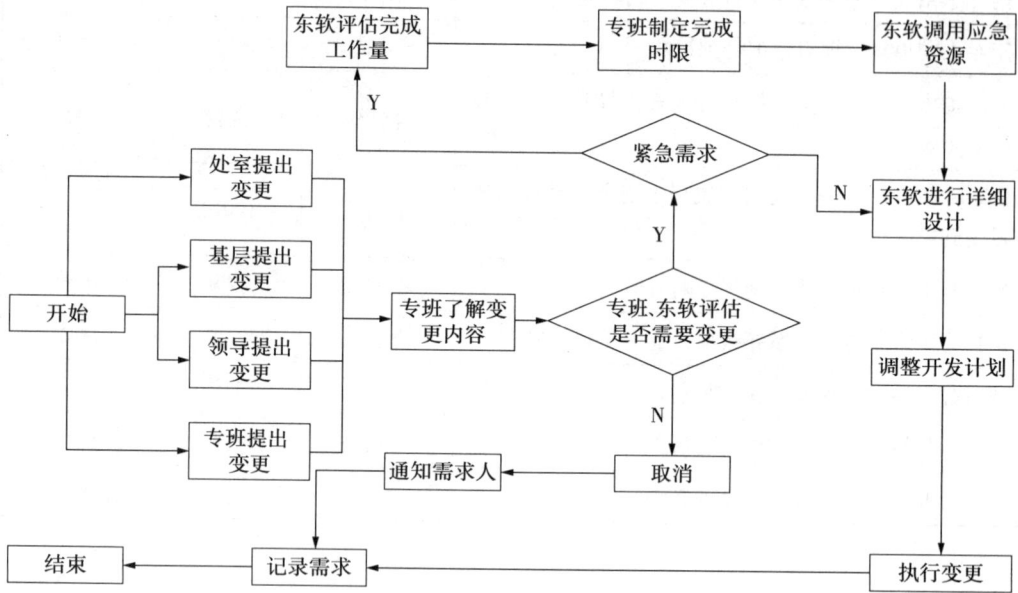

图 3.2　流程图

会议室大屏幕上放出流程图,林教授接着说道:"以往有一个问题存在,就是需求上线没有统一的流程,导致功能上线的测试流程不规范,上线的功能无法满足提出人的需求,因此,我这里要安排一个任务,就是希望公司项目组可以制定一个清晰的需求上线规范,越快越好。"

"还有,当外部干系人发生组织机构调整时,特别是甲方领导层与信息化专班的人员发生变化时,信息化专班需要第一时间与该干系人进行工作对接,了解新介入项目的项目干系人的期望,同时将新增项目干系人告知公司项目经理,以便能及时对新的项目干系人变更开展干系人识别工作,同时更新干系人登记册,这时候,公司的项目主要关注人要针对该干系人变更进行风险研判以及通知销售跟进,做好客户关系维系工作,尽量促使新增项目干系人与项目目标一致,因此,我们需要和信息化专班沟通好,保证他们与我们项目开发部的及时对接。"

"刚刚简单跟你们说了一下外部干系人的问题,接下来说说内部干系人的管理问题。"林教授歇息了片刻,接着说道:"之前也提过,区域实施团队是在项目正式实施之后逐步进入项目的。项目推进中的工作集团事业部开发人员与区域开发人员的工作存在重叠,导致了在需求开发过程中存在推诿、扯皮的现象。因此在这次调整中,需要大家发挥头脑风暴,准确了解各干系人的主要特长,制定一份项目需求开发流程,项目需求统一由区域开发人员以及项目经理与客户进行对接并整理需求形成需求说明书,同时组织集团事业部开发人员召开需求研讨会,对需求进行研判和分析。若需求不明确,则由区域人员补充调研需求后,重新发起需求评审。若需求明确,具备可行性,则正式录入需求问题平台系统,由集团事业部进行统一研发,研发完毕后统一交付给区域开发人员进行测试、上线工作。"

大家都认真地做好笔记,这时候项目部小刘问道:"那我们是不是可以制定项目通讯录,明确项目中的各项事宜的主要负责人,当在项目中遇到了问题时,可根据项目通讯录直接联系该负责人解决项目问题。"

"是的,没错!"林教授点点头,接着说道:"古话常说,'铁打的营盘流水的兵',项目核心成员就是项目实施过程中的营盘,有了主要负责人,也就可以明确权利和义务,制定奖惩机制。之前出现的项目开发人员变动或流失导致项目推进困难的问题,当明确了核心成员后,给予了他们在项目中的法定权,他们可以自行调整分配给他们的项目资源,给予他们充分发挥自身能力的平台,若核心成员之间发生资源抢占的问题时,由项目经理进行统一的协调。"

"以上是关于第一个问题'明确各类干系人的沟通方式'的处理方案,接下来是关于第二个问题'识别干系人的期望和影响'的处理,"林教授继续说道,"识别干系人是识别能够影响项目决策、活动和结果的个人、群体或组织,分析和记录他们的相关信息,包括干系人的参与度、利益、相互依赖、影响力以及对项目成功潜在的影响,干系人可能来自组织内部不同的层级,具有不同的职权;也可能来自组织外部。比如我们这个扶贫软件开发项目中的外部干系人:部委领导、省领导、扶贫办人员、基层扶贫工作人员以及监理等,他们影响项目可能是正面的,也可能是负面的。由于干系人介入项目的时机不一定在项目初期,在项目的推进过程中也会有新的干系人介入项目,对项目产生影响,因此识别干系人需要在整个项目周期定时开展,也就是说,我们必须定期通过德尔菲法给各类干系人群体,以分发调查问卷的方式,了解该干系人当前对项目的参与度情况。"

林教授接着说:"最后一个问题就是解决干系人之间的冲突,我们都知道,在项目管理过程中,冲突不可避免。冲突的主要来源包括项目资源稀缺、需求优先级、需求变更的频率和项目干系人个体的工作风格差异等。冲突不一定是坏事,在项目管理过程中,成功的冲突管理可以提高项目生产力,有效地改善工作关系。如果管理方式得当,冲突中产生的意见和分歧就有利于提高团队的创造力,帮助项目经理做出合理的决策。"

王总接过话头,说:"PMBOK 指南中给出了 5 种常用的冲突解决方法,每种冲突解决方法都有其用途,需要在不同的冲突场合下使用,甚至需要多种方法配合使用。大家请看大屏幕。"

(1)撤退/回避。当项目经理判断还未达到解决冲突的时机或不应由项目经理处理冲突时,可将问题推迟到时机成熟时解决或推给其他人解决。

(2)缓和/包容。强调项目目标的一致性,使各冲突方为顾全大局各自退让一步。

(3)妥协/调解。暂时解决冲突或仅解决部分冲突,使各方相互妥协寻找替代方案,该方法可能会导致双方都不满意。

(4)强迫/命令。项目经理以法定权强迫冲突的其他方按照某一方的观点执行,通常在紧急情况下使用,着力于解决项目当前的紧急问题。

(5)合作/解决问题。在冲突不激烈并处于早期时,项目经理可通过私下沟通的方式了解冲突各方的意见和观点,采用开放合作的态度促使双方建立沟通并引导双方达成共识,形成双赢的局面,该方法是项目经理最需要掌握的冲突管理方法。

"根据前面的调查发现,我们的项目干系人之间的冲突主要表现为集团事业部开发人员与区域项目开发人员之间的冲突,我们需要将冲突根据紧迫性、激烈程度、重要性、涉及冲突的人员相对权利、维持良好关系的重要性分为必须立刻解决的冲突、必须解决但不紧急的冲突、紧急但不一定要解决的冲突、不紧急也不一定要解决的冲突,并利用 PMBOK 指南中给出的冲突解决方法进行分类处理。"

"以上是针对 3 个问题提出的对策,现在我想跟大家提一下项目的知识共享问题,对项目的知识共享存在于不同项目之间或同一项目不同干系人之间,随着项目越做越多,必然积累了很多经验和教训,将之前成功项目积累的经验、教训、技术标准、项目管理策略、体系等复制到新项目中的过程即实现了各项目间的知识共享,而如何实现同一个项目不同干系人之间的共享是本文讨论的重点,尤其是现在越来越提倡双赢、合作、资源整合,就要求我们必须将项目干系人所掌握的所有对项目有利的知识进行整合,如项目的策划方案、调研评估记录和报告、系统设计方案、会议纪要、项目进度报告、里程碑报告、汇报 PPT、项目验收报告等材料,都应作为项目知识库的输入源,经相关人员讨论后,导入公司知识库体系。"

小陈率先举手提议:"我觉得我们项目组内部可以定期举行知识分享培训会,项目组成员将自己所学到的内容在项目组内部甚至邀请客户进行分享,同时,也成为项目团队建设的一部分内容,促进干系人之间的交流,建立良好的私人关系。"

小张也提议道:"我们可以利用软件将在项目中遇到的知识进行共享,例如数据统计口径、重点模块的代码讲解、关键项目干系人的主要期望以及人物画像等,以便新的开发人员进入项目后能尽快了解项目、融入项目。"

……

3.7　尾　声

通过对此次问题的处理,王总深刻意识到了项目干系人管理的重要性。在项目中,只有全面、完整地识别出项目干系人,才能保障干系人管理工作合理、高效地开展;同时王总也明白了只有对干系人管理现状进行全面、科学的分析,才能找到现有干系人管理中存在的问题,为深入分析问题产生的原因提供保障。现在 D 公司软件开发面临的关键问题已经找到,王总相信,此次扶贫软件的开发一定会顺利起来!

启发思考题

1.扶贫软件开发项目的时代背景是什么? 项目建设开发过程中可能会遇到哪些困难或挑战?

2.整个项目生命周期内扶贫软件开发项目涉及哪些干系人? 在开发软件的过程

中,D 公司主要遇到了哪些项目干系人管理问题?

3. 本案例采用了什么方法进行项目干系人影响因素分析?你认为该方法是否适用于 D 公司?说明你的理由。

4. 针对扶贫软件开发项目中遭遇的干系人问题或困境,D 公司采取了怎样的解决措施并改进其干系人管理?

5. 项目干系人管理可以带来哪些好处?在乡村振兴的大背景下,你认为项目干系人管理方面可以有哪些改变?

使用说明

乡村振兴背景下的项目
干系人管理研究

3.1 教学目的及用途

1. 本案例主要适用于运营管理、项目管理课程的教学。

2. 本案例主要为工商管理硕士(MBA)、项目管理工程硕士(MPM)、工程管理硕士(MEM)开发,适合具有一定工作经验的学员和管理者学习。同时,也可以用于本科生、研究生的项目管理相关课程。

3. 教学目的:项目经理的一切项目管理活动均始于干系人,正确的管理干系人是项目整体成功的关键标志之一。本案例由于软件开发项目时间紧迫、相关政策的挑战、牵涉的范围较广等导致 D 公司在扶贫软件开发项目中遭遇项目干系人管理问题,通过教师对案例的引导和学生的深入讨论,达到如下教学目的。

(1)理解项目干系人的概念,明白项目干系人管理的重要性。

（2）理解项目干系人管理的内涵和过程。

（3）掌握项目干系人识别与分析的工具与方法。

（4）探讨扶贫软件开发项目不同环节项目干系人管控的重点及差异,理解干系人管理是一个持续的动态管理过程。

3.2 启发思考题

（1）扶贫软件开发项目的时代背景是什么？项目建设开发过程中可能会遇到哪些困难或挑战？

（2）整个项目生命周期内扶贫软件开发项目涉及哪些干系人？在开发软件的过程中,D公司主要遇到了哪些项目干系人管理问题？

（3）本案例采用了什么方法进行项目干系人影响因素分析？你认为该方法是否适用于D公司？说明你的理由。

（4）针对扶贫软件开发项目中遭遇的干系人问题或困境,D公司采取了怎样的解决措施并改进其干系人管理？

（5）项目干系人管理可以带来哪些好处？在乡村振兴的大背景下,你认为项目干系人管理方面可以有哪些改变？

3.3 分析思路

本着由表及里、由浅入深的分析原则,教师可以先引导学生了解扶贫软件开发项目的时代背景和项目建设开发过程中可能会遇到的困难;再分析找出整个生命周期内所有的项目干系人;进一步分析讨论D公司项目建设过程中遇到的干系人管理困境,引导学生思考干系人对项目进展的影响;在此基础上,围绕如何解决干系人管理的困境,引发学生有效利用层次分析法等工具,对项目利益干系人进行全面识别与分析,引导学生从动态管控视角寻找破解项目干系人管理困境的方法及建议。案例分析思路图如图3.3所示。

故事发展	案例分析	教学目的
案例背景	扶贫软件开发项目的时代背景是什么？项目建设开发过程中可能会遇到哪些困难或挑战？	了解扶贫软件开发项目特点以及项目开发过程中可能遇到的困难
存在的问题 雪中送炭—— 昔日旧友解燃眉之急	整个项目生命周期内扶贫软件开发项目涉及哪些干系人？在开发软件的过程中，D公司主要遇到了哪些项目干系人管理问题？	了解项目干系人的基本概念，掌握项目干系人管理的内容
拨云见日—— 找出关键影响因素	本案例采用了什么方法进行项目干系人影响因素分析？你认为该方法是否适用于D公司？说明你的理由	讨论如何识别分析干系人，掌握项目干系人管理的内容和方法
对症下药—— 针对问题逐个击破	针对扶贫软件开发项目中遭遇了这些干系人问题或困境，D公司采取了怎样的措施解决并改进其干系人管理？	制订有效策略解决管理困境
尾声	项目干系人管理可以带来哪些好处？在乡村振兴的大背景下，你认为项目干系人管理方面可以有哪些改变？	发散思维

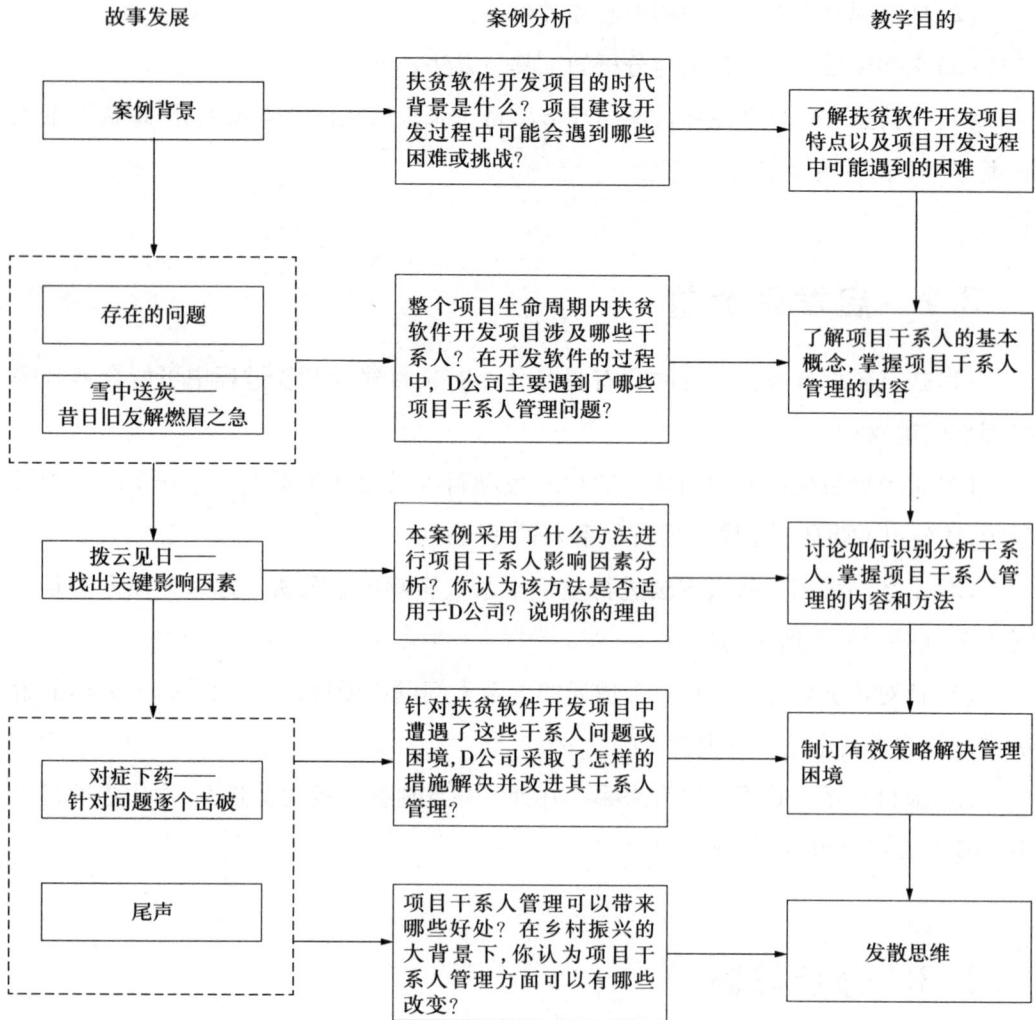

图 3.3　案例分析思路图

3.4　理论依据及分析

1) 扶贫软件开发项目的时代背景是什么？项目建设开发过程中可能会遇到哪些困难或挑战？

【理论依据】

我国从 2014 年正式启动了精准扶贫建档立卡工作，随着建档立卡工作的深入，我国各级人民政府都需要一个高效的管理软件对建档立卡贫困户进行有效的管理、动态调整以及对当前存在的问题进行分析,与之匹配的扶贫相关软件开发项目也如雨后春笋般在各省、市、县开始建设。由于脱贫攻坚是国家战略目标,扶贫软件开发项目的干系人错综复杂,对扶贫软件开发项目的诉求也各不相同。

D 公司扶贫软件开发项目致力于帮助 G 省 700 余万贫困人口实现 2020 年全面脱贫攻坚任务,服务近 40 余万帮扶干部,该项目得到了社会各界的广泛关注,使项目的项目干系人的组成复杂化,涉及高层领导,如部委领导、省领导等,还涉及扶贫对象,如贫困人口、贫困村、贫困县以及帮扶主体,如帮扶单位、东西协作、对口企业等,旨在为这些使用对象提供高效的数据支持,保障该省在不拔高标准、不降低要求的前提下,保质保量地为国家对该省于 2020 年全面建成小康社会的要求提供平台支撑。所以,这也要求扶贫软件需要充分兼顾所有软件的使用对象的需求,但软件的使用对象由于自己所处的角色不同,对软件的要求也有所差异,甚至会出现需求冲突的情况产生。

【案例分析】

时代背景:为确保 2020 年消除绝对贫困,贫困区域以及贫困人口要与全国人民一起进入小康社会,党中央、国务院高度重视贫困人口建档立卡工作,提出了"贵在精准,重在精准,成败之举在于精准"的扶贫理念,要求努力完善贫困人口建档立卡识别机制,帮助扶贫模式从以前的"大水漫灌"转变为精准"滴灌",针对贫困区域以及贫困户存在的贫困原因定制帮扶措施,并实行动态管理和预警监测。

可能遇到的困难或挑战:由于脱贫攻坚是国家战略目标,扶贫软件开发项目的干系人错综复杂,对于扶贫软件开发项目的诉求也各不相同。如果仅依靠项目经理的个人经验处理各类干系人之间的冲突、解决干系人的诉求,缺少规范化的流程,会导致该项目的干系人管理混乱,进而导致项目推进受阻甚至导致项目失败。

2)整个项目生命周期内扶贫软件开发项目涉及哪些干系人?在开发软件的过程中,D 公司主要遇到了哪些项目干系人管理问题?

【理论依据】

(1)项目干系人的概念

项目干系人包括所有项目团队成员,以及组织内部或外部与项目有利益关系的实体。他们可能主动参与项目,或他们的利益会因项目实施或完成而受到积极或消极的影响。根据项目干系人行为判断,一般可以分为4类,分别为积极型干系人(发起人)、消极型干系人(竞争者)、混合型干系人(客户、团队内部成员)和边缘型干系人(社会媒体等)。

(2)项目干系人管理

项目干系人管理是PMI项目管理知识体系指南(PMBOK)第5版中新增的一大知识体系,可见其重要性。项目干系人管理包括:识别能够影响项目或受项目影响的全部人员、群体或组织,分析干系人对项目的期望和影响,制定合适的管理策略来有效调动干系人参与项目决策和执行。具体可分为4个方面:识别项目干系人、规划干系人管理、管理干系人参与和控制干系人参与。

①识别项目干系人。识别项目干系人是识别能影响项目决策、活动或结果的个人、群体或组织,以及被项目决策、活动或结果所影响的个人、群体或组织,并分析和记录他们的相关信息的过程。

②规划干系人管理。规划干系人管理是基于对干系人需要、利益及对项目成功的潜在影响的分析,制定合适的管理策略,有效调动干系人参与整个项目生命周期的过程。主要作用是为与项目干系人的互动提供清晰且可操作的计划,以支持项目利益。

③管理干系人参与。管理干系人参与是在整个项目生命周期中,与干系人进行沟通和协作,以满足其需要与期望,解决实际出现的问题,并促进干系人合理参与项目活动的过程。主要作用是帮助项目经理提升来自干系人的支持,并把干系人的抵制降到最低,从而显著提高项目成功的机会。

④控制干系人参与。控制干系人参与是全面监督项目干系人之间的关系,调整策略和计划,以调动干系人参与的过程。主要作用是随着项目进展和环境变化,维持并提升干系人参与活动的效率和效果。

【案例分析】

扶贫软件开发项目的干系人错综复杂,主要涉及以下几个方面。

①外部干系人。主要由甲方接口人(省扶贫办信息化专班)进行对接,主要包括

甲方领导、业务处室、基层用户。

②内部干系人。主要由 D 公司项目经理进行对接,主要包括总部领导、大区领导、项目团队(事业部开发团队、区域实施团队)。由于 D 公司在扶贫领域具有权威性,合作伙伴 S 公司主要由 D 公司项目经理负责协调,S 公司项目经理与 D 公司项目经理直接对接,D 公司的项目管理策略中,项目供应商主要由销售负责对接。

③监理单位。项目的监督单位,负责监控项目的整体实施过程。

D 公司面临的问题包括以下几个方面。

①省扶贫办的业务处室和信息化专班对项目的期望不完全相同。

②集团事业部开发团队与区域实施团队协调困难。

③D 公司与合作伙伴 S 公司的工作范围划分不清晰。

3)本案例采用了什么方法进行项目干系人影响因素分析? 你认为该方法是否适用于 D 公司? 说明你的理由。

【理论依据】 层次分析法

层次分析法(The Analytic Hierarchy Process,AHP)在 20 世纪 70 年代中期由美国运筹学家托马斯·塞蒂(T. L. Saaty)正式提出。它是一种定性和定量相结合的、系统化、层次化的分析方法。由于它在处理复杂的决策问题上的实用性和有效性,很快在世界范围得到重视。它的应用已遍及经济计划和管理、能源政策和分配、行为科学、军事指挥、运输、农业、教育、人才、医疗和环境等领域。

层次分析法的基本步骤:

①建立层次结构模型。在深入分析实际问题的基础上,将有关的各个因素按照不同属性自上而下地分解成若干层次,同一层的诸因素从属于上一层的因素或对上层因素有影响,同时又支配下一层的因素或受到下层因素的作用。最上层为目标层,通常只有 1 个因素,最下层通常为方案或对象层,中间可以有 1 个或几个层次,通常为准则或指标层。当准则过多时(譬如多于 9 个)应进一步分解出子准则层。

②构造成对比较阵。从层次结构模型的第 2 层开始,对于从属于(或影响)上一层每个因素的同一层诸因素,用成对比较法和 1～9 比较尺度构造成对比较阵,直到最下层。

③计算权向量并做一致性检验。对于每一个成对比较阵计算最大特征根及对应特征向量,利用一致性指标、随机一致性指标和一致性比率做一致性检验。若检验通过,特征向量(归一化后)即为权向量;若检验没通过,需重新构造成对比较阵。

④计算组合权向量并做组合一致性检验。计算最下层对目标的组合权向量,并根据公式做组合一致性检验,若检验通过,则可按照组合权向量表示的结果进行决策,否则需要重新考虑模型或重新构造那些一致性比率较大的成对比较阵。

【案例分析】

本案例利用层次分析法将影响因素分解为目标层、准则层和决策层 3 个层级,从不同的层面建立一个逐层的层次系统,使项目干系人管理问题定量化、层级化、结构化。复杂的问题经过逐层分层简化为每层的少数几个因素之间的两两比较,然后对所有因素求取权重值并进行排序、评估,最后找到影响项目干系人管理的关键因素,并根据分析的结果制定出有效的措施和解决方案。

在本案例中,由于时间紧迫且项目的资源有限,需要在这些项目干系人影响因素中找到最重要且最急需解决的关键影响因素,因此需要选择一种有效、客观、适宜的方法,针对该项目的实际状况和出现的问题进行分析。找到最能影响项目的关键影响因素,并对其提出有针对性的解决方案。层次分析法是一种定性和定量相结合、系统化、层次化的分析方法,能够帮助对项目干系人管理的关键因素进行有效分析。综上所述,该方法能够适用于 D 公司。

4)针对扶贫软件开发项目中遭遇的这些干系人问题或困境,D 公司采取了怎样的措施解决并改进其干系人管理?

【理论依据】　略。

【案例分析】

D 公司首先采取层次分析法(AHP),对影响干系人管理的因素进行两两比较,最终得到对比较阵,找到权重值最高的 3 个关键因素,分别为明确各类干系人的沟通方式、识别干系人的期望和影响、解决干系人之间的冲突。再组织头脑风暴会议,针对这 3 个关键影响因素对项目制定对应的解决策略。对其进行有针对性的制定措施以及管理,提升项目的管理水平。

5)项目干系人管理可以带来哪些好处？在乡村振兴的大背景下,你认为项目干系人管理方面可以有哪些改变？

【理论依据】

项目干系人管理能够带来以下好处。

①将会赢得更多的资源,通过项目干系人管理,能够得到更多有影响力的干系人的支持,自然会得到更多的资源。

②快速、频繁的沟通将能确保对项目干系人需要、希望和期望的完全理解;从某种意义上来说需求管理是项目干系人管理的一部分。

③能够预测项目干系人对项目的影响,尽早进行沟通和制订相应的行动计划,以免受到项目干系人的干扰。

【案例分析】

开放式回答。

3.5　背景信息

我国从 2014 年正式启动了精准扶贫建档立卡工作,随着建档立卡工作的深入,我国各级人民政府都需要一个高效的管理软件对建档立卡贫困户进行有效的管理、动态调整以及对当前存在的问题进行分析,与之匹配的扶贫相关软件开发项目也如雨后春笋般在各省、市、县开始建设。由于脱贫攻坚是国家战略目标,扶贫软件开发项目的干系人错综复杂,对于扶贫软件开发项目的诉求也各不相同。

对于 D 公司来说,项目存在的最大的问题是由于扶贫是国家重点任务,要求在 2020 年完成全国贫困人口消除绝对贫困工作,全面建成小康社会,因此该项目时间要求非常紧迫,同时,随着脱贫攻坚工作的深入,脱贫攻坚的工作重心会随着当前国家政策以及省内相关政策发生改变,也就导致了项目干系人需求也会随之发生改变。同时,项目干系人所处的角色不同也会导致对项目的期望相左,甚至发生冲突。

3.6　关键要点

(1)让学生了解,在项目中只有全面、完整地识别出项目干系人,才能保障干系管理工作合理、高效地开展,可通过权利/利益矩阵对各类干系人进分类行管理。明确重要干系人的需求及有效的管理方式,保证重要干系人间的及时沟通和信息共享;要充分协调一般干系人间的关系,及其与重要干系人和潜在干系人间的关系,营造良好的干系人管理环境;同时关注潜在干系人是项目干系人管理中不可忽视的部分,防止其突然介入项目,对项目成功产生不利影响。

(2)引导学生深入了解层次分析法的目的和作用,在日常管理中熟练运用层次分析法;同时要注意干系人管理贯穿于项目的整个生命周期,是一个持续的动态管理过程,学会系统地掌握如何针对企业实际情况开展项目干系人的管理至关重要。

A 公司冷轧板带精整车间
设备管理改善

案例正文

4.1 引　言

2018 年 3 月,因市场需求的不断扩大,A 公司销售额与营业额不断上升,正当 A 公司总经理沉浸在这一喜悦时,一份刚刚呈报上的冷轧板带精整车间第一季度生产业绩报告将刘总的这份喜悦一扫而空。报告数据显示,A 公司的生产制造系统利用率低,设备维修成本远高于行业平均水平,安全事故频发。企业高层对此问题高度重视,于是刘总带着这些问题,找到了 G 大学管理学院的李教授,希望李教授能够运用其专业技术对公司设备管理提出可靠的解决方案。

4.2 渐不可长——H 车间设备管理现状及问题

李教授与刘总进行简单的了解后,发现该公司的设备维护情况不容乐观,如果要提出具体有效的管理方案,需要对公司进行详细的调研,根据调研结果提出改善方案。于是,李教授带领两名研究生于 2018 年 4 月入驻 A 公司,经过 3 个月的蹲点调研,深度访问,基本摸清了 A 公司设备管理的现状与存在的问题,在公司大会上进行了前期的汇报。

4.2.1 A公司H车间设备管理现状

李教授带领其研究团队在车间进行了细致的调查,发现车间目前有设备维修人员11人,3条生产线共40台设备,其中从国外进口的高新设备4台,总资产达5 000余万元,这些设备的折旧年限通常以30年计算,平均每台设备每天的折旧费就高达1 000元左右。李教授及其团队认为:"只有千方百计确保设备的开工率和提高设备的利用率,才能让这些价格昂贵的设备创造出更大的价值。"

这时,李教授团队的一名研究生小李补充道:"H车间现在的情况是精整车间设备管理机制采用点检定修制,与传统的被动的设备管理机制不同,点检定修制是建立在设备使用周期均衡或部分均衡的理论基础上,充分体现了'预防为主'的维修思想,是一种主动式管理制度。而且精整车间的点检制度分为三级点检,即维护巡检、操作点检、专业点检。维护巡检是维护保产单位对设备状态进行的外围确认,确保设备不得在明显非正常状态下运转。操作点检是操作者在接班生产前和生产过程中对设备状态的确认,防止设备在生产过程中由于非正常使用设备而对设备造成的损害。专业点检就是由设备系统专检员根据五官点检法和简单的检测工具对设备运行状态进行监控,确保设备在生产过程中正常、稳定运行。设备状态的最终确认方为专检员。"

另一名研究生小张继续讲道:"设备系统对设备构成进行了专业划分,分为机械、电气、动力等专业。相应的维护保产单位也分为相应的专业,维护保产单位实行'四班三倒'工作制,按规定,每班接班后要对所辖机组的设备进行巡检,通过上班巡检记录和本班巡检确认设备状态,若发现设备有异常状态,立即通知调度室对生产进度进行统筹安排,协调生产操作人员及设备管理专业人员对设备状态进行确认。生产操作人员也实行'四班三倒'工作制,在接班时对上班接班记录进行查阅,确认设备状态是否能满足生产条件,在生产时通过巡检确认设备状态,若在巡检中发现设备异常或影响产品质量的设备故障,应立即通知调度室对生产进度进行统筹安排,协调设备管理专业人员对设备状态进行确认。各专业专检员是基层设备管理中的核心,主要工作涉及设备运行管理、检修管理和备件管理。"

　　紧接着该车间主管对李教授团队的汇报进行了补充:"我们车间的设备专检员实行长白班工作制,首先是运行管理,专检员每日首先需对上个中班及夜班的维护巡检记录和操作点检的交班记录进行查阅,确认设备状态,再通过五官点检法和简单的检测工具对设备的点检部位进行逐一确认。对于维护巡检和操作点检时发现的异常情况要进行判断并提出解决方案,若异常状况影响设备稳定及生产质量则需向调度室提出临时检修的意见,调度室负责协调统筹生产安排,待确定检修时间后组织备件及维护施工人员对异常部位进行处理,期间需施工人员进行指导。检修管理时在日常三级点检过程中确认设备的状态,对可能影响生产的部位进行统计,由设备管理部负责检修项目,运行管理部门与生产管理部门统筹规划,协调计划检修时间。专检员在此期间组织备件和对施工人员进行必要培训,提出检修方案,确保检修过程有计划、有效果地实施。"

4.2.2　车间设备管理存在的问题

　　李教授对此次调研中发现的问题进行了汇总:"设备维修卡的填写不够规范;技术标准及安全措施不够明确;在大、中、小修中对检修质量的把关衔接上不够严密;因部分设备维护人员在作业中责任心不强、监管机制不完善而造成小故障、小隐患时有发生,且点检、专检发现的小隐患在各类记录中的反馈、跟踪、落实不够严谨。

　　在每次设备启动前,岗位操作工应该对设备的关键部位进行例行的简单点检,出现故障时通知维修人员检修。但由于生产操作人员认为自己的职责主要是操作设备、制造产品,设备损坏和出现故障是维修人员的工作范畴,只要设备还在运转,就认为设备正常不用点检,从而忽略了一些潜在的或间歇性出现的设备异常情况,一旦设备出现问题,生产操作人员马上就去找维修人员。而设备管理者只管事后检查,对设备故障的预防检查和监测工作不及时、不到位。设备人员将设备修复后,待设备正常运转后填写完保修单就走了,也没有就一些简单问题对操作人员进行现场指导。事实上现场的问题大部分是小问题,用不了几分钟就能解决。这种情况造成了生产操作人员与设备维护人员工作上的不协调,时间一长相互的矛盾会加深。

　　目前车间的维修组织模式主要为集中模式,由公司成立的专业维修单位负责整个企业的设备维修工作,车间只保留设备的专检人员及少数值班修理人员负责处理临时故障并协助操作人员做好日常保养。此种模式虽然有利于保证检修质量和提高工效,但是却存在着反应慢,处理设备临时性故障不够快捷等问题,不利于调动各主体厂参与设备维修的积极性,甚至导致生产脱节等严重后果。同时,维修队伍的组成和维修项目的分配也缺乏组织性和科学性,设备维修管理上呈现专业分散、职责不清的现象,使日常维修与工程检修、倒班维护与白班检修、主体设备保产与辅助设备保产等关系不够流畅。没有对员工进行系统的管理培训,致使很多操作工人缺乏正确使用机器的知识,不了解各种机器的能力,设备一旦发生故障,不能按照正确的方法进行应急操作。很多操作员工在设备使用初期不认真阅读设备使用说明书,只找机器质量保证书,对设备使用认知不够,操作不当,使原本可以使用 5 年的设备使用不到一年就要更换。

因机械专检站专检人员稀缺以及专检员自身素质影响,外加计算机和网速慢等硬件滞后原因,主要生产设备的关键部位受控点未能及时上传相关数据,部分专检员和维保单位在抢修、查找隐患作业中未按标准执行安全措施到位制度。

车间部分重点设备为进口设备,许多备件不得不从国外购买,但由于采购周期较长和交货周期的不稳定性,内部审批流程时间过长,通常会超过几个星期,因此备件库不得不建立高订货点库存。未能在备件库和生产现场之间建立良好的信息沟通渠道,现场备件用量的异常信息不能及时传递到备件库,虽然建立了高订货点库存,但仍然会经常出现没有可用备件的情况,导致备件库存比例高,大量资金积压。由于备件、材料等造成设备隐患未彻底处理前的防范措施不够缜密,部分受备件材料受存放场地、送货时间、维保单位等因素影响,部分易损件、消耗件在库存、消耗记录中体现得不够真实完整,未能达到所领备件库存、消耗应用上 100% 受控。因库区存放现场环境影响,导致部分备件材料存放锈蚀后造成精度下降、功能缺损。"

对车间的具体情况进行详细调研后,李教授团队与公司设备维护相关领导进行了多次交流,将车间的问题总结为以下 5 类:①基础管理工作不够完善;②生产操作人员与设备维护人员协调性差;③设备维修管理机制不健全;④作业标准执行不到位;⑤设备备件管理系统比较混乱。

4.2.3　生产工艺过程简介

在李教授及其团队将此次车间调研的结果进行总结之后,刘总马上让技术部门的成员加入进来,并对冷轧板带精整车间的技术进行了详细的阐述。

技术部门的赵主管对冷轧板带精整车间的主要技术进行了讲解:"由剪切机组(CS机组)及产品包装机组两类机组构成,各条生产线的设备产能及所处的工作环境都很类似。"选择A公司冷轧板带精整车间其中一条最有代表性的CS生产线作为TPM的改进重点,待改线改善完毕后,再以标杆生产线形式,向其他生产线点或者生产区域开展。CS(Continuous Shearing)机组主要功能为对薄板带材进行边部剪切、重卷,其目的是提高带材的边部质量。

在赵主管与李教授团队进行沟通之后,赵主管便派出了公司的技术员小钱加入李教授团队,专门负责李教授团队在实际工作过程中遇到的车间技术问题。CS机组的来料钢卷由车间的天车吊运到机组前部的固定鞍座。上卷小车从钢卷存放固定鞍座上将带钢托起并运至开卷机卷筒上。上卷过程采用人工目测手动操作完成。完成上卷后,开卷机轴头支撑上升至工作位置、开卷机卷筒涨径、压辊压下、小车下降。

4.3　深中肯綮——生产线设备可靠性分析

可靠性理论所研究的系统是指由相互作用和相互依赖的若干元件结合成的具有特定功能的有机整体,而计算系统可靠性的第一步是建立系统的可靠性框。可靠性框图是用图形来描述系统内各元件之间的逻辑任务关系,建立可靠性框图之前首先要对系统内各元件的功能有透彻的了解。认真分析CS机组设备系统工作原理、环境条件及设备部件失效对设备系统的影响,进一步研究A类设备中的5个设备可靠性,建立A类设备串联系统的可靠性模型,如图4.1所示。

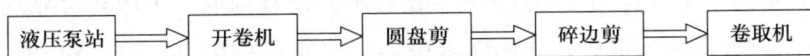

液压泵站 ⟹ 开卷机 ⟹ 圆盘剪 ⟹ 碎边剪 ⟹ 卷取机

图4.1　A类设备串联系统的可靠性框图

CS生产线A类设备故障时间统计及可靠性分析见表4.1、表4.2。

表 4.1　CS 生产线 A 类设备故障时间统计表

单位:min

	液压泵站	开卷机	圆盘剪	碎边剪	卷取机
故障总次数	4	7	12	6	8
2021 年 11 月	0	4 080	0	2 880	0
2021 年 12 月	3 960	3 471	4 920	0	0
2022 年 1 月	0	0	4 320	5 760	2 640
2022 年 2 月	0	5 520	0	5 340	4 320
2022 年 3 月	0	0	8 640	0	2 880
2022 年 4 月	4 920	1 680	5 700	0	0

表 4.2　CS 生产线 A 类可靠性分析表

单位:min

	液压泵站	开卷机	圆盘剪	碎边剪	卷取机
MTBF	39 257.25	22 432.71	13 085.75	26 171.5	19 628.63
MTTR	240	398.68	637.30	377.84	265.95
$A^{(\infty)}$	0.99	0.97	0.95	0.99	0.99

CS 生产线 A 类设备故障率及修复率见表 4.3。

表 4.3　CS 生产线 A 类设备故障率(λ)及修复率(μ)

	液压泵站	开卷机	圆盘剪	碎边剪	卷取机
故障率 λ	0.000 025	0.000 045	0.000 076	0.000 038	0.000 051
修复率 μ	0.004 1	0.002 5	0.001 6	0.002 6	0.002 0

以上分析为单个设备的可靠性分析,由于 A 类设备构成一个串联可靠性系统,如图 4.1 所示,因此调研团队针对该串联系统进行可靠性分析,根据记录数据可知系统的 MTBF = 4 244.03,故障率 λ = 0.000 24,于是得到系统的可靠性函数,函数式为 $R(t) = e^{-0.000\ 24t}$,当 t = 4 003.78 时,设备的可靠度为 36.79%。CS 生产线 A 类设备可靠性分析图如图 4.2 所示。

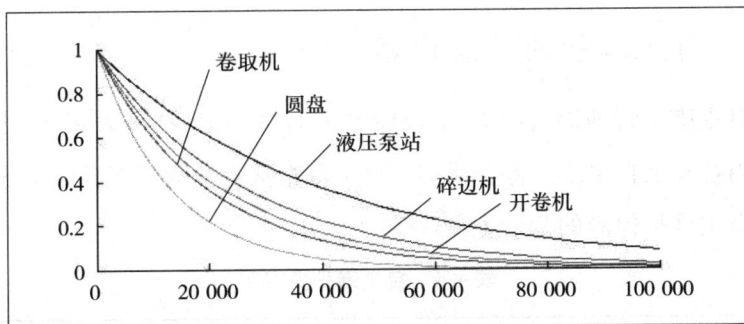

图 4.2　CS 生产线 A 类设备可靠性分析图

由图 4.2 可知：

（1）比较设备可靠度和系统可靠度结果，发现其差距不大，这说明设定的设备与系统均满足指数分布是恰当的。

（2）由单个设备的可靠性分析函数图可以看出任意时间内圆盘剪的可靠性最低，因此 A 类设备组成的系统中圆盘剪是薄弱环节，该设备一旦发生故障容易导致生产系统的停止，本文将针对圆盘剪进行设备故障的重点研究。

（3）计算得出设备的特征寿命，通常选取该特征寿命为该设备的计划检修周期，因此得出 A 类设备计划检修周期。

4.4　未焚徙薪——开展自主维护体系

通过李教授团队与 A 公司技术部门的共同努力，项目进入了分析阶段，主要着手点是在分析精整车间 CS 生产线故障记录的基础上，进一步确定引起设备故障的具体原因，发现引起设备故障的因素主要有设备润滑、紧固未能有效实施，温度、电压、电流等使用条件未遵循设备设计要求或出现操作差错。项目团队在对以上问题进行详细斟酌与反复商讨后发现，要想彻底解决设备故障问题，必须对设备使用的基本条件进行维护和管理。自主维护活动是全面生产维护（Total Productive Maintenance，TPM）的重要内容，是由设备操作者按照标准进行操作和设备管理的一项活动，是将故障排除在萌芽状态、改善机台运行状况、提高生产效率的有效工具。

4.4.1 自主维护的开展内容

在推行自主维护管理的过程中,李教授给了刘总一份表格(表4.4),嘱咐必须按照表4.4的内容开展自主维护保养活动。自主保全活动分为7部分内容,这7部分内容也是开展自主维护保养的7个步骤。

表4.4 自主维护内容

步骤	名称	维护内容
1	初期清扫	以设备主体为中心彻底排除垃圾、灰尘,进行加油、拧紧螺栓以及发现设备的不正常并进行修复
2	对问题根源的攻关对策	垃圾、灰尘的发生源,飞溅的防止,清扫加油困难的部位等,通过对重点维护保养的部位采取有效对策,提高设备的可维护保养性
3	制定临时基准	制定能够维持在短时间内清扫、加油、紧固等的基准
4	总点检	根据总点检手册进行点检技能教育,通过总检点的实施发现设备微缺陷并复原
5	自主点检	制作、实施自主点检检查表
6	标准化	制定各种现场管理项目的标准化,完善便于作业人员遵守的标准,推广至全车间
7	自主管理的深入	强化持续改善意识,不断进行PDCA循环,制定活动目标,做到自主管理的彻底化

目前,精整车间已有的部分自主维护体系的内容是以设备的日常使用点检、6S清洁活动为主,现场人员对设备的了解仅停留在设备的日常使用操作和工艺参数的修改,无法对设备进行更深一步的预防维护。

由于精整车间目前6S活动比较成熟,在此基础上,团队将TPM自主维护体系制定为以下3个阶段。

第一阶段:将自主维护的前3个步骤,即初期清扫、对问题根源的攻关对策、制定临时基准,统一为由设备维护人员参与,并做成模板,指导操作员工进行制作其他各设备的"设备点检表"。

第二阶段:由维护人员对操作进行基础的结构原理培训,让员工理解并能够处理一些简单的设备异常问题,在此基础上,不断完善自主维护使用的"设备点检基准表"。

第三阶段:由操作人员进行完全、彻底的自主维护工作。

4.4.2　圆盘剪自主维护活动

圆盘剪自主维护是以设备点检为前提的,点检是设备预防维修和设备管理工作的基础,也是 TPM 管理有效实施的前提保证,设备点检旨在及时对生产设备进行检查、测定,准确地发现故障并实施有针对性的维修策略。因此,李教授团队对点检进行了重点强调。

1)建立圆盘剪自主点检制度

李教授介绍说:"点检是一种完善的设备维修体系,是保证设备可靠性、维修性和经济性的重要措施。简言之就是预防性检查。点检制是设备管理工作中对点进行的一项责任制度,它是通过人的五官或简单的工具,按照预先设定的周期和方法,对设备上的某一规定部位对照事先设定的标准,进行有无异常的预防性周密检查的过程,以掌握设备的性能、精度、磨损等情况,维持生产设备原有的性能,做到早发现、早预防、早处理,对及时发现设备故障隐患、避免设备故障发生具有重要作用。因此,为保证精整车间设备点检的有效实施,需要根据车间设备管理现状中有关点检的基本情况,构建'三位一体'的点检制度,即操作人员日常点检、维护人员日常巡检、专职点检员的专业点检为一体的高标准设备管理体制,通过三方人员对同一设备进行系统的管理、维护和诊断,能够及时掌握设备运行状态,指导设备状态维修,实现设备的稳定运行。"

2)日常点检

研究生小李接着说道:"而日常点检是由操作人员每天对所使用的设备,在操作前和运转中利用五官和简单测试仪器,按设备点检表内所规定的点检部位和点检的标准要求进行技术状态检查,以便随时发现故障征兆和事故隐患,操作人员应在规定的时间内进行认真的检查,并将点检情况如实记录在点检记录本上。一旦发现异常情况,应立即采取有效措施防止恶化,同时将异常情况报告给调度室,由调度室通知有关设备维护人员到现场检查、确认处理。"

3）专业点检

李教授笑着点点头，继续补充道："因此点检工作的性质对专检员的技术提出了更高的要求，专检员必须熟悉分管专检设备的规格、型号、性能参数、工作原理、内部结构，并随时掌握设备的运行情况。另外，专检员必须负责每天对所有机组设备的日常点检记录本进行查看，检查确认操作人员点检所发现的异常情况，并及时确定处理方案。同时，专检员需定期对负责区域依靠五官和专用工具按专检路线、专检周期和专检标准对设备进行点检作业，点检过程需主动询问操作人员目前设备的运行情况，并严格执行专检员安全技术规程。对日常点检和专业点检中所发现的设备隐患缺陷应及时确认并安排处理。同时负责制订材料计划及配合要求，落实预维修项目中所需的备品备件等实物。"

4）建立圆盘剪点检标准

刘总听着连连点头，迅速派人结合李教授团队的指导建立圆盘剪点检标准，两天后，刘总将具体步骤发给了李教授过目。

（1）制定圆盘剪总点检基准书，总点检基准书是圆盘剪所有点检项目的汇总。

（2）明确点检项目和点检重点。根据设备技术标准和以往的故障统计分析，明确点检项目和内容，并明确点检的标准，尽量将标准量化。

（3）优化点检周期，根据设备故障间隔 MTBF 的统计分析值，制定点检周期。

（4）制定点检问题处理流程。根据每一点检项目的重要程度确定维修工单颜色，对需要立即维修的填写红色维修工单；影响比较严重但不需要立即维修的，填写黄色维修工单；影响比较小，可事后进行维修和调整的，填写绿色工单。

（5）确定点检分工。根据点检的安全性和难易程度进行分工，将通过一定培训就可以做的或相对简单的工作交给操作人员，其他涉及机械部分的工作由机械维修人员负责，涉及电器部分的工作交由电器维修人员负责，需要用到精密仪器的工作由专业技术人员负责。通过以上步骤制定出圆盘剪自主维护总基准书。

（6）制定自主维护基准书。进一步细化总点检基准书中所列的点检项目，将操作员工负责的内容纳入操作工人自主维护点检基准书。

（7）制定专业人员点检基准书。将机械维修部分内容纳入机械专业人员点检基准书，电气维修部分内容纳入机械专业人员点检基准书，本文仅针对圆盘剪机械部分专业点检制作自主维护基准。

4.5   硕果累累——TPM 实施效果评价

对圆盘剪设备综合效率的改善研究不仅解决了影响设备综合效率瓶颈因素存在的问题,通过实施设备自主维护,还大大改善了设备状况,TPM 实施效果有以下几方面。

1)设备故障率下降,设备综合效率提高

精整车间推广 TPM 以来,OEE 改进项目由 2013 年 4 月开始实行,截至 2014 年 4 月,对 OEE 造成较大损失的影响因素已得到根本改善和控制,CS 生产线运作良好,各月的实际改善情况和预期目标基本吻合,设备综合效率显著提高,故障率明显下降。精整车间 CS 生产线 OEE 改善趋势图如图 4.3 所示。

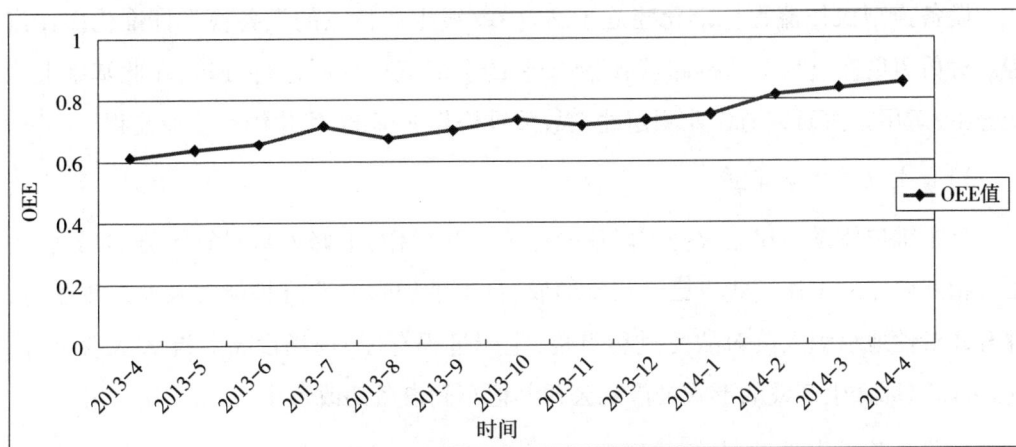

图 4.3   精整车间 CS 生产线 OEE 改善趋势图

图 4.3 为 OEE 改善项目实施以来圆盘剪设备综合效率趋势图,与改善前相比,改善后的 OEE 逐月提高,并逐渐接近国际标准水平的 85%,说明设备利用率明显提高,设备状态良好。

图 4.4 为精整车间实施 TPM 自主维护以来故障率,改善前为 0.96%,改善后截至 2014 年 4 月故障率为 0.73%,平均故障率为 0.79%,比改善前的平均故障率 1.02% 降低了 0.23%,说明 TPM 自主维护效果初显,持续而彻底的 TPM 能够为车间带来更

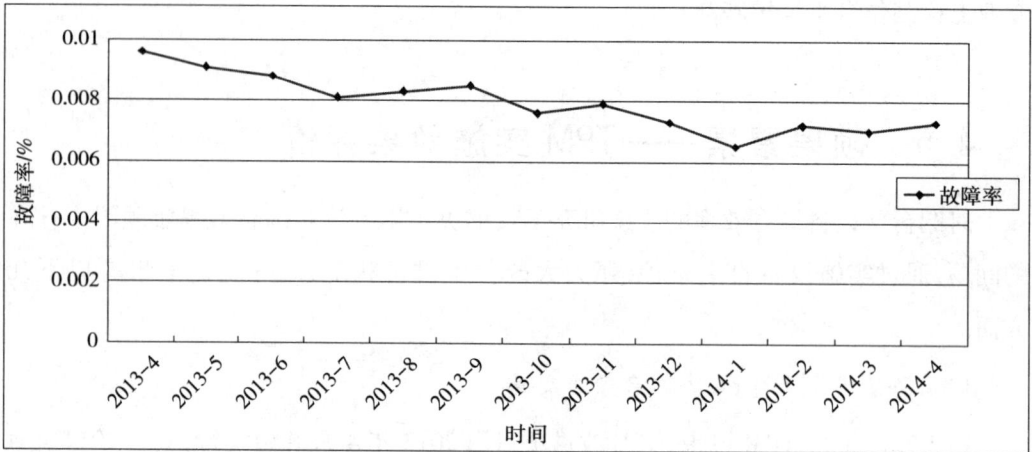

图 4.4 精整车间 CS 生产线改善后故障率

大的效益。

2）设备换型操作流程标准化

设备换型操作流程标准化建立了适合 CS 线生产特点的设备换型标准化操作流程。对剪刃更换过程中从拆卸、调试到安装的全部流程程序进行分析，在此基础上确定分工，运用方法研究与作业测定建立故障维修作业标准，优化维修作业流程。

3）自主维护体系建立

自主维护体系的建立改变了以往操作工只管操作，维修人员只管维修的局面，各工种相互协作的工作模式也已经初步形成，自主维护和专业维护能够及时发现隐患，并有针对性地组织人员对故障进行点检，生产过程有序，现场设备状况大大改善，因此，可以以标杆生产线的形式推广到公司其他车间设备的改善中。

4）提高管理水平，改善工作环境

精整车间通过实施基于 TPM 的设备维护管理方式，使设备管理不再依靠传统专业人员对设备的了解和经验进行管理，管理现状在 TPM 的深入实施中不断改善，并提高了员工的思想意识和管理水平。

4.6 日臻完善——尾声

结合 A 公司 H 精整车间的生产特点及设备现状，通过精整车间实施基于 TPM 的设备综合效率改善研究,车间的时间运转率和设备利用率都得到提高,总体产能得到极大的提升,也有助于今后的持续改进。但刘总深知,推行 TPM 管理是一项复杂的系统工程,需要各部门之间的协作与配合,只有长期坚持不懈地推动 TPM,才能提高企业的管理水平。

启发思考题

1. 请结合 A 公司 H 车间设备管理现状,分析 H 车间设备管理的必要性

2. A 公司是如何进行生产线设备可靠性分析的?

3. A 公司是如何构建 TPM 自主维护体系的? 你认为企业可以使用哪些方法推行 TPM 管理?

4. TPM 管理有效实施的前提是什么? A 公司是如何保证 TPM 管理有效实施的?

使用说明

A 公司冷轧板带精整车间设备管理改善

4.1　教学目的与用途

(1) 本案例主要适用于运营管理课程的教学,适用于 MBA、经济管理类研究生、本科生案例教学使用。

(2) 本案例是一篇描述 A 公司 H 车间的设备维护与管理研究的案例。A 公司 H 车间所推行的设备维护与管理案例具有很好的代表性,很多企业在设备维护开展过程中都会遇到。

（3）本案例的教学目的：使学生了解设备维护与管理过程，并有一定的认识，具备分析和解决实际设备维护与管理开展过程中进行设备维护的能力。

4.2　启发思考题

（1）请结合 A 公司 H 车间设备管理现状，分析 H 车间设备管理的必要性。

（2）A 公司是如何进行生产线设备可靠性分析的？

（3）A 公司是如何构建 TPM 自主维护体系的？你认为企业可以使用哪些方法推行 TPM 管理？

（4）TPM 管理有效实施的前提是什么？A 公司是如何保证 TPM 管理有效实施的？

4.3　分析思路

教师可根据自己的教学目标，重点分析案例中的情节，引导学生加强对设备维护与管理知识的了解与掌握，这里提出如图 4.5 所示的分析思路，仅供参考。

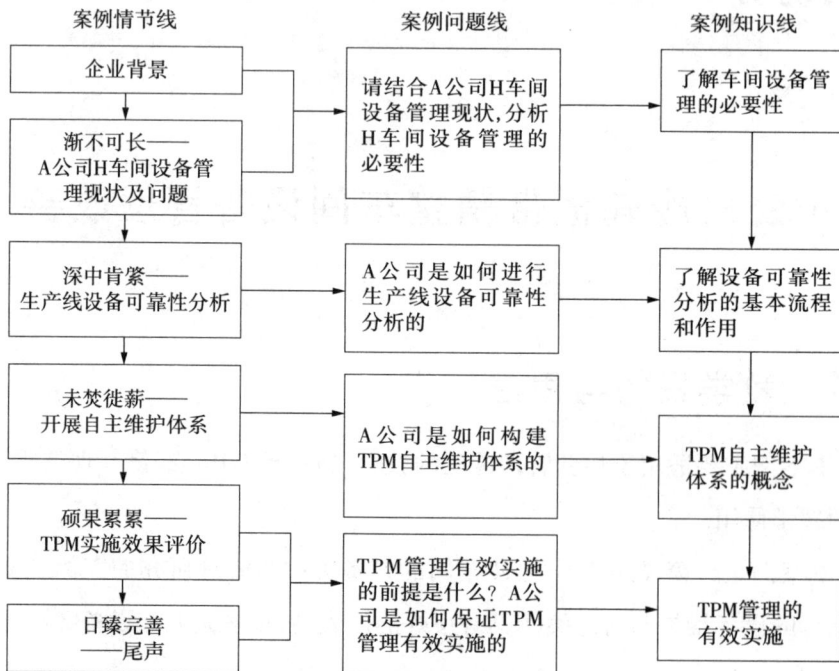

图 4.5　案例分析思路图

4.4　理论依据及分析

1）请结合A公司H车间设备管理现状，阐述H车间设备管理的必要性

【理论依据】　车间设备管理

搞好车间设备管理，对企业的安全生产起着非常重要的作用。设备管理的目的是取得最佳的设备投资效果，也就是要充分发挥设备效率，并谋求最经济的生命周期费用。

（1）合理使用和正确维护保养设备能保证生产的顺利进行，降低事故的发生率。

合理使用和维护设备的途径包括：合理调整设备，围绕产品和工艺特点合理安排任务，以适应生产需要，不违章操作、野蛮操作，不超负荷运行；配备合格的操作者，熟悉设备性能、操作方法、安全规程，特殊工种作业人员必须经专业培训，取得资格证后方可上岗操作；建立健全设备使用的规章制度，包括设备的使用程序、设备的操作维护规程、设备使用责任制度，并严格执行；为设备提供良好的环境，既可保证设备正常运转，又能延长设备使用寿命，使操作者心情舒畅，有安全感；配备必要的测量、保护仪器装置，有良好的通风、照明等。

（2）建立健全全员设备管理制度，机电设备组人员对全公司设备进行全方位宏观监控管理，起督导作用，各岗位员工都是检查员，对所属设备进行点检。

车间设备管理员对本辖区设备进行具体监控管理。其职责包括发现问题要及时处理，不能处理的要提出整改措施，并报告给机电设备组；指导岗位员工正确使用和维护设备，并对车间设备管理工作提出建议。开展全员设备管理，只有这样，才能形成人人参与设备检查，及早发现设备异常，发现隐患，掌握故障初期信息，以便及时采取对策，将故障消灭在萌芽阶段，避免故障范围扩大，保证设备正常运行。

（3）车间主管、技术员、操作人员和维修人员的素质水平是用好、管好设备的关键，要求操作人员必须经过严格的培训，并参加考试，持证上岗，车间还应明确各类人员的岗位责任。

同时，在技术改造过程中，公司相关主管还应尽可能地让有关人员参与设备的可行性分析、调研、优选、安装、调试，保持队伍的稳定性，不轻易调换骨干人员的岗位。

总之,设备管理工作应纳入车间日常管理工作范畴,制定相应的设备管理考核办法,由车间主管亲自组织落实,并不定期进行检查,对违反规定的予以经济处罚,列入月考评。在设备管理中还要注意优化资源配置,既避免因"大马拉小车"造成的资源浪费,又杜绝因"小马拉大车"而出现的设备异常。

【案例分析】

H车间现在的情况是:精整车间设备管理机制采用点检定修制,且精整车间的点检制度分为三级点检,即维护巡检、操作点检、专业点检。

目前,车间设备管理存在的问题有:设备维修卡的填写不够规范;技术标准及安全措施不够明确;在大、中、小修中对检修质量的把关衔接上不够严密;因部分设备维护人员在作业中责任心不强、监管机制不完善而造成小故障、小隐患时有发生,且点检、专检发现的小隐患在各类记录中的反馈、跟踪、落实不够严谨。

车间设备管理,对企业的安全生产起着非常重要的作用。设备管理的目的是取得最佳的设备投资效果,也就是要充分发挥设备效率,并谋求生命周期费用最经济。因此,H车间的设备管理是非常有必要的。

2)A公司是如何进行生产线设备可靠性分析的?

【案例分析】

系统可靠性分析:了解系统内各元件的功能→建立可靠性框图→CS机组设备故障时间统计→CS生产线A类可靠性分析→CS生产线A类设备故障率及修复率→绘制CS生产线A类设备可靠性分析图。

3)A公司是如何构建TPM自主维护体系的?你认为企业可以使用哪些方法推行TPM管理?

【理论依据】 TPM自主维护

TPM自主维护是先建立科学、合理、可操作性强的设备点检标准,然后识别员工岗位对设备应具备的技能情况,通过培训达到岗位做自主维护所必须具备的知识和技能。

TPM自主维护包含清扫、点检和自主维护AM等环节,是与专业维修PM和维修预防MP形成闭环嵌套的科学体系,是将自主维护可行化的体系,是充分挖掘员工创意和智慧的管理体系,因而也是充满生命力的新点检维保体系。

推行TPM管理,可以参考以下方法。

企业推行 TPM 管理,首先加大力度对全体员工的培训,让员工更多地了解 TPM 管理,让员工明白推行 TPM 的重要性和必要性,调动他们的积极性。其次,若有条件,公司可以成立一个专门的 TPM 管理推进室,负责组织策划、制定推进目标,每周定期进行检查评价;成立 TPM 管理推进委员会,每月进行总结会议。在生产部门,要以内部工序为主各自成立一个 TPM 管理小组,各工序再以班为单位,每班进行推进;在部门设置一名 TPM 联络员,每日负责内部组织策划、目标推进、内部检查评价、小组总结会议等。

此外,TPM 管理的顺利推进离不开良好的生产环境,推进 TPM 的前提是有良好的 6S(整理、整顿、清扫、清洁、素养、安全)基础,其次在推进 TPM 自主保全阶段(初期清扫、发生源/污染源对策、制定清扫注油基准书、总点检、自主点检、品质保全、自主管理),分 8 个大阶段进行推进,每完成一个阶段安排最高领导进行一次验收并奖励。

在推进 TPM 管理的过程中,还可以通过这些方法进行:重复的小组会议、持续的教育培训、合理化改善提案、各组现场状态板管理、现场定点管理、可视化管理、OPL 教育、持续的 PDCA 循环管理。当然,这些方法需建立在各级领导的大力支持、全员共同参与的基础之上,只有企业各级各部门积极配合,全员参与,配以完善的推行策略和执行方案,才能取得最佳效果。

【案例分析】

A 公司 TPM 自主维护体系制定为以下 3 个阶段。

第一阶段:将自主维护的前 3 个步骤,即初期清扫、对问题根源的攻关对策、制定临时基准,统一为由设备维护人员参与,并做成模板,指导操作员工进行制作其他各设备的"设备点检表"。

第二阶段:由维护人员对操作进行基础的结构原理培训,员工理解并能够处理一些简单的设备异常问题,在此基础上,不断地完善自主维护用的"设备点检基准表"。

第三阶段:由操作人员进行完全彻底的自主维护工作。

推行 TPM 管理的方法可参考【理论依据】。

4)TPM 管理有效实施的前提是什么? A 公司是如何保证 TPM 管理有效实施的?

【理论依据】

TPM 管理活动的进行需要全员参与,上到管理层下到员工,所有人都不能懈怠,真正做到全员参与,这样才能建立起一个强有力的推动机构,TPM管理才得以推行。

开展TPM管理活动,是一种行之有效的设备管理模式。这种以全员参加为特征的生产维修体制,已被很多企业逐步接受。开展TPM管理的实践需做好以下几点。

(1)以建立健全标准化、模型化的点检定修体制为落脚点,抓好整章制度

规范生产、点检、协力三方的责权利,将点检定修作为TPM制度建设的落脚点,在全面推广"以专职点检为核心,以运行点检和操作点检为支撑"的"三位一体"点检模式的基础上,组织专业人员对企业进行量化,形成一整套系列化、标准化、模型化的按岗位和机台全员参与的设备点检作业标准,并以此为中心,在全企业初步建立起"以点检为核心,以定修为重点,以大年修为辅助"的设备点检定修体制。确保每个员工身上有指标、有责任、有考核,实现TPM重心下移到机台的有效管理。

(2)以录像曝光为手段,严格检查,落实整改

严格按标准检查是使各项规章制度落实到现场的有效手段。制订详细的检查推进计划,较好地实现"三个结合",即检查与指导相结合、检查与整改相结合、检查与树立典型相结合。

(3)实施动态管理,做到持之以恒

企业要坚持对TPM管理体系的运行实施动态管理。一是利用周例会征求各单位的意见,及时调整推进方案;二是现场大量运用"推进TPM管理显示板",使各个推进阶段的工作内容和管理目标快捷、准确地传递给现场所有员工,同时根据新形势、新任务,时时动态更新和推进工作的各类信息;三是对于已达标机台,改变以往星级设备挂牌终身制的管理方式,采取颁发验收证书的办法,对其实施终身管理,定时复查。

(4)坚持以人为本,搞好教育培训工作

在推进TPM管理过程中,始终坚持"始于素养,终于素养"的以人为本的管理理念,从培训和引导两个环节入手,通过建立健全员工上岗培训机制和开展全员参与的岗位技能培训,提升广大员工的自主维修能力和综合素质。

【案例分析】

全员自主维护是以设备点检为前提的,点检是设备预防维修和设备管理工作的基础,也是TPM管理有效实施的前提保证。为保证TPM管理的有效实施,A公司对点检进行了重点强调,建立了圆盘剪点检,标准如下。

（1）制定圆盘剪总点检基准书,总点检基准书是圆盘剪所有点检项目的汇总。

（2）明确点检项目和点检重点。根据设备技术标准和以往的故障统计分析,明确点检项目和内容,并明确点检的标准,尽量将标准量化。

（3）优化点检周期,根据设备故障间隔 MTBF 的统计分析值,制定点检周期。

（4）制定点检问题处理流程。根据每一点检项目的重要程度确定维修工单颜色,对需要立即维修的填写红色维修工单;影响比较严重但不需要立即维修的,填写黄色维修工单;影响比较小,可事后进行维修和调整的,填写绿色工单。

（5）确定点检分工。根据点检的安全性和难易程度进行分工,将通过一定培训就可以做的或相对简单的工作交给操作人员,其他涉及机械部分的工作由机械维修人员负责,涉及电器部分的工作交由电器维修人员负责,需要用到精密仪器的工作由专业技术人员负责。通过以上步骤制定出圆盘剪自主维护总基准书。

（6）制定自主维护基准书。进一步细化总点检基准书中所列点检项目,将操作员工负责的内容纳入操作工人自主维护点检基准书。

（7）制定专业人员点检基准书。将机械维修部分内容纳入机械专业人员点检基准书,电气维修部分内容纳入机械专业人员点检基准书,本文仅针对圆盘剪机械部分专业点检制作自主维护基准。

4.5　背景信息

"工欲善其事,必先利其器。"这句古语明确阐述了机器设备与生产的辩证关系,表达了设备对发展生产力的重要作用。随着科学技术的发展及现代工业生产的要求,新的科学技术成果不断地在设备中得到推广和应用,设备现代化水平不断提高的同时也给人们带来了许多新的问题。现代设备具有大型化、高速化的特点,生产高度集中使设备故障率增加,一旦发生故障停机,所造成的损失远远高于设备原值,而设备维护所需的昂贵费用直接导致产品成本的增加,设备的自动化和智能化的特点也增加了设备维修工作的难度。

另一方面,设备作为最新科技成果的产物汇集,其社会化程度越来越高,设备从研究、开发到报废的全过程已超出企业及行业的界限,涉及管理科学的各个分支。通过对设备加强维护和管理,可以减缓磨损,延长设备使用寿命,从而降低成本,提高生产效率,使企业的利润最大化。因此,随着企业对现代化设备的需求和依赖程度越来越大,设备管理对企业的重要意义也日益突出。

近年来,随着我国不断深化经济体制改革以及工业生产国际地位的逐步提升,钢铁企业也逐渐由生产型向生产经营型转变,设备作为钢铁企业生产运营的基础,是影响产品质量的重要因素。冷轧板带精整车间主要负责对冷轧板带材进行精整工艺的处理及包装。冷轧板带材的最后一道工序是精整,精整工艺是提高产品质量的重要途径,也是保证产品质量的关键。

设备管理从最初的事后维修阶段、设备预防维修管理阶段、设备系统管理阶段,发展到如今以设备生命周期费用最经济为目标,以全员生产维护为形式的设备综合管理阶段。TPM 就是在"全员生产维修"的思想基础上提出的一种新设备管理模式,"全员"是这一管理模式的理想和精髓,也是最难跨越的瓶颈环节。很多企业推行 TPM 过程中会遇到两方面的困难:一是生产操作工人缺乏自主、主动参与 TPM 的积极性;二是工人的文化素质偏低,很难适应越来越先进的设备维修,使 TPM 的自主维护难以实施。如果企业能够形成一套全员参与,注重基础保养,防患于未然的设备管理新模式,这将对提高设备综合效率、增强企业活力和设备管理理念的根本转变起到巨大的促进作用。目前,越来越多的企业已经逐步认识到基于 TPM 的设备综合增效的重要性,并通过实施 TPM,降低了生产成本,提升了设备效率,提高了企业的核心竞争力。本课题以国内某大型钢铁公司硅钢分厂为背景,重点研究 TPM 推广体系中涉及到的影响设备综合效率瓶颈因素的改善活动分析,并最终制定自主维护体系,为 TPM 推广和设备维护工作提供参考和借鉴。

4.6 关键要点

目前制造业的生产模式多以流水线的生产方式进行生产,设备都有连续性,一旦生产系统中的设备出现故障将导致整个生产线停止或者产量降低,在日趋严峻的竞争下,设备故障的产生不仅会导致产品质量问题,还会导致交付期的延迟、在制品库存增加、市场占有率下降、生产成本提高甚至是客户的流失。因此,对于制造业而言,设备维修管理的改进也变得越来越重要。TPM 是一种综合性的现场管理方式,以改善企业生产能力为目标,通过采取自主管理手段,促使生产设备得到全面管理和保养,从而提高品质、效率、可靠性和安全。通过推行 TPM,针对设备效率未得到充分发挥的情况进行改善,把设备的效率提升到最大极限,彻底地改善、消除损失,不仅能提升生产效率,还能提高产品品质,从而降低成本,为企业赢得更高利润。

如何将先进的生产管理的工具和方法应用到企业实施 TPM 提高设备效率的过程当中,以期达到设备维修管理的有效性、高效性、及时性以及低成本化,这是一个需要深入研究的课题,它将为生产制造企业推行 TPM 提供一定的帮助和借鉴。

A航客舱勤务服务质量提升之路

5.1 引 言

被誉为"航空界奥斯卡"的Skytrax于巴黎公布了2017年世界最佳航空公司前100名榜单。第二天,中国A航空有限公司的赵总经理便召开总经理办公会,并指出:"我公司较上年的30名前进至21名,这与公司上下的努力有密切的关系,值得高兴。但是,就中国航空公司而言,我们也与排在第9位的B航空有限公司有着较大的差距。我们公司到底有哪方面不足? 如何才能冲进TOP10,成为世界知名的航空公司?"

市场部李经理率先发言道:"民航运输市场竞争越来越激烈,我们必须提升航空服务质量,增强民航运输的竞争力。民航运输要进行质量变革,实现高质量发展就必须全方位提升服务质量。"

"习近平总书记在十九大报告中,多次提及要发展质量和效益。尽管我公司服务的品牌和旅客的满意度,在国内航空公司中处于领先位置,但在客舱服务方面与Skytrax五星标准确实还有一定差距。"客舱部刘经理补充道。

各部门负责人也纷纷发表了自己的见解。听完大家的热烈讨论,赵总经理果断决定,首先从客舱勤务服务提升A航的竞争力。但是,对于如此庞大的服务体系,怎样才能有效地提升客舱勤务服务的质量,从而提高客户满意度呢?

5.2　背景资料

中国 A 航空有限公司,是中国运输飞机最多、航线网络最发达、年客运量最大的航空公司之一。A 航有我国不同地区近 20 个分公司和近 10 家控股子公司;在我国不同地区分设近 20 个国内营业部,在新加坡、东京、首尔等地设有国外办事处。

近几年,随着顾客对服务质量要求的提升,A 航成立了产品服务部。产品服务部主要对标世界一流水平,研发服务产品,对 A 航服务质量进行全面的管控。全面管理空中服务、地面服务、购票登离机服务、餐食服务、航延服务等所有环节并进行质量监管。客舱勤务保障服务质量当然也在其监管范围内。每月服务讲评,对问题进行通报整改,针对具体问题认真解决,继而提升 A 航的服务品牌形象。股份公司的每月讲评和考核促进了各分、子公司的服务提升。

为了对标国际先进公司,A 航聘请了国际上有名的第三方评估机构 Skytrax 评估公司对 A 航的服务进行全方位、全流程的评估把脉。A 航根据评估公司提出的问题进行了认真的对标服务,经过不断地努力完善,达到了 Skytrax 四星服务标准,近几年正在向 Skytrax 五星标准努力。A 航也在此基础上提出了自己的服务特色和战略目标。客舱勤务保障服务自然也在 Skytrax 四星服务标准上向五星标准迈进。

A 航股份公司成立客舱部勤务处,专门服务客舱勤务系统的管理。股份公司勤务处首先统一各分、子公司的客舱勤务保障标准。每周进行对标检查,每月进行讲评考核,每季度进行季度考核,年终进行排名评比。客舱勤务服务在原有的基础上不断地改进提升,实现了客舱勤务保障的质量提升的良性循环。

近几年,A 航飞机客舱清洁的质量大幅提升,主要是各家分、子公司和基地勤务不断努力的结果。一般的代理公司因各方面的原因是不会对飞机客舱做深度保洁的。飞机客舱清洁质量的变化表现在飞机的深度清洁和航后保洁。飞机的过站清洁是辅助性的,由于过站保障时间短,不可能实现细致的清洁。每架飞机每月至少要进行一次一级保洁或客舱的深度保洁,每次清洁时间在 4～6 h,不同机型有不同规定。飞机深度清洁内容见表 5.1,飞机深度清洁 Skytrax 五星标准见表 5.2。

A航客舱勤务服务质量检查层层把关。客舱勤务系统有专人负责对飞广州的各分、子公司进行专业的系统检查,检查结果当天反馈,有客舱勤务问题的飞机执管公司第一时间整改。勤务处会下发整改通知单,问题单位要进行整改单的反馈。原来是周反馈,月汇总讲评,现在都是即时反馈。

表5.1　飞机深度清洁内容

岗位	工作区域	工作内容
1号岗	服务间	1.确认客舱门是否解除预位,按规定开启客舱门
		2拉上黄色警示带
		3.擦拭储物柜、服务台面、烤箱(不包括背面电热板)
		4.擦拭客舱门、门框、门口槽
		5.擦拭天花饰板、舱壁、乘务员座椅、电话机机座、水沟槽、地板
		6.刷洗服务台垃圾桶,喷洒除臭剂
	衣帽间	清理衣帽间杂物、擦拭衣帽间四周
2,3,4,5号岗	客舱	1.按班组区域划分,2、3号岗负责左边;4、5号岗负责右边
		2.更换头片、座椅套、脚踏板套,更换阅读物
		3.擦拭天花饰板、舱壁、灯管、行李架、舱壁、通风孔、遮阳板、玻璃窗、电话机机座、电视机
		4.擦拭小桌板、座椅扶手、耳机插孔、座位按钮等
		5.擦拭座椅支架、反光条
		6.地毯吸尘
6号岗	洗手间	1.擦拭洗手间门
		2.擦拭天花饰板、舱壁、灯具、通风孔、镜面、洗手间台面、洗手池、水龙头、婴儿托板
		3.刷洗马桶、地板
		4.洗刷洗手间垃圾桶
		5.喷洒除臭剂

(数据来源于A航勤务手册)

表5.2　飞机深度清洁Skytrax五星标准

序号	项目	清洁标准
1	地毯状态及清洁度	客舱所有区域地毯(包括迎宾地毯)清洁无污渍、无毛球、无线头,色彩清晰,无明显色差

续表

序号	项目	清洁标准
2	座椅套/座椅垫/座椅支架槽/座椅口袋的清洁度	清洁、无污渍,夹缝及坐垫下无纸屑等杂物
3	厨房清洁度	(1)厨房台面及地板各处干净、整洁无垃圾、无油渍
		(2)烤箱内部清洁无顽渍
		(3)垃圾箱口及垃圾箱存放处无污渍、无污垢
4	洗手间清洁度	(1)洗手间无异味
		(2)马桶及周围地板清洁、无污渍
		(3)洗手台面、镜面及水龙头清洁无污渍、水渍
5	行李架/扶手槽清洁度	行李架盖板及扶手槽清洁,无灰尘、无污渍
6	门帘的状态及清洁度	客舱门帘干净、整洁、无褶皱及明显色差
7	头枕的清洁度	清洁、无污渍,夹缝中无纸屑等杂物
8	客舱/座位灯状况	灯/灯框无灰尘、无污渍
9	小桌板清洁度	清洁、无污渍、无破损,包括内置小桌板存储位
10	座椅扶手的清洁度	清洁,无污渍、水印,无明显印迹
11	耳机的标准	每航段提供给客人的耳机须消毒、密封包装
12	安全须知	按机型摆放整齐及保存状况良好。无遮挡、无插反、无褶皱、无污渍
13	个人电视屏幕的清洁度	清洁,无污渍、无指印
14	机窗/框、遮阳板、座椅下通风口的清洁度	清洁,无污渍、无积尘

(数据来源于"A 航质量检查表")

5.3 客舱服务问题重重

最近一次的回访数据显示,A 航的空中服务还存在各种各样的问题。市场部李经理决定调动整个部门从各个角度对客舱勤务服务展开调查。

"有发生高端旅客投诉座位前面置物袋中的垃圾没有清理干净,如里面有上一位旅客的登机牌和使用过的牙签。""有发生过厕所有异味的不满意回复。""有耳机效果不好、毛毯不够、椅套烂了感觉不好等具体的描述。移动电子设备 PAD 的节目少。"

"没有想看的报纸。毛毯脱毛,污染了衣服。毛毯太硬感觉不好。毛毯内有口香糖,弄脏旅客衣服。"顾客们这样说道。

乘务员也提出了一些问题:"过站时头等舱被弄脏的座椅套该不该换,协议里面没有规定清洁人员换。""餐车里面的垃圾不能掏出来,要乘务员配合往外倒。""清洁人员迟到。""折叠毛毯时不认真检查,有垃圾裹在毛毯里。清洁不认真,头等舱杂志袋里面有垃圾。""清洁人员地面清扫不认真,让重新清扫时,只是马虎地清扫一下。""早上航前始发航班没有报纸。""清洁人员态度不好。垃圾车晚到,旅客都已经登机车才到。""污水车、清水车晚到。""毛毯少,没有报纸。耳机过站不能插放。"

公司勤务处检查反馈较为典型和集中的问题。"检查个别飞机部分经济舱小、桌板支架有污渍。""飞机客舱经济舱过道两侧部分座椅肩部有污渍。""经济舱个别座椅支架有污渍。""部分座椅垫下面有碎杂垃圾。""厕所有异味,厕所地板较脏。经济舱马桶有污渍。""客舱高端舱与经济舱的隔帘有污渍。"这些都是在日常检查中发现的典型问题汇总的一部分。

"供应商的机上勤务用品送货不及时,或拖的时间较长,不能按期交货。各子公司自行与供应商沟通效果不佳。""机上勤务用品的质量不稳定,如有些垃圾袋质量太差,容易烂,影响效率和服务。""一次性耳机质量不佳。""工作量加大了,工资待遇没有跟上,勤务人员流失大,人员招聘困难。机上勤务人员的年龄限制应该放宽。""飞机到外站过夜几天,毛毯不能及时更换,导致有些毛毯变味,影响服务,容易引起投诉。""飞机在外几天几夜,不回本场做航后清洁,导致客舱清洁状况非常差,外站航后保障标准与质量差。""毛毯、耳机等物品配出去,回来就少很多,流失很大。""客舱勤务服务标准在提高,公司在不断地购进飞机,勤务工作量大幅增加,人员设备不增加,很难正常完成生产任务。航班正常性管理考核严格,给勤务人员过站保障的时间越来越少。""航班密度大,机上清洁人员少,再加上保障时间少,很难保证过站的清洁质量。面对安全与运行、安全与服务之间的关系,必须是安全第一,运行第二,服务第三。这也是公司的安全管理观念。""在确保安全的前提下,保障航班正常,兼顾好服务,有时是真的很难。"勤务室管理人员反馈这样一些典型问题。

机上勤务人员也给出了他们的看法。"保障压力越来越大,标准要求越来越高,工资待遇偏低。""安全管理越来越严,培训越来越多。有个别乘务员污蔑清洁人员,态度傲慢,感觉不好。""明明上机时就说了这个航班启动了,快过站了,为了保障航班能正常起飞,简单收拾一下,不影响旅客的正常使用就好了。清洁完成后还在纠结细节,结果错过保障节点,影响航班正常运行。""常有配送出去的东西,乘务人员不好好监管,回来就少了。""清洁完成了,请乘务人员签字,乘务人员在聊天说等等不及,影响我们下一班的保障。""航班密度大,我们这点人是真的忙不过来。清洁的工具应该更丰富一些。"

以上是从旅客、乘务员、勤务处、勤务室、机上清洁人员等不同角度对客舱勤务工作谈到的一些具体的、感性的描述,可以说能够让人实实在在地感受到解决问题的迫切性。

5.4　多方位探索

怎样才能具体地了解A航客舱勤务服务中切实存在的问题并找到有效提升服务质量的方法?赵总经理决定由市场部李经理牵头展开深入调查。

5.4.1　旅客邮件回访数据分析

市场部李经理决定对乘机旅客以随机发邮件问卷的形式进行回访,包含了国内和国际、不同航班、不同日期、不同航线、不同机场的旅客,数据较为丰富,具有代表性。

经过市场部专职人员的设计与谈论确定本次调查问卷的主要内容为:①对所乘航班乘务员的总体评价;②对机上餐食的评价;③对机上饮品的评价;④对所乘航班洗手间的整洁程度的评价;⑤对客舱整洁总体程度的评价;⑥对航班座椅套整洁程度的评价;⑦对航班地毯整洁程度的评价。

经过3个月的信息收集,市场部在5月下旬到6月上旬收到有效回复1 099份,6月下旬到7月上旬收到有效回复1 396份,7月下旬到8月上旬收到有效回复1 848份。针对客舱整体清洁满意度,客舱座套、椅套满意度,客舱地毯满意度,洗手间满意度数据进行整理。6月下旬到7月上旬收集到的数据中有部分为错项和漏项,如果纳入分析会影响准确性。由于各月份的数据是相对独立的,因此可剔除6月下旬到7月上旬的数据,这样不会影响分析的可靠性和真实性。对空白未反馈数据不计数,测评项目分别统计,其中非常满意、比较满意、一般、不太满意、非常不满意的回访数量分别占有效统计数据的百分比见表5.3。

表5.3　5月下旬至8月上旬的数据统计

月份	项目	非常满意/%	比较满意/%	一般/%	不太满意/%	非常不满意/%
5月下旬~6月上旬	整体	30.99	56.79	11.76	0.46	0
	洗手间	27.07	53.69	18.15	0.91	0.18
	地毯	32.21	51.87	14.83	1	0.09
	椅套	33.48	52.14	12.47	1.82	0.09
7月下旬~8月上旬	整体	33.39	55.25	10.39	0.59	0.38
	洗手间	27.78	54.6	16.6	0.7	0.32
	地毯	32.36	52.65	13.74	0.93	0.32
	椅套	32.12	53.51	12.95	1.09	0.33

从表5.3中我们发现,旅客不满意率客舱整体整洁是0.46%,0.59%;椅套是1.82%,1.09%;地毯是1%,0.93%;洗手间是0.91%,0.7%。我们把非常满意与比较满意都看作旅客满意,客舱环境整体满意率是87.78%,88.64%;椅套是85.62%,85.27%,地毯是84.08%,85.01%;洗手间是80.76%,82.38%。

A航旅客满意度的本期数据显示:A航客舱整洁度的旅客满意度较高,旅客满意度在88%。旅客的不满意度较低,在0.5%。我们分析整理数据时发现,不满意旅客的回访对个人区域的整洁关注度要高于公共区域的关注度,对自己的座椅周边是否干净的敏感性更强。

市场部对不满意反馈信息整理后发现,当旅客所乘航班延误,或服务环节中有一项刺激了旅客,旅客对所有的评价环节都会非常不满意。服务中有一项触及旅客的容忍区域时,旅客对各项服务的敏感度和预期标准会明显提升。这是人的情感心理的一种正常反应,受到刺激时,感性要比理性的成分更多一些。这就需要服务人员及时化解旅客的不良情绪,使旅客感受到良好的服务,为整体的服务质量做出补救。旅客的服务感受好,忠诚度自然就高,旅客的企业价值就被保留住了。旅客的显性抱怨与不满能够及时化解与旅客价值是正相关的,不能及时得到相应处理就是负相关的。

5.4.2　旅客短信回访数据分析

A航产品服务部王经理负责分析A航旅客的随机短信回访数据。随机短信回访不同航线、不同舱位、不同航班的乘机旅客,每月的有效回复数量在 1 000 份以上,两年的样本量在几万份以上。短信回访的内容主要有购票服务、值机服务、行李服务、空中服务、客舱环境、机上餐饮、机上娱乐等。

根据近两年的 A 航旅客综合满意度数据整理出来的月度数据图如图 5.1 所示。

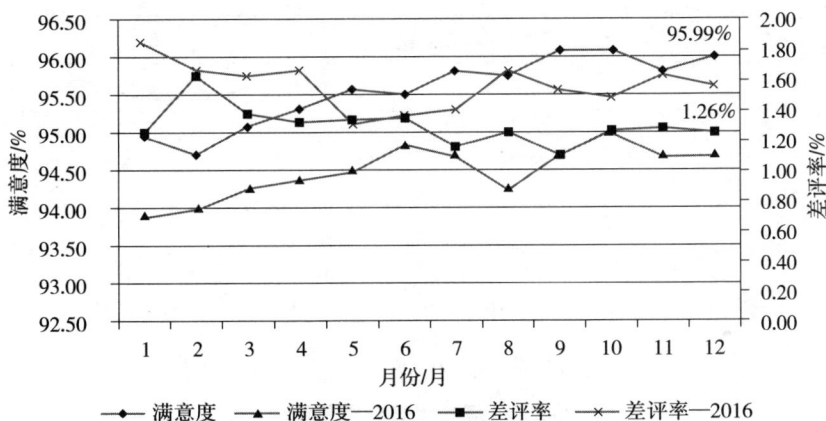

图 5.1　顾客短信评价满意度和差评率

旅客满意评价随着月份的不同而波动。这种波动与季节性变化、旅客群体的不同有关。这种波动是在高位一定范围内的波动,跨度不大。2016 年评价得分为 4.62 ~ 4.68 分,以 4.66 分为中轴;满意度为 94% ~ 95%,以 94.5% 为中轴。2016 年评价得分为 4.68 ~ 4.73 分,以 4.7 分为中轴;满意度为 95% ~ 96%,以 95.5% 为中轴。

从变化趋势看,整体呈上升趋势,2017 年服务总体满意度比 2016 年增长了 1%。这是 A 航高度重视服务提升,各个服务部门单位共同努力不断改进服务短板,形成 A 航服务品牌的合力的结果。

5.4.3　乘务人员的评价分析

客舱部刘经理主要负责乘务长评价。执行航班任务的乘务长在各个航段的保障完成后,要在乘务日志中对当班的场站进行评价。乘务长评价主要是机上餐食保障、客舱清洁、客舱勤务用品保障、地面服务保障、机务维修保障、航班运行保障等。评价分为满意、一般、不满意。如果有不满意要具体描述不满意原因。

因为 A 航产品服务部每月对乘务长场站的评价工单完成情况进行评价,所以乘务长的场站评价工单填写率都在 98% 以上。每月乘务员的场站评价数量大都在

90 000 单以上。可见乘务长场站的评价样本量是非常大的。

乘务长的场站服务保障评价是 A 航产品服务部月度讲评的一项内容。在此选取了 2017 年 1 月—2018 年 2 月的场站保障评价,如图 5.2 所示。

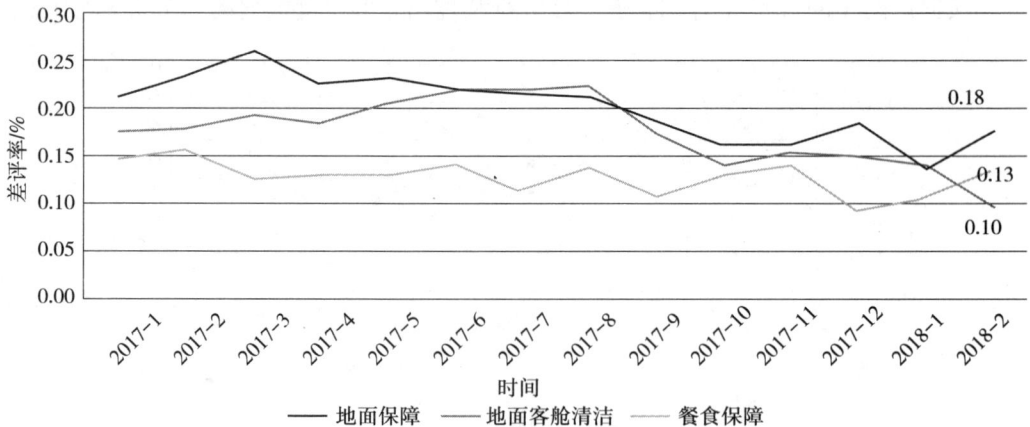

图 5.2　场站保障分类差评率

由图 5.2 可以看出,A 航客舱勤务保障中清洁差评率较低,在保障评价中一直保持在较好的状态。差评率最高为 0.16% ,最低为 0.80% ,以 0.13% 为中心,有波动但波动范围不大。场站的差评率也在向越来越低的趋势发展,这与各场站不断提升和改进是相吻合的。

客舱部查看了部分乘务长的不满意反馈信息,多数较为客观地反映了问题,有少部分描述不清,有少部分是受情绪影响,有少部分不是现场保障部门能左右的问题。

5.5　寻找客舱服务质量问题的症结所在

经过一系列的调查研究,市场部、客舱服务部等几个带头部门对 A 航客舱勤务服务的问题展开了激烈的讨论。

"A 航机场规模近几年快速增长,航线网络不断扩大,新开航线多又快,各方面的保障能力跟不上发展的需要。"发展计划部的张经理愁眉苦脸地说道。

客舱部的刘经理接着说道:"A 航客舱勤务保障服务特别是客舱清洁主要还是依靠各机场代理。民航的快速发展,各大机场的航班量快速增长,保障资源的投入也不平衡、不充分。大的机场如广州白云国际机场,因为服务理念的不同,各方面投入的资源都很到位。客舱勤务保障的工作资源投入和工作质量要比一般的中小型的机场好很多。很多新通航的机场在整个保障人员、设备设施等方面没有及时到位。机场的快速扩建,各种保障资源的配置的滞后是较为普遍的现象。客舱勤务保障服务一直是作为一项A航与机场的地面服务代理一起签的内容。原来有关客舱勤务服务协议的项目内容较粗犷,协议内容多年没有变化,并且与客舱勤务保障服务的新要求不一致,有一定的滞后性。"

"各基地客舱勤务管理者的服务质量意识还不够强烈。勤务管理者的管理能力有差异,全面质量管理意识不够。客舱勤务人员的质量意识欠缺,一线机上清洁人员的质量意识更是薄弱。维修人员对客舱硬件设施的服务公司和服务质量意识不够,很多还停留在保障安全就好的基础意识层面。维修管理对客舱设备的服务性功能的维护和提升不积极。"综合部曾经理如是说。

"A航现在实行的是月度讲评,每个月初汇总上个月的数据,只要不是投诉事件,一般都要等到月度讲评时才讲。有些不满意项,事后很难界定人员责任,整改缺少实效性。不满意信息要能够及时传到相关的一线部门,以便及时地整改提升。乘务长的评级也要设立方便快捷的不满意原因选项,不满意信息要能及时反馈给相关保障单位进行整改提升。"人事部王经理也发表了自己的见解。

最终,客舱部赵经理对大家的发言总结为以下几点:快速发展与资源配置不匹配、各机场资源配置不平衡不充分、代理协议服务内容不丰富、客舱勤务服务质量意识差、不满意信息传递不及时。

5.6　全方位改善客舱服务

在找到问题症结所在之后,客舱服务部刘经理带领整个部门对此进行了讨论与规划,最后针对各个问题提出了相应的解决措施。

5.6.1　合理配置客舱勤务资源

A航快速发展,各分、子公司和基地客舱勤务服务资源(特别是人力资源)严重不足。前面已经分析过这主要是因为各公司发展快,各种资源配置滞后,客舱勤务人员的投入不足。所以公司应该重视此项投入的必要性和紧迫性,必须下大决心予以解决。客舱勤务保障是一项劳动密集型工作,主要是客舱清洁和物品配送。客舱勤务工作是真正的"扫帚不到,灰尘不掉"的工作。勤务人员投入到位后,不用担心人工成本高,因为客舱勤务可以代理当地机场其他公司的客舱勤务保障,从而提高效率,创造收益,降低 A 航客舱勤务人员的人工成本。由于机场的客舱勤务保障资源投入普遍不高,因此好多航空公司都希望 A 航客舱勤务能够代理他们的客舱勤务工作。

5.6.2 整合资源发挥整体合力

A 航各分、子公司的客舱勤务保障情况各不相同,需要根据效率原则和效益原则对客舱机上勤务用品的保障进行整合,真正发挥 A 航各分、子公司和基地多的优势。A 航实行矩阵式管理模式,同一业务属于统一的业务系统管理,管理职能主要是各分、子公司属地化管理。A 航的航食公司是独立的,但有 A 航的其他公司临时航班需要配发如毛毯、报纸、耳机等东西,不但要跨部门更要跨系统甚至跨公司,协调成本高且效果不佳。此外,A 航如客舱地毯、椅套的更换是飞机维修人员在做,而有些公司是客舱勤务人员在做。飞机维修人员属于技术类的人员,更换椅套、地毯不需要专业的技术,一般人员只要经过简单的培训就可以做到,可以让技术人员做更有价值的事。例如,A 航有个公司原来让维修人员换一架 B738 飞机的全机地毯付出的服务费是15 000 元,公司考虑成本太高,让勤务人员换一架 B738 只要支付 2 000 元。简单的一个例子就可以看出,业务的合理划分、整合,既不影响效率又节约成本。

5.6.3 加强服务质量检查讲评考核机制建设

A 航客舱勤务服务质量之所以维持在一个较好的水平上,主要是 A 航的客舱深度保洁、椅套、地毯的更换等工作做得较好。在资源这么紧张的情况下还能取得一个较满意的效果,主要是因为检查讲评考核工作抓得严。如果没有产品服务部的每月检查,旅客反馈意见、乘务长评价意见的讲评,没有股份勤务处的检查讲评,没有分、子公司的自查讲评,那么 A 航各地客舱勤务服务工作恐怕是不会做得这么好的。可以说这是多层次的、全方位的监控检查讲评,不断地改进提升的结果。服务最难的就是效果和影响是一次性的、不能存储,每次都是新的开始,只有不断坚持、不断提高,才能达到良好的服务质量。

5.6.4　代理客舱勤务服务的提升对策

①丰富协议内容,加强监控。机场代理的工作协议内容多年没有变化,已不能适应航空公司服务发展的需要。为了满足旅客日益增长的服务需求,A 航不断丰富和提高机上服务质量。客舱服务需要各地面服务做好支撑,且客舱勤务服务内容的丰富和服务质量的提高是必然的要求。机场代理还停留在原来的客舱勤务服务保障的层面显然已无法满足发展的需要。A 航应该根据服务需求与机场签订更加具体化的客舱勤务服务的协议内容,如除民航局规定的常规清洁项目(航前、过站、航后保障)外,还应该把飞机的深度清洁、椅套更换、地毯更换、毛毯的折叠配送、报纸的配送等服务项目根据市场定价原则写入保障协议中。

②加强机场代理客舱勤务的服务质量意识。A 航要加强对机场代理客舱勤务服务质量的监控和测评,将所有机场的客舱勤务保障纳入每月的数据收集讲评中。航企要督促机场代理建立客舱勤务服务质量检查监控体系。此外,机场代理质量自控能力和自控意愿不强,往往是等到服务引发了旅客投诉了才进行处理。所以,机场代理客舱勤务服务应该有自检制度,要有提升服务质量的主动性。

5.7　尾　声

此次对 A 航的客舱勤务服务进行改善后,其客舱服务的满意度有了大幅的提升,A 航的服务受到了顾客越来越多的好评。A 航也清楚地意识到改善永无止境,维持也是重中之重。终于,Skytrax 于法国当地时间 7 月 18 日颁布的排行榜中 A 航的排名上升到了第 12 位,可以说这次的客舱勤务服务改善功不可没。赵总经理也兴奋地想到A 航进入 TOP 10 指日可待了。

启发思考题

1. 在民航快速发展的当下,A 航决定首先提升客舱勤务服务质量的决定是否正确? 你认为应当如何进行服务质量的管控?

2.结合 A 航和行业运营背景,分析客舱勤务服务工作面临的问题有哪些?

3.A 航所选择的客舱服务质量的调查方式,有哪些可以借鉴的地方?

4.结合 A 航客舱服务提升的策略,分析客舱勤务服务质量的管控要点有哪些? 若您是刘经理,将会从哪些方面考虑提升客舱服务的措施?

使用说明

A 航客舱勤务服务质量提升之路

5.1 教学目的与用途

(1)本案例主要适用于"运营管理""服务管理"这两门课程的教学。

(2)本案例是一篇描述 A 航空有限公司客舱勤务服务质量提升的案例。A 航空有限公司所遇到的服务质量管理问题具有很好的代表性,很多服务型企业在质量管理过程中都会遇到同类问题。

(3)本案例的教学目的:让学生了解中国航空客舱服务的现状,并有一定的认识;引导学生学会应用服务质量的理论解决客舱勤务服务所面临的问题;具备分析和解决企业实际运营过程中所遇到的服务质量问题的能力。

5.2 启发思考题

(1)在民航快速发展的当下,A 航决定首先提升客舱勤务服务质量的决定是否正确? 你认为应当如何进行服务质量的管控?

（2）结合 A 航和行业运营背景，分析客舱勤务服务工作面临的问题有哪些？

（3）A 航所选择的客舱服务质量的调查方式，有哪些可以借鉴的地方？

（4）结合 A 航客舱服务提升的策略，分析客舱勤务服务质量的管控要点有哪些？若您是刘经理，将会从哪些方面考虑提升客舱服务的措施？

5.3　分析思路

教师可根据自己的教学目标，重点分析案例中的情节，引导学生加强对客舱服务管理知识的了解与掌握，这里提出如图 5.3 所示的分析思路，仅供参考。

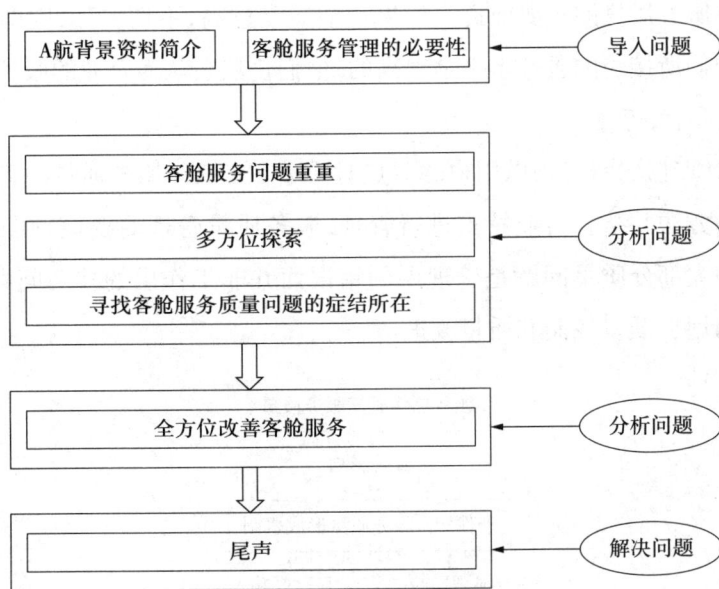

图 5.3　案例分析思路图

5.4　理论依据及分析

1）在民航快速发展的当今，A 航决定首先提升客舱勤务服务质量的决定是否正确？你认为应当如何进行服务质量的管控？

【理论依据】

服务质量(Service Quality)

(1)概念

服务质量是指服务能够满足规定和潜在需求的特征和特性的总和,是指服务工作能够满足被服务者需求的程度。服务质量是企业为使目标顾客满意而提供的服务水平,也是企业保持这一预定服务水平的连贯性程度。服务质量的内涵与有形产品质量的内涵有区别,消费者对服务质量的评价不仅要考虑服务的结果,而且要涉及服务的过程。服务质量应被消费者识别、认可才是质量。

服务质量是顾客的预期服务质量与感知服务质量的比较。预期服务质量是影响顾客感知整体服务质量的重要前提。如果预期质量过高,不切实际,则即使从某种客观意义上说他们所接受的服务水平是很高的,他们仍然会认为企业的服务质量较低。

(2)服务质量的管控

现代质量管理认为,必须以用户的观点对质量下定义。服务质量的管理主要是借鉴质量管理的方法并结合行业特点进行管理,服务质量管理简要模型图如图5.4所示。朱兰认为大部分质量问题是管理层的错误而并非工作层的技巧问题。"朱兰三部曲"是质量计划、质量控制和质量改进。

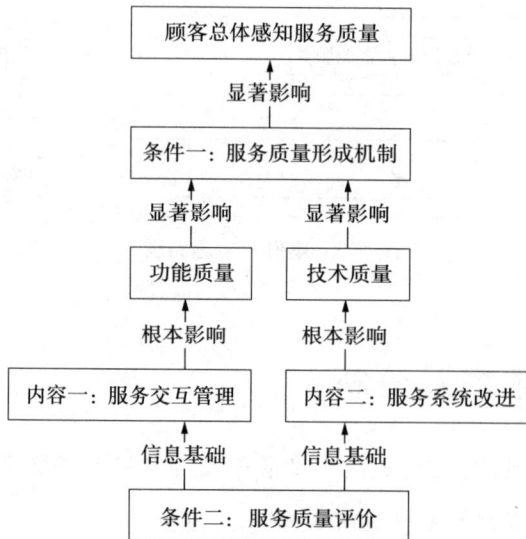

图5.4 服务质量管理简要模型图

①标准化。执行行业规范标准,完善并执行本企业符合顾客需求的更高、更好的标准。因为服务的特殊性、一致性、稳定性、可靠性、安全性、及时响应性都有不固定性。为了尽可能保障服务质量的一致性,凸显服务满足个性化需求的特点,除了要贯彻国际上通用的服务标准,企业要有自己的特色服务标准,工作一定要标准化,要制定执行高的标准及通过培训宣传树立全员的标准化意识。标准制定的出发点和落脚点必须以旅客为尊,满足旅客不断变化的需求,以追求旅客高的满意度为宗旨。

②人员管理的要求。人员必须满足行业一般规范要求,从业人员必须经过严格的岗前培训和周期性的职业培训考核,具有规范的仪容仪表、职业道德、服务技能。

③工具、设备和设施管理的要求。工具、设备和设施必须满足行业生产的最低标准需要。随着要求的提高,应该采用先进的技术,不断更新设备,提高效率和质量。

④管理人员的要求。全方位的质量管控,提升管理能力。学习先进的服务管理理论,转变管理理念,不断创新管理模式,完善监管方式,加大检查监管力度,促进服务质量的提升,保持服务的稳定性。

⑤良好的质量测评体系。服务质量的测评是让服务对象对服务是否满意、有什么意见、哪些地方需要改进、哪些地方做得较好、服务对象有什么新的个性化的建议等进行综合调研、收集和确认。测评要客观真实地反映服务的质量,测评结果要认真研究,及时应用,改善服务中的不足,提升服务质量。

⑥管理的目标。以客户为中心,追求客户满意。作为服务性质的航空运输业,"以旅客为中心"的经营理念开始主导航空公司的营销活动,要想赢得客户,使客户满意,就必须在经营过程中把优质高效、客户满意作为一切工作的出发点和落脚点。

【案例分析】

随着民航运输市场竞争越来越激烈,以及顾客对服务质量要求的提升,民航企业的服务水平直接决定了它的口碑和发展。而在为民航旅客提供服务时,除了要满足旅客最基本的需求,还要给旅客带来精神上的安慰和享受,客舱勤务服务作为民航服务中最为关键的一环,更需要引起重视。因此,A航首先提升客舱勤务服务质量的决定是正确的。

进行服务质量的管控,需要注意:①以尊重旅客为出发点和落脚点制定标准,满足旅客不断变化的需求,提高旅客满意度。②从业人员必须经过严格的岗前培训和周期性的职业培训考核。③工具、设备和设施必须满足行业生产的最低标准需要。④建立良好的质量测评体系,测评要客观真实地反映服务的质量,测评结果要认真研究,及时应用,改善服务中的不足,提升服务质量。⑤在经营过程中把优质高效、客户满意作为一切工作的出发点和落脚点。

2)结合 A 航和行业运营背景,分析客舱勤务服务工作面临的问题有哪些?

【理论依据】

客舱勤务服务质量

以往的研究表明,民航旅客对航空公司空中服务的关注度较高,在整个飞行服务接触交流中乘务员的服务质量的高低对旅客的服务感受影响最大。客舱勤务保障服务就是为良好的空中服务提供物理支持的。空中服务质量影响因素见表5.4。

表5.4 空中服务质量影响因素

类型	影响因素
软件服务	乘务人员的仪容仪表
	乘务人员的服务主动性
	乘务人员的服务态度
	乘务人员的服务响应及时性
	乘务人员的沟通和解决问题能力
	客舱服务中的安全演示与检查
	客舱服务的广播服务
硬件服务设施	客舱服务环境
	书报杂志配备品种和质量
	音响设备效果
	餐饮品种和质量
	座位的舒适度
	座位的安全性
	客舱内卫生环境
	设施设备的完好程度
	公共设施合理性

客舱勤务保障服务就是按照协议标准要求，及时、准确地在规定的时间、地点完成相关工作，满足航企的客舱空中服务要求，得到乘务人员的认可，满足乘客乘机服务体验的要求。同时能够及时响应航企关于临时突发状况的需要，并有效解决及满足其需要的服务保障。

客舱勤务保障服务主要包括两方面内容：一是飞机的客舱清洁，垃圾回收、清水供给、污水排放；二是机上勤务用品和一些服务用品的保障，如清洁袋、安全须知、马桶垫纸、杂志、报纸、耳机、毛毯、移动电子产品等的配发回收，椅套、地毯、隔帘等定期、不定期地更换、洗涤等。

客舱勤务服务是航空服务的一环，必然包含航空服务的要素。客舱勤务服务质量的构成要素主要包括安全性，为客舱服务提供支持的功能性，及时满足客舱服务需要的及时性，为客舱服务提供安全整洁的客舱环境满足旅客的舒适性需求，与乘务人员沟通的文明性等。

首先确保安全，安全是第一位的。民航的安全管理和要求有别于其他行业，必须保障工作中的安全，消除安全隐患。客舱勤务服务要求安全预案。每个座位上必须放置安全须知，在突发情况时能够指引旅客脱离危险。行业规定，旅客座位前面或附近可以没有阅读资料和其他服务用品，但必须确保每个座位都有安全须知，因为这事关乘客关键时刻的生命安全。现在国内民航整体多年安全、平稳，旅客在选择航班时基本不需要为乘机安全考虑过多。这也说明业内安全保障和安全工作做在了前面，这就要求工作必须确保安全，不然将引起更大的负面影响。

客舱勤务保障物品首先要遵守行业安全的各项适航要求，不能有违反行业规定的外来物上机。其次是客舱勤务的物品和清洁标准必须满足卫生检验检疫要求，因为有些东西是否健康、是否卫生、是否安全只靠肉眼识别不出来。卫生的安全健康主要是行业规范的自律和地方仪器的检查检验。必须是该消毒的消毒，该分类保障、分类存储的分类保障、存储，防止交叉感染。必须进行事前、事中控制，不能等出了问题再落实整改。

客舱勤务管理要求规范，从业人员必须严格遵守程序规定。如清理服务台的工作人员与清理洗手间的工作人员必须是不同的人，工具毛巾必须按照颜色和清理区域的不同进行隔离存放、分开使用等。飞机的清水供给必须保障卫生清洁，从制水、存储、运输、供给严格执行程序要求。从业人员要满足相关的身体健康标准，进行专业培训，且考核满足资质要求才能上岗。

客舱勤务服务在时间和效率上要求高,特别是过站航班保障。因为航班正常性关乎旅客的最基本的需求,航班能够正点出发且把乘客安全、准时地送到目的地是最核心的需求,所以航班安全、正常是第一位的。

客舱勤务服务因保障的特殊性要求,客舱清洁和勤务用品的配送必须按照标准在规定的时间到位,在规定的时间内完成并交接离开才算工作的真正结束。客舱勤务保障服务也是一个过程服务。

客舱勤务的物品品质满足服务质量要求,物品种类、配发数量满足规定要求,配送回收满足规定的要求,客舱清洁质量和周期满足要求,清洁的及时性和耗时满足航企的要求,能够及时处理临时的意外状况,满足航企客舱服务要求的环境标准。

以上所有的服务必须满足民航局的适航性保障标准的要求,满足卫生检验检疫的标准,保障航空和旅客身体健康安全。

【案例分析】

A航客舱勤务服务工作面临的主要问题有:快速发展与资源配置不匹配,各机场资源配置不平衡不充分,代理协议服务内容不丰富,客舱勤务服务质量意识差,不满意信息传递不及时。

客舱勤务服务质量的构成要素有:安全性,为客舱服务提供支持的功能性,及时满足客舱服务需要的及时性,为客舱服务提供安全整洁的客舱环境满足旅客的舒适性需求,与乘务人员沟通的文明性等。

3)A航所选择的客舱服务质量的调查方式,有哪些可以借鉴的地方?

【理论研究】

(1)制定合理的调研方案,根据指示明确调查范围,确定调查时间,并根据调查时间进一步划分调查步骤、人员分工、物品清单,做好预算等,报领导审批。

(2)根据审批意见进一步完善本次调查方案,确定调查对象和调查方法。针对不同的人群,采用不同的调查方法。比如,对服务工作人员和群众采取访谈和问卷相结合的方式,对部门领导采取电话访谈的方式等。

(3)为了使调查能够有序、高效地开展,可以在调查前召开小组会议。划分工作职责,明确任务,说明调查中的注意事项等。然后根据分工,首先明确调查的内容,包括客舱服务的重点、办事的难点、工作任务量等。对旅客的调查主要包括对服务质量的满意度、改进服务的建议等。

（4）调查后，要对调查问卷进行回收，科学汇总，对调查结果进行定量、定性分析。将整个调查过程、结果以及客舱服务质量的现状、对策等写成调查报告。

【案例分析】

（1）A航市场部以向乘机旅客随机发放邮件问卷的形式进行回访，调查问卷主要内容为：①对所乘航班乘务员的总体评价；②机上餐食的评价；③机上饮品的评价；④对所乘航班洗手间的整洁程度的评价；⑤对客舱整洁总体程度的评价；⑥对航班椅套整洁程度的评价；⑦对航班地毯整洁程度的评价。经过一段时间的信息收集后对回收的有效数据进行整理分析。

（2）A航产品服务部王经理负责分析 A 航旅客的随机短信回访数据。随机短信回访不同航线、不同舱位、不同航班的乘机旅客，每月的有效回复数量在 1 000 份以上，两年的样本量在几万份以上。短信回访的内容主要有购票服务、值机服务、行李服务、空中服务、客舱环境、机上餐饮、机上娱乐等。

（3）A航产品服务部每个月都会对乘务长场站的评价工单完成情况进行评价。

4）结合 A 航客舱服务提升的策略，分析客舱勤务服务质量的管控要点有哪些？若您是刘经理，将会从哪些方面考虑提升客舱服务的措施？

【理论分析】

客舱勤务服务应该不断地发展和丰富，及时落实航企服务新产品的需要，为航企服务品牌的树立提供基础和保障，满足旅客不断变化的需求。客舱勤务保障服务应该以追求航企满意，旅客满意为目标，不断提升自身能力，保障客舱勤务服务质量。

（1）客舱勤务服务的对象

这里解决客舱勤务是谁、为了谁的定位问题。客舱勤务服务的主要对象首先是当班的乘务组，是乘务组与客舱勤务人员直接面对面的交接、面对面的交流。当班的乘务人员是客舱勤务服务感受的第一人，乘务人员应该是对客舱勤务工作给出服务评价的第一人。乘务人员在现行的航空服务中还没哪家是采用外包服务的形式，乘务人员是代表航空公司的。如果客舱勤务服务工作是委托代理人做的，那么客舱勤务工作的服务对象就是航空公司。如果客舱勤务服务工作是航空公司自己做，那么其前端客户是乘务人员,终端客户是航空旅客。客舱勤务服务是否是有温度的服务,主要在乘务组的交接沟通服务中体现情感的沟通文明性。航空公司不可能在每个机场都配备公司自己的客舱勤务保障人员,因此,客舱勤务服务大多是代理人为航空公司提供服务。客舱勤务服务的客户一定程度就航空公司服务的质量和效果,也是航空公司的客户即乘客使用后给出评价反馈。

乘务人员应该对客舱勤务服务进行及时的检查和点评,因为乘务人员和客舱勤务服务的最终服务质量都是以旅客的满意为导向的。我们为了体现客舱勤务服务的具体客户,将乘务人员定义为第一层级客户。第一层级客户主要是从内部标准和要求上来判定客舱勤务服务是否合规,是否达标,对勤务人员的服务感受是否满意。如果客舱勤务工作的当班航班是外围,那乘务人员既是客户,也是验收员。如果当班航班是由公司内部客舱勤务人员提供服务,那么乘务人员在一定程度既是质检员又是客户,质检的成分更大一些。一级客户的评价中理性比感性成分更多,因为他是拿着具体的可度量的标准与当班航班提供的服务之间的差距作比较得出的结论。乘务人员对客舱勤务工作做评价时感性成分比旅客的要低一些,但不会是重要的评价标准。

客舱勤务服务的第二层级客户,即最终目标是旅客,其服务质量的好坏主要是以旅客的服务感受和满意度来判断。旅客的服务感受更多来自感官,更多评价来自对客舱勤务服务结果与心理预期之间的一种差距感。旅客评价刚性成分更多一些,感觉和感受占主导地位。旅客对客舱勤务服务的评价容易受整个旅行服务环节的影响,同时旅客感受更具体、更真切,相比乘务人员而言,旅客是对某个具体位置、某个具体细节的服务感受做出一种情感评价。乘务人员更多的是对全局和整体的感受,因为乘务人员在规定时间内不可能对每个座位、每个细节都检查、把控到位。

以上对服务对象的分类是有必要的,这样从不同角度进行问题分析,有利于客观公正地对客舱勤务服务质量做出评价。从以上分析可知,客舱勤务服务质量对不同层级客户的影响点是不同的,客户的关注点是不同的,但最终诉求是一致的,即旅客能够满意。全方位地分析更有利于确保客舱勤务服务质量的稳定和提升,为下面问题的分析解决提供了路径。

(2)客舱勤务服务的内容

客舱勤务保障工作是指航班生产客舱服务的前期保障工作,包括客舱清洁、客舱服务用品配备、飞机供水及排污等,它是客舱服务的组成部分,是客舱优质服务的基础,是营造整洁、舒适、高雅客舱环境的重要内容,是保证航班正点的重要环节。

客舱勤务服务的工作内容主要是客舱清洁、机上清水供给、污水排放、垃圾回收,机上勤务用品的配送,报纸、耳机、毛毯、一次性手套、马桶垫纸、安全须知、机上娱乐设备PAD等的配送,椅套、隔帘、地毯、杂志等的更换,配合乘务做好客舱的一些服务工作。

客舱勤务工作按照保障时间节点分为航前保障、过站保障、航后保障、飞机客舱的深度保洁。

航前保障是飞机在本场过夜停放,第一航段前的客舱勤务保障工作,或在本场计划性停放时间超过3个小时以上,再次执行航班任务前的客舱勤务保障工作。一般要求飞机计划起飞前45分钟必须完成所有客舱勤务保障服务并完成与乘务组的交接,特殊航班航前时间要求另行规定。航前保障的客舱清洁标准、物品配发标准必须按照公司的要求完成保障。因为航前的客舱清洁工作大多数情况是在飞机航后就已经完成,清洁上主要是检查遗漏的死角和配合完成乘务组检查出来的问题进行整改,主要工作是客舱勤务用品的配送和交接。

过站保障是飞机前序航班飞到本场,等待上段旅客下完,及时地进行机上清洁物品的整理补充,完成保障工作后与乘务组交接,旅客上机后继续执行航班任务。过站保障又分为正常过站保障、快速过站保障、边缘航班过站保障和经停过站航班保障,在时间和标准要求上有所区别,内容是客舱旅客座椅背篼的清洁袋更换及里面垃圾的清理,前后服务台的垃圾回收,报纸配发、毛毯的折叠更换等。过站保障主要是解决清洁和航班正常性问题。

航后保障是飞机执行航班后当天不再执行航班或计划停场时间在3小时以上。因为航后飞机停场时间较长,又大多执行了多个航班,飞机客舱需要更加细致的清洁。航后保障工作主要是回收物品,认真清洁客舱卫生。航后保障清洁质量的好坏直接影响飞机客舱环境能否保持一个良好状态。

【案例分析】

A航客舱勤务服务质量的管控要点包括:①对客舱勤务资源的合理配置和整合,加大勤务人员投入,降低客舱勤务成员的人工成本;②施行矩阵式管理模式,同一业务属于统一的业务系统管理的同时,管理职能主要是各分、子公司属地化管理;③加强服务质量检查讲评考核机制建设,服务的难点在于其效果和影响是一次性的不能存储,所以每次都是新的开始,只有不断地坚持、不断地提高,才能达到良好的服务质量;

④丰富协议内容,加强监控,根据服务需求将与机场签订的有关客舱勤务服务的协议内容更加具体化。

5.5 背景信息

1)民航客舱勤务服务发展现状

民航乘客服务期望值高。"航空式服务"一直是高水平服务的代名词,以乘客为中心是民航服务的出发点和落脚点。民航发展提出"人民航空为人民""民航服务质量提升""民航服务质量规范"等口号。

我国民航旅客的体量大,旅客周转量在综合交通运输体系中的比重达28.2%,运输规模连续12年稳居世界第二。2016年,我国境内民用航空(颁证)机场共有218个(不含我国香港、澳门和台湾地区,以下简称"境内机场"),其中定期航班通航机场216个,定期航班通航城市214个。到2020年,我国民用运输机场总数达到约260个。到2030年,将建成干线机场260个,通用机场500个以上。围绕着交通强国建设,我国要从民航大国向民航强国跨越。

民航运输市场竞争形势越来越激烈,必须要求提升航空服务质量,增强民航运输的竞争力。民航运输要进行质量变革,要高质量发展就必须全方位提升服务质量。

国内运输市场上,高铁和高速公路的快速发展都对民航运输市场形成了强大的竞争压力。面对新的竞争态势,我国各航空公司都在调整发展战略,在客户关系、服务品牌和全球化经营等多方面开展战略管理,谋求发展。民航在高速发展期,市场的供求关系发生变化,航空公司必须创新服务能力,提升竞争力,满足人民日益发展的需要。

我国航企服务质量与国际民航一流航企服务质量还有一定差距。我国要建设民航强国,参与国际竞争,就要增强自身竞争力,树立品牌形象。我们要建设一流的航空服务品牌,民航旅客服务的感受必须是全方位的,全面的、高质量的服务感受,只有这样,才能具有绝对的竞争力。

客舱勤务服务是航空服务中的重要一环。民航服务是交通运输服务中服务链条最长的一种方式,涉及的点和面都非常广,跨度也非常大,比如购票、值机行李托运、安检、登机、空中服务、餐食、清洁卫生、机上娱乐、机上供应品等环节多,航空服务涉及的公司多、部门多,链条直接的配合度、契合度要求高。针对整体航企服务质量的研究较多,针对客舱勤务服务质量的研究很少。

旅客的服务体验是整个链条服务感受与预期之间的差距,形成了旅客满意度。只有每个服务链都使旅客满意,才能使旅客整体满意。只要有一环旅客不满意,都会影响旅客的服务感受和服务评价,最终影响整个行业的服务评价。

2)中国 A 航空有限公司客舱勤务服务现状

A 航国内机队规模最大,A 航服务在国内处于领先地位,具有代表性。2017 年,A航荣获全国"用户满意标杆"称号,并获得中国国家顾客推荐指数航空服务第一名。2017 年,中国民航的旅客运输量是 5.5 亿人次,同比增长 13%,正班客座率 83.2%,A航的旅客运输量 1.26 亿人,同比增长 10.19%,平均客座率 82.20%。国内航空运输企业将保持较快的增长,预计 2035 年我国民航旅客运输量将达 15 亿人次。

客舱勤务服务内容不断丰富,服务质量有待提高。客舱环境的清洁、机上娱乐、机上读物、客舱整体环境的整洁,为乘务人员开展空中服务提供支撑。在 A 航收集的旅客满意度调查中客舱勤务服务涉及的几项评价低于乘务服务的评价,旅客有客舱勤务服务提升的需要。民航资源网 CAPSE 的调查数据也显示,客舱勤务服务质量有提升的必要。根据国际 Skytrax 网等满意度测评的数据分析发现,客舱环境、机上娱乐、客舱清洁是旅客关注的焦点。旅客对客舱环境、机上娱乐、客舱清洁的评价打分低于综合服务得分,这是与旅客期望值有一定差距的项目。要以顾客为导向提供良好的服务环境,必须提升客舱勤务服务的质量。

5.6　关键要点

(1)航空服务是全流程的服务,服务链条长,各个环节之间的发展不充分、不平衡。航空公司要提高各个环节的服务质量,对提升旅客的服务感受,提高旅客的满意度,增强企业的竞争力具有十分重要的意义。

(2)企业在提高服务质量时,要针对该企业具体情况应用服务质量相关理论,对服务的重要环节进行分析。

精益求精，A 眼科医院服务
质量改善之路

6.1 引　言

一天下午，A 眼科医院会议室正在召开 2017 年全年服务质量评价会议，会议主要围绕 A 眼科医院服务质量管理改善措施实施一年来所取得的成果进行讨论。会议上龚院长指出："经过一年的不懈努力，2017 年客户满意度同比提升 10.3%，达到了95.2%。"话音刚落，龚院长的脸上露出了欣慰的笑容，去年艰苦奋斗的一幕幕又浮现在眼前。

自 2011 年来，A 眼科医院在龚院长的带领下，为了尽可能地争取到客户，在服务体系建设方面，针对自身的实际情况不断地扩充服务的内容，力争为客户提供高效、优质、个性化的服务。虽然 A 眼科医院出于专业性质的原因，已经拥有了一批稳定客户，但从实际情况来看，A 眼科医院在提高客户服务满意度方面依然存在很多问题，尤其是在民众需求多元化以及对服务质量要求逐渐提高的背景下。在消费需求个性化和多元化不断发展的今天，如何进一步提高医院服务水平，对客户服务体系进行优化研究，不断提高客户的满意度，对留住现有的客户，并挖掘新的客户具有非常重要的意义，龚院长一直认为这是 A 眼科医院未来发展的必经之路。

6.2　背景资料

6.2.1　企业背景

A 眼科医院于 2011 年成立,位于 S 省,是由 S 省地方卫生厅批准成立的一家民营性专业眼科医院,也是 S 省残联指定的白内障康复基地、医保定点医院。医院注册资本 10 000 万元,目前营业面积 6 000 m²,开设床位 100 余张。先进的医疗设备包括 UBM 活体全景超声显微镜、多波长激光机、蔡司全飞秒激光、VISX 准分子手术设备、TTT 眼底激光治疗机等,能够完全满足患者的医疗需求。

A 眼科医院现有小儿科、角膜病科、青光眼科、眼底科、白内障科等十大专科,医院根据自身的需要从 2012 年开始先后成立了小儿视力保护基地、准分子俱乐部等多种以眼科为主的医疗服务体系。A 眼科医院长期以来一直非常关注社会公益事业,在医院的发展过程中每年都会投入大量的人力、物力和财力用于社会公益事业。医院先后获得了"S 省五一劳动奖""S 省先进医疗诊疗单位""S 省城市之星"等荣誉称号,为地方的发展贡献了自己的力量。

6.2.2　发展现状

A 眼科医院在整个眼科医院行业中居于前列。作为一个专科性的眼科医院,A 眼科医院无论是治疗技术还是服务水平,在整个行业都具有较强的竞争优势。中国防盲治盲网 2017 年公布的数据显示(附录 1),A 眼科医院在全国同行业中位居第 10,综合竞争能力较强,这对医院来说是一个比较重要的竞争优势。

从医院性质看,A 眼科医院是一家三级眼科专科医院,目前医院拥有国内顶级的医疗设备,在全国同行业中位居前列。虽然 A 眼科医院医疗技术和医疗器械都具有较强的竞争优势,但是医院目前的诊疗费用并不高,很多项目低于业内同行的平均水平。从相关数据可以看出(附录 2),目前 A 眼科医院在白内障手术中晶体的价格与国内标杆医院以及整个同行相比都具有较强的竞争优势。通过走访调查发现,A 眼科医院在其他项目上的费用也要低于全国平均水平。

A 眼科医院实力雄厚。作为一家专科性的眼科医院,目前 A 眼科医院的医务人员是行业的专家,很多都毕业于名牌大学并有海外留学经历。同时,医院还结合自身优势,不断根据市场的需求调整自己的产品和服务,以尽可能地增强医院的核心竞争力,不断提高医院的经营绩效。

医院一直走专业化、特色化的发展道路,目前医院共有白内障专科、激光近视治疗专科、眼底病专科、眼肌与小儿眼病专科、青光眼专科、眼眶病及眼肿瘤专科、角膜病专科、眼部整形美容专科和医学验配专科十大专科,为 S 省及周边省市的眼病患者提供全方位、多层次的服务。与 S 省其他眼科医院相比,A 眼科医院占有率自 2011 年开始一直呈现出稳定增长的趋势,在同行业中具有较强的竞争优势。

6.3　与时俱进,直面挑战积极应对

龚院长发现随着我国医改的不断深化及国民收入的不断增加,社会对医疗卫生方面的市场需求比较旺盛,民营医院大多数为专科性医院,由于其可以提供专业性的医疗服务,因此发展潜力巨大。但另一方面,民营医院受经济因素制约,在发展过程中很难与公立医院和外资医院相抗衡,在市场竞争中处于劣势位置。在这种环境背景下,如何提高医院服务质量,提升客户满意度成了困扰龚院长的首要问题。一个风和日丽的下午,龚院长召集各科室主任就如何加强医院服务质量展开了讨论。

医务科曾主任提出:"客户满意度提升及其重要的现实意义有:第一,对医院客户服务满意度提升的研究,可以帮助医院调整战略发展目标。医院战略目标的制定不是无限的,客户服务满意度的提升确定医院未来的战略发展目标,使医院客户服务体系建设与医院战略目标相互促进。第二,通过分析研究,可以有效优化医院客户服务满意度,尽可能争取到更多的客户,并不断创新业务发展手段,提高整个医院的市场竞争力,最终实现价值最大化。第三,通过对医院的客户服务体系进行优化,既可以满足医院本身对医院客户服务业务发展的需求,又能间接提高我国民营医院的整体竞争力,实现与公立医院的良性竞争,有利于医疗资源的有效分配,对于医院本身和国家是双赢的。"

院办公室魏主任提出:"可以提升医院客户服务满意度为目标,采用实证分析和

案例分析相结合的方法,通过问卷调查、访谈等多种形式。"

最终龚院长拍板道:"对医院客户服务体系进行改革,对当前医院客户服务满意度进行测评,就存在的问题提出相对应的改进措施。"

6.4 分毫析厘,客户满意度调查

会后由办公室魏主任牵头迅速开始对医院服务质量进行分析研究,最终决定采用量化的问卷调查和访谈相结合的方式展开研究,但如何设计一份专业有效的问卷却困扰着魏主任。突然,一张儒雅的脸庞浮现在魏主任的脑海里,"赵教授啊! 我怎么刚想到。他是国内双一流大学 S 大的管理学科的教授,想必可以给我一定帮助。"魏主任兴奋地说。

随后,魏主任迅速联系了赵教授,赵教授表示自己的团队正好做过相关的研究,非常乐意提供帮助,并迅速展开调研。

6.4.1 展开服务质量调查

本次调查的问卷设计和实行主要由赵教授团队负责展开,经过科学专业的研究设计,最终的调查问卷主要分为两大部分,第一部分为被调查者的基本情况,包括被调查者的性别、年龄、文化程度等,以此分析不同患者对医院服务的感知程度。第二部分为满意度调查,主要包括医疗技术、就医流程、医疗费用、就医环境、服务态度以及医患沟通 6 个方面 26 个二级指标。

在调查问卷设计完成后,赵教授的研究生团队便在医院展开长达两周的问卷发放与回收。该团队主要采取了问卷调查和面对面访谈相结合的方式,随机抽样选择在医院就诊的患者作为调查对象。共计发放问卷 200 份,回收问卷 195 份,回收率为97.5%;在回收的 195 份问卷中,有效问卷 186 份,有效问卷率为 95.4%。同时,对于一些面对面交流的问题,在进行调查时通过深入追问的方式,以便更深入地了解患者对医院服务质量评价的基本情况。对于访谈法,其调查对象主要是前来医院就诊的患者。在有效调查的 186 人中,从性别上看,被调查的男性为 102 人,占总人数的54.8%,被调查的女性为 84 人,占总人数的 45.2%。

最终,赵教授的团队对所有的数据进行了整理和录入。为了保证调查结果的可信度,在调查中还对实施调查的人员进行了有针对性的培训,以保证调查结果能够真实地反映医院服务质量的实际情况。

6.4.2　客户满意度分析

赵教授的团队在科学的调查与数据整理后,立刻展开分析。团队成员首先对 A 眼科医院的客户进行了分析。

从文化程度上看,前来就诊的患者中,大专及以下人员的比例达到了 65.05%,学历普遍偏低。这跟医院的定位也有较大的关系,A 眼科医院最具特色的是白内障手术及治疗,这一病种的发病人群也普遍在 50 岁以上,因此,前来就诊的患者中,这一部分人员较多。医疗费用的支付方式方面,本次调查发现,没有医疗保险或者其他商业类型的保险患者比例仅有 11%,其他患者都是具有城镇职工、城镇居民或者新农合保险的。通过对调查数据进行分析后发现,因为医院的医疗水平前来就医的患者有 38 人,占总调查人群数量的 20.43%;因为医院费用较低前来就医的患者有 34 人,占总调查人数的 18.28%;因为医院环境好前来就医的患者有 11 人,占总调查人数的 5.91%;因为医院名声前来就医的患者有 21 人,占总调查人数的 11.29%;因为医保定点前来就医的患者有 4 人,占总调查人数的 2.15%;其他的因为服务、有熟人和就近方便选择就医的患者分别占总调查人数的 9.35%、10.75%和 21.84%。

对客户有了初步了解后,分析了其对 A 眼科医院服务质量的满意度,主要包括以下几个方面。

①医疗技术水平客户满意度。医疗技术水平客户满意度一般包括技术操作的熟练程度、对相关治疗手段的选择、病情的诊断和解释以及对疾病的治疗等指标(附录3)。A 眼科医院在这一方面的平均得分为 3.912±0.62。

②就医流程客户满意度。就医流程客户满意度一般包括医务人员工作效率、行政办公人员工作效率、看病秩序满意度、功能布局满意度、就诊过程流程满意度等指标(附录4)。A 眼科医院在这一方面的平均得分为 3.68±0.72。

③医疗费用客户满意度。医疗费用客户满意度一般包括检查化验费用、药品费用及各项花费的了解程度满意度等指标(附录5)。A 眼科医院在这一方面的平均得分

为 3.78±0.96。

④医疗环境客户满意度。医疗环境客户满意度一般包括医院整体环境和卫生满意度、诊室环境和卫生满意度、病房设施及环境满意度、病人对接受治疗时隐私满意度等指标(附录6)。A 眼科医院在这一方面的平均得分为 3.67±0.85。

⑤服务态度客户满意度。服务态度客户满意度一般包括医务人员工作效率、行政办公人员工作效率、看病秩序满意度、功能布局满意度、就诊过程流程满意度等指标(附录7)。A 眼科医院在这一方面的平均得分为 3.68±0.72。

⑥医患沟通客户满意度。医患沟通客户满意度主要包括主治医生向患者介绍病患等相关情况、护士与患者的沟通满意度、医院对病患进行回访满意度等指标(附录8)。A 眼科医院在这一方面的平均得分为 3.59±0.64。

⑦服务整体满意度。为了对得到的结果进行进一步的验证,在本次的调查中,对医院的整体满意度指标进行了调查,通过医院整体满意度与各维度之间的满意度进行对比,可以对医院的满意度进行校验。经过前面确定的服务质量评价指标权重,可以计算出医院的整体满意度得分,具体计算过程以医疗技术水平客户满意度为例进行说明:用各相关指标的平均得分乘以各相关指标的权重,得出的分值再与医疗技术权重相乘,最终得出医院在这一维度的满意度,通过此种方法,分别计算出剩余 5 个维度的得分,将这些分数相加,最终求得医院的整体满意度得分为 3.85。

6.4.3　追根溯源,服务质量问题探寻

在赵教授的团队对问卷和访谈的结果进行分析后,魏主任立刻将分析报告提交给了龚院长。龚院长对这么短的时间内能有如此明确的结果感到非常开心和震惊,说道:"快召集各科室开会,在这份调查结果的基础上,集中大家的力量定能有所发现。"经过大家的激烈讨论,发现医院主要有 6 个问题,医务科曾主任对此作了如下总结。

①医疗技术方面问题。随着医院的不断发展,对人才的需求日益旺盛,近年来医院所招的医护人员中,除护士和行政管理岗位以外,医务人员管理岗的招聘要求都在硕士研究生及以上,医务人员素质不断提升是医院发展的必由之路。但是从现有的医务人员队伍来看,A 眼科医院与其他医院相比,尤其是与国有大型医院相比,在人才的

招聘、培养及使用方面还有较大差距,医务人员队伍素质普遍不高。同时,由于医院近些年来前来就诊的患者较多,医院很难抽出时间安排人员进行培训学习,这也是医院医疗技术与同行标杆医院相比差距较大的重要原因。

②就医流程方面问题。A眼科医院相对其他医院来说建院时间较长,和新建的医院相比,装修方面相对陈旧,医院的内部布局也存在不合理的地方,比如医院的挂号窗口、缴费窗口、出院办理窗口都设在一楼,这3个窗口并列成一排,前来就医的患者和缴费、办理出院的患者都在一楼有限的空间里进行,很多患者因为分不清楚哪个窗口是缴费、哪个窗口是挂号而出现排错队的现象,布局的不合理导致A眼科医院流程不合理,患者等待时间较长,客户服务满意度较低。

③医疗费用方面问题。很多患者在选择医疗产品或服务时,价格依然是他们首先考虑的因素,尤其是对经济条件相对较差的农村患者来说,价格成为他们是否选择该医院的主要因素。从医院当前及未来的发展看,医院的医疗费用定价较高,因此,在未来如果要想以价格取胜的话,并不具备任何优势,这也意味着在医院未来可能因为价格原因丢失掉很多客户。

④就医环境方面问题。就医环境是患者在进入医院后所感受到的各种环境,就医环境的好坏也是影响患者对医院客户服务满意度的重要因素。随着经济的发展,人们的物质生活水平不断提高,在选择就医时,不仅会考虑医院的医疗技术、医疗费用等,就医环境也成为选择医院或者再次到医院就医的重要因素。就医环境一般包括外部环境和内部环境两部分,从A眼科医院就医环境的客户满意度水平来看,在这一方面的得分比较低。

⑤服务态度方面问题。医务人员和相关工作人员服务态度的好坏不仅对医院医疗服务质量产生较大影响,还直接决定了患者对医院的认可程度,从长期来看,是医院能否吸引并留住患者的重要因素。从A眼科医院的实际调查情况看,在医疗服务态度方面的得分为3.68,相对来说,患者在服务态度方面的满意度较低。患者满意度不高的主要原因是医院个别护士对患者的态度和在护理时对患者的态度不好,通过病房部与患者进行交流了解到,A眼科医院住院部大部分的护士对住院患者的态度都比较好,她们在日常的工作及护理过程中都能及时了解患者的需求并给予解决。但是也存在个别护士服务态度较差的情况,一些护士在工作中对不是自己负责的患者态度较

差,患者在咨询相关问题时敷衍了事,甚至不予理睬,这使得患者对服务态度体验很差,严重影响了服务满意度。

⑥医患沟通方面问题。医患沟通是帮助患者及时获取所需信息的重要途径,也是医院改进自己工作和服务的重要依据。A眼科医院在医患沟通方面还存在较大问题,改进空间还很大,这从客户服务满意度调查结果得分3.59就能看出。当前A眼科医院在医患沟通方面存在的问题主要表现在医院并没有建立起患者回访制度。究其原因,一方面是医院目前并没有设立专门的岗位并配备相应的人员来从事此项工作,而且医院还没有建立起完善的患者信息系统,医院难以掌握患者的基本信息。另一方面,对于潜在的患者来说,他们除了前来医院并没有其他的渠道与医生进行沟通,这也是导致医患沟通不畅的重要原因。

找到A眼科医院服务质量存在的主要问题后,龚院长与各科室主任制订了医院客户满意度的提升目标和原则。

(1)提升目标

①A眼科医院客户满意度策略优化要能够最大限度地提高患者的服务满意度,为医院赢得良好的社会声誉,不断提高医院在市场上的竞争力。

②A眼科医院客户满意度策略优化要能够不断提高医院的管理水平和服务水平,提高医院工作人员的能力,尤其是医务人员的工作技能,并增强他们的组织归属感,为医院培养并留住核心人才。

③A眼科医院客户满意度策略优化要保证能够顺利完成医院的长远策略规划和策略目标。

(2)提升原则

①可接受性。策略的制定必须符合医疗卫生领域发展的现状,并且能充分考虑医院的实际情况。

②完整性。A眼科医院客户满意度策略优化必须是完整的,要充分考虑存在问题及解决问题的所有因素,能够正确、全面地反映A眼科医院的服务质量和服务水平。

③可操作性。A眼科医院客户满意度策略优化方案的制定及使用应该是简单、容易理解并掌握的,在策略的实施过程中,策略必须是可实施的,并且能达到预期效果。

6.5 洗削更革,满意度提升之路

会后,由医务科曾主任根据发现的问题和制定的目标和原则,制定服务质量的策略。曾主任在连续一周的思考与加班后,终于交出了令人满意的答卷。

1)医疗技术提升策略

医院要加强医疗卫生技术人才的培养。从医院医疗队伍的实际情况看,很多医生相对较为年轻,他们的临床经验并不丰富。但是由于他们很多都具有研究生及以上学历,学习和接受能力都非常强,因此,医院要针对这部分医务人员加大专业技术的培训力度,通过委派他们参加学术会议、邀请知名专家前来医院开设讲座、选派特别优秀的人员到国外继续深造等方式,不断提高他们的专业知识和业务能力。

2)服务态度提升策略

医院要与患者建立起密切的人文关怀。患者来医院就诊,接受治疗,首先就会在心理上产生弱势情绪,在接受治疗的过程中更容易因为病情问题而导致情绪低落的情况。因此,医院在向患者提供医疗诊治和后期相关服务时,要从服务态度方面进行改进,不管是医生、护士还是行政人员都要认真对待患者,倾听他们的需求和想法。同时,要对他们的病情时刻关注,保持经常询问,真正做到人文关怀。从当前的实际情况看,医院的服务态度客户满意度不高,在人文关怀方面做得还远远不够。基于此,医院下一步应该加强人文关怀,提高患者的服务满意度,具体来说,应该从以下几方面入手:①制定相关的规章制度,对医生的服务流程进行规定,让医生和护士在提供诊治和服务的过程中明确自己的注意事项;②将人文关怀指标纳入医院的绩效考核中,使之与医务人员的个人收入直接挂钩。

3)服务流程提升策略

为了能向患者提供更好的服务,同时进一步提高医院医务人员的专业技能和工作水平,医院应该对服务流程进行优化,具体来说,就是要针对不同的岗位建立起完整的工作规范和标准。例如,医院针对前台的工作人员,要建立自己的服务手册,该手册要有医院的战略政策、科室设置及相关内容、患者进入医院的就医流程等,这样既可以节

省患者的时间,又能提高医务工作者的工作效率,进一步提高患者的客户服务满意度。同时,医院还要建立并完善客户服务流程工作,通过将客户服务制度化和流程化,进一步规范服务行为。比如,医院可以针对医务人员制定工作制度、针对行政人员制定办公流程制度、针对护士制定服务流程制度等,以满足相关要求。

4)服务环境提升策略

首先,医院在走廊及病房应该配备相应的基础服务设施,比如医院可以将走廊内的桌椅进行重新更换,用布纺沙发代替,并在每段走廊中间设置自动饮水机,方便前来就诊的患者取水。同时,在住院部,每个病房要根据病房内的病床数放置相应数量的折叠椅,方便病人家属陪床时休息。

其次,在每一个科室前面应该放置液晶电视,除在合适的时间对科室的情况进行循环滚动播放以外,在固定的时间点还可以与数码电视进行对接,为患者播放中央新闻及一些相对轻松的娱乐类节目,这样既可以打发他们的排队等候时间,又能缓解他们的紧张情绪,更有利于他们的治疗。

5)服务价格改善策略

由于医院当前产品的市场价格要高于 S 省的平均价格,这很不利于医院的进一步发展,因此,针对医院的常规产品和医疗服务价格,医院要在充分调查竞争对手价格的基础上,结合医院自身的实际情况和消费者的需求,进行适当调整。以医院的挂号费为例,目前医院普通医生的挂号费标准为 10 元,专家号为 20 元,而调查发现其他医院的普通医生挂号费标准为 5 元,专家号为 10 元,这会让患者产生不公平心态,觉得 A 眼科医院服务费用太高。基于此,医院应该对挂号费进行调整,保证医院后续工作的顺利进行。

6)医患沟通提升策略

医院要建立患者信息数据库。从医院目前的管理现状看,管理相对来说已经比较完善,管理流程较为清晰,基本达到预期效果。但是通过深入调查发现,目前医院在医患沟通方面依然存在较多问题,导致患者在这方面的满意度较低。究其原因,主要是医院没有根据市场和自身需要建立客户数据库系统,客户的数据收集、分析和后期的回访工作都较差,这对医院的长期可持续发展是非常不利的。基于此,医院在下阶段应该建立患者信息系统库。在建立初期,医院要对基础信息进行采集,基础信息的采集既可以通过各个门诊和住院部获得,对潜在患者的数据,医院还可以通过提供免费的小礼品或者免费体检的方式获得。此外,数据库的日常维护工作要有专门人员进行,该人员不仅负责日常的维护工作,还要将所收集到的数据录入到客户网络数据库中,从而实现客户数据的信息化管理,为医患沟通提供依据。

6.6　明效大验,改善初见成效

自 2017 年年初以来,A 眼科医院从实际出发,围绕医疗技术、服务态度、服务流程、服务环境、服务价格和医患沟通 6 个方面进行逐一提升,逐步完善各种设施、制度、流程和配套服务措施,形成了一套行之有效的、非常完善的服务体系。这些措施主要包括以下 6 个方面。

1)加强人才培养

每年定期进行公开招聘,选拔医疗人才,完善人才引进机制,通过提供更具竞争力的岗位、薪酬和职业发展空间,不断吸引优秀人才加入到医院队伍中来。

培养方式采取内部培养结合外部人才引进的方式,建立专门的人才约束机制,通过采取一系列有效措施和手段,不仅能培养人才,更能留住人才,防止他们在外面学成以后离开医院,给医院带来时间、金钱等方面的损失。

2)端正医疗人员态度

制定医疗服务态度规章制度,并将人文关怀指标纳入医院的绩效考核中,与医疗人员个人收入直接挂钩。建立并完善与病人的沟通渠道,及时了解患者的需求,并在合理的范围内尽量予以满足。每个月进行医德建设工作,对肆意收受病人好处的医生进行严肃处理。

3)简化看病流程,缩短看病时间

网上预约挂号服务推出以来,病人可以从网上实时了解医生的排班情况,合理安排就诊时间,节省了病人大量的时间和精力。来院病人就诊、检查,实行"一卡通"服务,简化了就诊服务程序,深受全社会称赞。

4) 改善医院环境

医院更换了更加舒适的椅子,并在每段走廊中间设置自动饮水机,方便前来就诊的患者取水。同时,在住院部,每个病房内放置了相应数量的折叠椅,方便病人家属陪床时休息。在每一个科室前面都放置了液晶电视,打发病人的排队等候时间,缓解紧张情绪,更有利于治疗。在医院的走廊上,充分利用现有的空间,摆放一些花草等绿植,起到美化环境和缓解病人情绪的作用。

5) 有效解决"看病贵"问题

医院对挂号费用进行了调整,接近 S 省的价格水平,使患者更愿意到民营医院看病。定期推出活动如消除白内障等,吸引大量病人前来就医,缩减服务费用,给予病人更多优惠。针对农村贫困患者或者享受城市低保待遇的患者制定降低价格的政策,满足他们的就医需求。

6) 定期进行病人及其家属满意度调查

为了使病人和临床一线满意,医院定期召开病人座谈会征求病人及家属的意见,每月一次给病人、临床一线及服务科室下发征求意见表和满意度调查表。征求意见和调查后,后勤一一进行汇总、分类,并责成有关处(科)室、专业班组限期完成整改。该项服务举措得到了病人和临床一线的极大好评。

6.7　尾　声

经过一年的深入改革,A 眼科医院从上到下都深刻感受到了医院服务体系的巨大变化:医生、护士的态度有了明显提升,病人就诊更加便捷,价格更加实惠,普通人也能够享受到优质的医疗服务,一系列改革举措初见成效。

龚院长并没有准备停下改革的脚步,医院服务体系上一些细节问题还未得到解决,如保安的服务存在服务态度较差,文明礼貌用语、形象有待进一步提高;院内停车位不足;医院病房、门诊各出入口停放轮椅、推车少,且没有放置雨伞等。但龚院长相信,等到明年这个时候再次召开服务质量评价会议时,这些问题一定能够得到更好地解决,A 眼科医院的客户服务质量,客户满意度一定会取得更进一步的提升。

启发思考题

1. 结合 A 眼科医院的背景和发展现状,思考其目前所面临的困境是什么?

2. A 眼科医院在破除困境时采用了什么策略,有哪些可以借鉴的地方?

3. A 眼科医院是如何有效提高病人满意度的?

4. 思考 A 眼科医院的服务质量是否可以提高,可以的话,如何进一步提高其服务水平?

附录 1:

年度全国填报手术最多的眼科专科医院前 20 排名情况表

序号	省(区、市)	机构名称	上报例数/例
1	广东省	中山大学中山眼科中心	24 315
2	上海市	上海新世界中兴眼科医院	21 494
3	北京市	首都医科大学附属北京同仁医院	20 309
4	浙江省	温州医科大附属视光医院	17 205
5	山东省	济南市明水眼科医院	16 398
6	天津市	天津市眼科医院	15 232
7	山东省	山东中医药大学附属眼科医院	15 003
8	河北省	石家庄爱尔眼科医院	14 188
9	S 省	A 眼科医院	13 744
10	上海市	上海新视界眼科医院	13 503
11	浙江省	浙江大学医学院附属第二医院	13 408
12	福建省	福州东南眼科医院	12 350
13	山西省	山西省眼科医院	12 172
14	上海市	复旦大学附属耳鼻喉科医院	11 665
15	福建省	厦门眼科中心	11 210
16	陕西省	西安市第四医院	10 646

续表

序号	省(区、市)	机构名称	上报例数/例
17	山东省	青岛眼科医院	9 876
18	辽宁省	何氏眼科	9 251
19	广东省	深圳眼科医院	9 038
20	贵州省	铜仁仁爱眼科医院	8 618

附录2:

A眼科医院白内障手术晶体价格对比表

晶体	单位	A眼科医院价格/元	中山大学眼科医院价格/元	全国平均价格/元
国产晶体	枚	300	380	355
进口晶体	枚	800	920	890
前房晶体	枚	800	910	880
肝素晶体	枚	1 300	1 560	1 480
普通折叠晶体	枚	1 600	1 890	1 730
非球面折叠晶体	枚	3 800	4 200	3 980
法玛西亚肝素晶体	枚	1 800	1950	1900
渐进多焦点晶体	枚	9 500	11 400	10 450

附录3:

医护人员技术水平满意度

项目	平均得分/分	标准差	t值	p值
主诊医生技术操作熟练程度	3.97	0.57	4.28	0.00
主诊医生对病情的判断和解释	3.94	0.57	1.79	>0.05
主诊医生选择的治疗手段	3.83	0.81	6.04	0.00

续表

项目	平均得分 /分	标准差	t 值	p 值
主诊医生在治疗过程中对患者带来的伤害	3.97	0.71	4.68	0.00
主诊医生对疾病的治疗情况	3.96	0.61	−1.27	>0.05
平均数	3.91	0.62	4.32	0

附录 4：

就医流程满意度

项目	平均得分 /分	标准差	t 值	p 值
医务人员工作效率	3.79	0.81	6.38	0.00
行政办公人员工作效率	3.02	0.72	1.68	0.00
接受医疗及相关服务的等待时间	3.80	0.64	4.01	>0.05
功能布局满意度	3.69	0.82	6.24	0.00
就诊流程便捷性满意度	3.77	0.64	5.65	<0.05
看病秩序满意度	3.62	0.84	2.42	0.00
平均数	3.68	0.72	2.45	0.00

附录 5：

医疗费用满意度

项目	平均得分 /分	标准差	t 值	p 值
检查化验费用	3.83	0.97	5.31	0.00
药品费用	3.81	0.84	−1.21	>0.05
各项花费的了解程度	3.69	0.89	5.32	0.00
平均数	3.78	0.96	5.30	0.00

附录6：

就医环境满意度

项目	平均得分/分	标准差	t 值	p 值
医院整体环境和卫生满意度	3.58	0.91	3.31	0.00
诊室环境和卫生满意度	3.65	0.98	3.69	0.00
病房设施及环境满意度	3.73	0.76	5.15	<0.05
病人对接受治疗时隐私满意度	3.66	0.89	8.64	0.00
平均数	3.67	0.85	2.46	0.00

附录7：

服务态度满意度

项目	平均得分/分	标准差	t 值	p 值
收费人员服务态度	3.95	0.84	2.12	0.00
坐诊医生态度	3.99	0.75	−1.48	>0.05
护士对病人态度	3.25	0.82	2.41	0.00
护士护理时工作态度	3.68	0.75	2.48	0.00
辅助科室人员服务态度	3.81	0.54	1.24	<0.05
平均数	3.68	0.72	2.45	<0.05

附录8：

医患沟通满意度

项目	平均得分/分	标准差	t 值	p 值
主治医生向患者介绍病患等相关情况	3.62	0.65	3.24	0.00
护士与患者的沟通满意度	3.71	0.83	2.42	0.00
医院对病患进行回访满意度	3.54	3.01	−1.45	<0.05
平均数	3.59	0.72	2.45	0.00

使用说明

精益求精，A 眼科医院服务
质量改善之路

6.1 教学目的与用途

（1）本案例主要适用于"运营管理""服务营销学"课程的教学，适用于 MBA、经济管理类研究生、本科生案例教学使用。

（2）本案例是一篇描述 A 眼科医院服务质量管理现状及提升策略研究的案例。A 眼科医院所面临的困境与问题具有很好的代表性，很多医院在自身发展过程中都会遇到。

（3）本案例的教学目的：使学生了解提升服务质量的先进经验和做法，具备为民营眼科医院提升客户服务满意度的能力。

6.2 启发思考题

（1）结合 A 眼科医院的背景和发展现状，思考其目前所面临的困境是什么？

（2）A 眼科医院在破除困境时采用了什么策略，有哪些可以借鉴的地方？

（3）A 眼科医院是如何有效提高病人满意度的？

（4）思考 A 眼科医院的服务质量是否可以提高，可以的话，如何进一步提高其服务水平？

6.3 分析思路

教师可以根据自己的教学目标(目的)灵活使用本案例。这里提出本案例的分析思路,仅供教学参考。

(1)学生了解 A 眼科医院的背景、发展现状和面临的挑战与困境,将学生带入医院领导层视角,从战略层面把握管理问题。

(2)根据测评理论与相关问卷设计方法,引导学生思考如果问卷由自己设计,该如何设计,探讨问卷调查与访谈在企业中的价值与作用。

(3)根据调查结果,结合 A 眼科医院自身情况,结合相关理论引导学生分析问题、发现问题、解决问题。

(4)根据相关的运营管理与服务营销的相关理论知识,结合本案例的实际情况,引导学生分析 A 眼科医院为了提升顾客满意度都采取了哪些策略,取得的效果如何,通过对其深入分析,提高学生灵活运用知识的能力。

6.4 理论依据及分析

1)结合 A 眼科医院的背景和发展现状,思考其目前所面临的困境是什么?

【理论依据】

(1)客户服务

客户服务是建立在服务的基础之上的,它是一种以顾客导向为基本价值观的活动,它在现有的成本基础上,通过整合和管理,对组织的成本——服务界面进行合理的分配,以达到最佳的效果。从广义上讲,任何能够提高客户满意度的活动,都是客户服务。

一般而言,客户服务可以分为以下 3 类:第一类为售前服务。所谓的售前服务指的是企业在进行产品或服务销售前为客户提供的一系列活动,如市场调查、产品的研发设计、向消费者提供说明书及咨询服务等。第二类为售中服务。这类服务指的是在产品的交易过程中,消费者获得生产厂家所提供的服务,如接待、商品包装等。第三类

125

为售后服务。售后服务范围比较广,与销售相关的都可以归入到这一范畴。

(2)客户服务满意度

客户服务满意度最早起始于西方国家,它的英文简称为 CS(Customer Satisfaction),客户服务满意度是从消费者的角度出发,是消费者对过去和现在的消费经历进行的比较,以及在这一过程中的感知的累积。因此,从整体看,客户服务满意度是一个时间概念,它并不是一成不变的,而是随着时间、客户的变化而变化。

对客户服务满意度的定义,国际上目前采取最多的是 ISO 9000 在 2008 年的定义,即客户服务满意度为产品符合客户要求和期望的程度。这一定义是从质量管理的角度出发,将客户服务满意度定义为质量观,将"以客户为重"作为组织提供产品或服务的出发点和落脚点,把一切都建立在客户服务满意的基础上。它是组织质量管理体系建设的基础,是质量管理最终要实现的目标。结合本案例的研究需要,将客户服务满意度定义为:客户服务满意度实际上就是客户的一种心理状态,它是客户在接受产品或服务以后,对服务进行的一种定量化的表述。在客户服务满意度里,这一定量化的描述又被称为量化指数。从本质上来看,就是服务的提供者通过一定的渠道和方法得到客户的真实表述,而这一表述对客户服务主体具有非常重要的作用。

【案例分析】

民营医院受经济因素的制约,在发展过程中很难与公立医院和外资医院相抗衡,在市场竞争中处于劣势位置。在这种环境背景下,如何改善医院服务质量,提升客户满意度成了困扰 A 眼科医院的首要问题。

2)A 眼科医院在破除困境时采用了什么策略,有哪些可以借鉴的地方?

【理论依据】

(1)客户满意度测评方法

从现有的研究来看,目前客户服务满意度的评价方法比较多,在这些方法中,应用最多、最权威的主要有四分图模型、KANO 模型、层次分析法模型、模糊综合评价法模型以及美国客户满意度指标模型。本案例根据研究的需要,重点对模糊层次分析法(Fuzzy-AHP)进行介绍。

模糊层次分析法是美国著名的管理学家在 20 世纪 70 年代提出来的,它是一种将定量分析和定性分析相结合的分析方法。模糊层次分析法是将定性指标转化为定量指标，然后通过评价量化后的指标，最终选择出最优方案的一种方法。模糊层次分析法的核心思想是在对多目标评价的问题特征进行分析后，将问题层层分解，最终形成从上到下的层次化结构体系。层次分析法在处理问题时，最大的问题在于当评价层级的指标有4个及以上时，思维比较难保证，在这种情况下，将模糊法与层次法结合在一起，就可以很好地解决这一问题。模糊层次分析法与层次分析法的步骤虽然几乎相同，但是两者依然存在以下区别：①判断矩阵不同。层次分析法判断矩阵的建立是通过元素之间的比较得出，而模糊层次分析法则是通过两个元素之间的比较得出。②判断矩阵中每个元素的权重的求法是不同的。

（2）测评量化表

测评量化表是美国学者帕米尔在1985年首次提出的。从客户看，对组织服务质量的评价要难于对产品的评价。帕米尔在对客户满意度进行调查后发现，客户服务满意度说到底是客户预期与实际感知之间的差距，这也是被广泛认可的说法。目前对客户服务满意度的测评方法主要是采取帕米尔的SERVQUAL模型。

SERVQUAL模型在建立客户服务满意度测评表时，选择10个影响指标因素，主要包括可行性、信赖度、形态性、安全性、交流性、可接近性、行为态度以及工作水平等，这些因素又可以进一步细化为90多个科目。帕米尔将这些因素进行实证研究，最终选择了其中的5个维度，在此基础上形成了SERVQUAL模型，也就是测评量化表，具体内容见表6.1。

表6.1　测评量化表模型

属性	对应的量化条款
可靠性	①在承诺一件事情的时候，在规定的时间内做到了； ②对于客户出现的问题能够及时解决； ③能够自始至终提供优质的服务； ④在规定的时间内能提供相关服务； ⑤能对向客户提供的服务进行公示
反应性	①客户希望能够尽快得到所需的产品和服务； ②服务提供者愿意提供服务和帮助； ③在任何情况下都能提供服务

续表

属性	对应的量化条款
保证性	①员工的行为能够得到充分信任； ②组织是客户信赖的基础； ③组织随时都可以向客户提供服务； ④服务提供者随时都可以解答客户提出的所有问题
感知性	①组织要配备现代化的设施； ②组织的设备要对客户产生吸引力； ③服务提供者要衣着整齐； ④组织所提供的资料必须是真实、全面的； ⑤组织服务的时间要方便客户
移情性	①组织要给客户特别的关照服务； ②组织应该对不同的客户进行不同的对待； ③组织要充分了解客户的兴趣； ④组织要在合理范围内满足客户的所有需求

【案例分析】

以提升 A 眼科医院客户服务满意度为目标,A 眼科医院采用实证分析和案例分析相结合的方法,结合问卷调查、访谈等多种形式,主要以问卷调查与分析为主。如何设计一份具有科学有效、测度指标稳定可靠的问卷,是解决类似问题的关键。生活中大部分的问卷调查是单调而无效的,相关问题之间缺少联动性、递进性,往往问卷结果被设计者的经验所局限,不能发现问题的根本。因此,一份好的问卷首先要在前期调查的基础上进行设计,通过预先的分析,进行大胆假设,然后小心求证。本文中 A 眼科医院以院领导对医院的深入了解为基础,设计了 7 项全面有效的测度指标:①医疗技术水平客户满意度;②就医流程客户满意度;③医疗费用客户满意度;④就医环境客户满意度;⑤服务态度客户满意度;⑥医患沟通客户满意度;⑦服务整体满意度。

问卷分析的结果如果不进行深入分析就只能得到浅层结论,这是对前期付出的人力、物力的一种浪费。通过回归分析寻找相关性是一种主流方法,但是由于数据相关的偶然性和不可解释性,该方法也会得出错误的分析结论,因此对问题进行因果分析,追根溯源,找到导致问题的根本才是关键所在。在本案例中,A 眼科医院采用的方法是：直接以问卷调查的项目作为衡量客户满意度的指标，以调查结果数量化衡量客户满意度，最后，通过举行领导会议，以头脑风暴的形式，分析问题原因。

3）A眼科医院是如何有效提高病人满意度的？

【理论依据】

影响患者满意度的因素如图6.1所示。

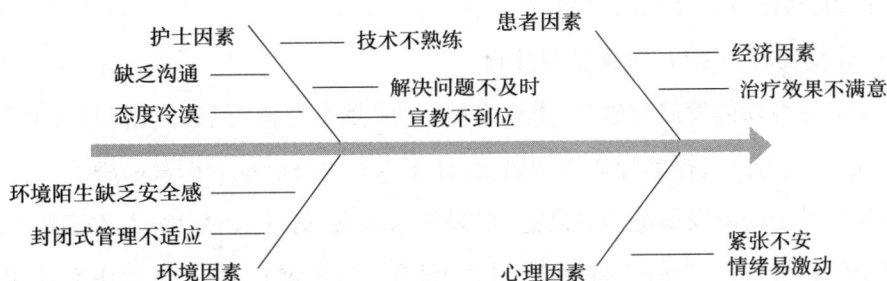

图 6.1　影响患者满意度的因素

提高患者满意度需要做到以下几个方面。

（1）加强人才培养，不断提高医疗技术水平

医疗技术水平既是患者较为关注的因素，也是医院生存的重要条件，可见，不断提高医疗技术水平是医院发展的需要。而医疗质量的提高，人才培养是关键，因此，医院应制定医院、科室人才梯队培养规则，采取多种途径，不拘一格，留住人才。实行竞争激励机制，培养技术骨干，重视科研，尽可能地增加投入科研的人力和财力，鼓励员工国内外进修学习并为员工创造施展才华的平台及个人发展的空间。

作为医生，需要有精湛的理论和娴熟的业务技能，开阔的眼界，丰富的知识面，且具备优良的职业素质，真正为患者解除身心病痛。

作为护士人员，不仅要掌握良好的护理技术，还要成为适应门诊各个岗位的多面手，同时具备良好的心理、道德素质及沟通、协调、应变能力，塑造门诊护理服务新形象；此外，还需要掌握理解就诊患者的心理变化和诊疗需求，使患者以积极的心态接受诊疗。

作为医院管理者，首先应具备"一心为公、奉献患者"的事业心、使命感，以自身良好的人格魅力凝聚人，善于接受来自员工、患者、社会各方面的批评、建议、监督，正视工作中存在的问题，及时更新思想观念，转变工作作风；重视医疗安全，建立责任追究制，保护患者的合法权益不受侵害；做好市场分析，从医院自身实际出发，站在长远发展的高度,从技术、服务、文化、管理等方面制定目标,找准切入点,在实施中不断改进完善。

(2)深化医务人员医德医风教育

教育医院员工树立正确的利益观,从医者应具有做人的良知,依法执业,诚信服务,避免医疗费用控制权在医生手中等不良现象。此外,医院应加强制度建设,规范从医人员行为,违法者应受到法律制裁。

(3)寻找发展突破口,加强学科建设

医院应寻找新的发展突破口,重点发展一批"重点专科"门诊。据调查,很多患者认为医院应专病专治,提高疗效及知名度,让重点专科发展成为医院品牌。

专科建设是医院发展的当务之急,要采取送出去、请进来的专科人才培养方法,充分授权予学科带头人,做好支持保障工作。只有专科发展壮大,方可留住患者,提升医院地位,吸引患者前来医院就诊。

(4)改进服务作风,加强医患沟通

很多医患矛盾是由于医患间沟通不畅引发的。医务人员接诊患者时要有一个"归零"心态,自我意识不要太强,要耐心倾听及解释,尊重患者,在制定治疗方案时可以让患者参与商定,尽可能提供两种以上的技术服务、价格组合,引导患者达成一致;在治疗过程中要倾注感情,让患者树立信心,可电话回访指导康复。

只有心中装着患者,患者才会信赖医院。医务人员应主动热情服务,懂得换位思考,多为患者考虑,才能减少医患矛盾。

(5)加强硬件投入,提供安全舒适的就医环境

优化或重建就医流程,实行划价、收费、取药一站式服务,缩短排队等候时间;保护患者隐私,采用一对一诊疗服务;通过多渠道宣传健康知识,传播健康新理念,可通过建立宣传栏、发健康资料、讲座、电视宣传、咨询等措施普及医学知识。

医院应添加必要的诊疗设备,改善就医环境,树立"以人为本"的科学发展观,坚持以患者、员工为本,在满足患者、员工需求的基础上,引导员工更加关注患者心理感知和社会需求,为患者提供人性化、个性化医疗服务,尽可能满足和超越患者对医院服务的期望值。

提高患者满意度对提高医院的社会形象、增强竞争力、促进医院可持续发展有着

重要作用,因此,不管是公立医院还是民营医院,都应该以"患者的满意度是我们的追求"为目标,运用科学的方法,加强医疗技术水平、服务质量,完善各方面的工作,以实现患者满意与医院生存、发展的双赢局面。

【案例分析】

A眼科医院从医疗技术水平、就医流程、医疗费用、就医环境、服务态度、医患沟通6个方面为服务质量维度,对服务质量进行改善,提升客户满意度。同时还制定了医院客户满意度的提升目标和原则。

(1)提升目标

①A眼科医院客户满意度策略优化要能够最大限度地提高患者的服务满意度,为医院赢得良好的社会声誉,不断提高医院在市场上的竞争力。

②A眼科医院客户满意度策略优化要能够不断提高医院的管理水平和服务水平,提高医院工作人员的能力,尤其是医务人员的工作技能,并增强他们的组织归属感,为医院培养并留住核心人才。

③A眼科医院客户满意度策略优化要保证能够顺利完成医院的长远策略规划和策略目标。

(2)提升原则

①可接受性。策略的制定必须符合医疗卫生领域发展的现状,并且能充分考虑医院的实际情况。

②完整性。A眼科医院客户满意度策略优化必须是完整的,要充分考虑存在问题及解决问题的所有因素,能够正确、全面地反映A眼科医院的服务质量和水平。

③可操作性。A眼科医院客户满意度策略优化方案的制定及使用应该是简单、容易理解及掌握的,在策略的实施过程中,策略必须是可实施的,并且能达到预期效果。

4)思考A眼科医院的服务质量是否可以提高,可以的话,如何进一步提高其服务水平?

【理论依据】

(1)战略资源理论

战略资源理论最早起始于20世纪20年代的美国,成形在60年代,发展在70年代,但在80年代受到冷落,90年代该理论又重新受到了人们的重视。从战略资源理论的发展过程看,它经历了一个由冷到热的过程,人们对它的认识也是比较曲折的。20世纪五六十年代,美国在经过第二次世界大战以后经济迅速发展,随之而来的是市场竞争日益加剧。企业的发展越来越困难,战略资源理论就是在这一背景下产生的。战略资源理论认为,在组织中资源是非常重要的,这些资源的获取和使用对组织的生存和发展具有非常重要的作用。因此组织使用这些资源时,不仅要把这些资源视为组织的一部分,还要将其上升到战略管理的高度,把资源作为组织策略的重要依据,在对资源进行综合利用和分析的基础上确定组织的策略,以保证能够达到组织预期发展的目的。

(2)核心能力理论

核心能力理论认为,在企业内部,并不是企业现有的所有资源都能够给企业带来长期、持续的竞争优势,因此如何将核心资源或能力从整体中区分出来就显得非常有必要。从目前的研究看,将核心资源和能力区分出来可以从以下几方面进行。

①价值性,即该资源是否对组织的价值产生巨大影响。

②差异性,即该资源是不是该组织所特有的,能不能在短时间内被其他的组织所获取。

③不可模仿性,即该资源是不是能被其他组织进行学习并有效模仿。

④难以替代性,即该资源是否能被其他资源所取代。

⑤延展性,从组织整体看,核心资源是组织开展各项业务和管理活动的基础,只有在这一基础上才能形成组织自身的特殊产品和服务,并在一定的时期内实现范围经济。

只有组织中的资源、能力以及知识等同时达到以上5个指标时,它们才能成为组织的核心竞争力,并在未来很长一段时间内成为组织的竞争优势。

从核心能力的获取上看,组织核心能力获得的途径有很多种,兼并法就是其中最基本的一种。美国《财富》杂志认为,未来商场上,学习型组织将会成为整个行业的领跑者。壳牌医院也指出,组织在未来的竞争实际上就是学习力的竞争,任何组织在任何时候必须要保持学习能力,一旦学习能力退化,组织势必会被市场淘汰。组织获取核心竞争力的途径有多种,比如人才、技术、结盟或产权开发等,但是不管哪种途径,持续学习都在其中扮演了重要的角色。

(3)竞争优势理论

竞争优势理论最早由美国著名的战略管理专家迈克尔·波特于20世纪提出,他认为,过去的管理理论和方法都是从静态的、理论的角度去分析不断变化的问题,这种方法缺乏战略性,因此实际效果并不理想。基于此,为了克服传统管理理论和方法的缺陷,迈克尔·波特从当前组织所处的外部环境出发,创造性地提出了竞争优势理论,这种理论又被学术界称为钻石理论。该理论指出,组织在制定自己的策略时,必须同时考虑组织的内外部因素,外部因素主要是指组织所面临的政治、经济及文化等因素,内部因素主要是指组织的结构、组织现行的策略及组织的人力资源等因素。

竞争优势理论提出了3种组织最常用的策略,分别是成本领先战略、一体化战略和差异化战略。这些策略可以帮助组织结合自身的实际情况对现有的策略进行调整,以满足外部市场和组织自身发展的需要。成本领先策略主要是指组织在实际的生产经营中应配备高效的生产设施、管理手段和方法,尽可能降低组织产品或服务的成本,通过向市场提供物美价廉的产品或服务,迅速占领市场。成本领先战略的另外一个好处就在于它可以在很短的时间内迅速降低组织在研发、市场营销及广告等方面的支出。差异化战略则指的是组织在提供产品或服务时,可以向外界提供一些现在市场上不具备的、有明显区别和差异的产品或服务,比如包装差异、技术差异或者产品的功能差异等,以此来满足市场消费者的需求并迅速占领市场,获得高额利润。

【案例分析】

对于组织,尤其是服务性组织来说,客户满意度的一个非常重要的评价标准就是组织所提供的产品或服务的质量。如果组织提供的产品或服务能够满足客户需要,那么客户的满意度必然会比较高,反之,客户的满意度则比较低。根据相关研究表明,服务质量一般以客户满意度的高低作为评价标准,同时对我国的医疗卫生服务行业的服务质量标准做出了说明,并且通过实证的方法证明两者之间的相关性。因此,在进行客户服务质量评价时,可以选择客户满意度作为评价标准。而影响客户满意度的因素不仅在于直接与客户相关的层面,还在于看似与客户无关,但实际间接影响的层面,例如管理层对资源的配置能力。我们都知道一个企业的资源是有限的,管理的意义就在于配置有限资源形成竞争优势实现利益最大化,因此,A眼科医院如果想要进一步提升服务质量,需要改善的不仅是员工,还包括管理层,如何审时度势合理配置有限资源,培养核心能力,是未来 A 眼科医院改革的关键。

6.5 背景信息

A 眼科医院于 2011 年成立,位于 S 省,是由 S 省地方卫生厅批准成立的唯一一家民营性的三级专业性眼科医院,也是目前该省唯一一家特许加盟的民营医院。A 眼科医院也是 S 省残联指定的白内障康复基地,是医保定点医院。医院注册资本 10 000万元,目前营业面积 6 000 m²,开设床位 100 余张。

A 眼科医院自成立就一直秉承着为患者健康服务的发展理念,为 S 省乃至全国眼科患者提供高效、优质的医疗服务。目前医院共有医务及管理人员 285 人,其中医疗卫生服务人员数量占总人数的 75%。医院自成立以来,因良好的医疗技术和服务,每年的患者接待量都呈现出稳定增长的趋势。截至 2017 年,医院累计接待病人 15 万人次,住院病人的数量达到了 3 000 多人,开展各类型的手术 10 000 多台。医院现有多台专业领先的高端医疗设备,其中价格在 1 000 万元以上的设备 3 台,100 万元以上的设备 10 多台,1 万元以上的治疗设备 15 台,1 万元以下的治疗设备 78 台,其中包括UBM 活体全景超声显微镜、多波长激光机、蔡司全飞秒激光、VISX 准分子手术设备、TTT 眼底激光治疗机等,能够完全满足患者的医疗需求。

A 眼科医院现有小儿科、角膜病科、青光眼科、眼底科、白内障科等十大专科,医院根据自身的需要,从 2012 年开始先后成立了小儿视力保护基地、准分子俱乐部等多种以眼科为主的医疗服务体系。A 眼科医院长期以来一直非常关注社会公益事业,在医院的发展过程中每年都会投入大量的人力、物力和财力用于社会公益事业中。医院先后获得了"S 省五一劳动奖""S 省先进医疗诊疗单位""S 省城市之星"等荣誉称号,为地方的发展贡献了自己的力量。

6.6 关键要点

(1)医院在日常服务管理过程中应时刻关注顾客需求,将顾客实际感受放在第一位,用优质服务来吸引顾客。服务和产品本身一样,都可以为企业创造价值。

（2）做好客户需求调查，客户期望管理是优质服务的前提保障。

（3）服务管理包括外部服务管理和内部服务管理。根据管理利润链模型，内部服务质量的高低决定了外部服务。因此，重视内部服务是服务业提高服务质量的重中之重。

化工企业安全管理改进

——N公司大修项目风险控制

7.1 引 言

在 N 公司执行年度大修项目的过程中,存在许多内部和外部不确定的风险因素,这些不确定的风险因素会造成大修项目的安全事故频发、工期延长、成本增加、计划修改等问题,给 N 公司的营运带来严重的干扰。为了能够有效地管理好大修的风险因素,N 公司开展了关于风险管理的相关会议。公司的刘总说道:"化工相关的行业组织虽然制定和推荐了各具特色的风险管理方法,但是这些风险管理方法都有各自的背景和专注点,不能生搬硬套地直接拿来使用。我们公司要结合企业自身的工艺、生产、设备和人员等特点,采取适合自己工厂的大修项目特点的风险管理方法,希望在这次的大修项目开展过程中大家能够踊跃参与进来。"

7.2 相关背景及发展现状

7.2.1 运营现状

随着刘总的号召,N 公司开启了他们的大修项目风险制定,王厂长召集相关部门开展大修项目风险制定的启动会议。

王厂长首先说道："随着中国大力推广 4G 通信,国内外许多通信电缆生产商需要更新换代电缆的新材料,而我们的主要产品就是通信企业所急需的原材料。市场的供求关系不平衡导致该产品在市场上出现供不应求的局面,销售部门对公司的年度大修工期提出了非常苛刻的要求,甚至提出取消大修的建议。面对市场需求的压力,公司大修已提升为公司战略层面研究的课题,此次项目大家要打起十二分的精神。"

生产经理紧接着说道："年度大检修包括装置的工艺停车、工艺系统置换、工艺介质的导出、降(加)温、高压清洗、压力容器的清洗、压力容器检测、PSM 管线测管壁厚、管线的保温、管线清洗、管线的干燥、管线试压、管线 N2 置换、安全阀的校验、工艺仪表的校验、SIS 测试、DCS 年检、系统调试、开车等全过程。"

"我们公司年度大修不仅涉及工厂内的电、气、水、原料、后勤、人员等内部的管理和协调,同时还涉及工厂外供电、供水、供原料、运输等单位的沟通和协调。因此,大型化工厂年度检修项目是一个投资大、工期短、专业多、涉及面广的复杂系统工程。"供应链经理紧接着补充道。

……

在一番激烈的讨论后,刘厂长总结道："在这些项目的规划、设计、建设和运营过程中,还会存在许多不确定因素,这些不确定因素会造成工程项目的失控,如工期延长、成本增加、计划修改等,最终导致公司年度大检修的失败,其后果会直接影响本工厂与外协合作工厂的生产衔接、厂内外供销计划的完成、影响母公司全年销售战略的完成,最终影响公司在关键客户心目中的信誉,从而失去客户和市场。因此,管理大修项目的风险需贯穿整个项目的启动、规划、执行、监控和收尾过程,只有这样,大修才能做到完工及时、费用控制、安全及质量达标。"

7.2.2　行业背景

我国对风险问题的研究是从风险决策开始的,而且起步比较晚。20 世纪 80 年代中期以来,随着我国国民经济的不断发展,对外的项目合作交流越来越多,项目的风险管理也越来越显示出其重要性。近年来,我国有关风险分析、风险决策的论著已经开始逐渐丰富,但讨论项目风险的著作并不多,讨论项目风险管理的则更少。

在全球化和信息化的时代,企业在世界范围内的竞争日益激烈。越来越多的公司为生存而奋斗,他们的"精益生产"或"世界级制造"实践已经非常普遍,这些实践消除了运营过程中的所有形式的浪费,比如库存压力、产能过剩和过多的生产前准备,从而在有市场需要时,能够最优地利用资源生产出所需要的合格产品。在这种残酷的市场竞争环境中,设备的可靠性非常关键,因为一个小的故障就能令整个工厂瘫痪,与设备相关的问题还会影响工厂的安全、环保以及产品的质量问题,从而影响公司在市场上的商业信誉,轻则失掉所占市场份额,重则导致公司破产。因此,在资本密集型的大型化工企业中,每年的停工大检修需要一个有效的风险控制管理系统达到设备停车维护目的。

7.3 梳理脉络——确定大修项目详细内容

7.3.1 大修项目关键指标确定

在大家集思广益之后,N 公司的王厂长认为:"采用关键绩效考核法加强大修项目的管理,可以达到大修项目预期的结果,其中的关键性能指标要能提供非常重要的信息,一方面,要衡量大修的结果对企业商务运营的影响;另一方面,要能够持续指导大修流程的不断优化,从而改进大修的流程和大修执行状况。因此,关键性能指标将由技术部门进行提供。"

技术部门除注重安全、环保、人文和职业健康外,还要遵循在高标准的公司核心价值和负责任的社会承诺的基础上制定关键指标,最终确定了以下 3 个方面的指标。

①安全和环境的关键指标。

②工程进度指标。

③大修费用的关键指标。

7.3.2 大修项目内容确定

刘总在会议中继续说道:"在咱们公司,化工原料需经过超低温冷却,高温加热脱水、高压、催化剂等苛刻的工艺条件下,在反应釜中进行化学反应再制成化工产品,设备主要是高温、高压的反应釜,扩散式搅拌机,高压压力管道,反应罐等。"

王厂长补充道:"使用的大多数原材料都具有易燃、易爆、有毒、腐蚀等特性,容易造成火灾、爆炸或中毒、烫伤、腐蚀等事故。由此可见,化工厂的大修所具有的特点是一般工厂所不具有的,大家在项目开展中一定要注意安全。"

刘总对此次的项目开展过程十分看重,通过会议上的一番部署,项目的开展步骤也逐渐有了雏形,因此王总宣布:"此次大修项目全体动员,立即开展,会议结束后由技术部先拟定项目关键点,等待下次会议讨论。"

技术部在经过几天的连夜奋战,终于拟定出以下要点。

(1)检查复杂、技术性强和检修过程中危险性大。

众所周知,化工行业投资大且工艺非常复杂,因此,为配合工艺生产而设计和安装的设备,也非常庞大和复杂。这些设备因生产的限制,日常很难进行维修和保养,一旦到了大修期间,有效检查和维护这些设备是一个系统而复杂的工程。

①技术性强,且检查要求具备较强的技术能力。化工设备长期运行中,原物料的特性对设备可靠性的影响很大。一旦设备发生故障容易发生跑冒、滴漏现象,这些化学品就会对环境造成污染,有的会引起火灾甚至发生爆炸,有的泄漏会导致人员中毒死亡。因此,在大修设备的维护中,设备的仪表、管道、保温、阀门和伴热管等任何一个环节,在设计、选材、制造及安装方面都必须严格按照行业标准的技术规范执行维护。

②危险性大。化工生产涉及的原物料种类繁多,各种原物料的 MSDS 差异很大,导致清理这些物料产生了困难,如不能有效清理,将对维修工作带来致命的危害。

(2)工期紧,工作量大和工作质量要求高。目前工厂仅有一条生产线,但这条生产线的产品需负责整个亚太地区的高端市场的产品供应,一旦大修工作不能按计划完成,所面临的市场压力可想而知。因此,每次的大修天数都被严格规定,且必须得到亚太生产总监的批准。其次,工作量大,工厂的生产设备装置具有大型化、连续化、自动化以及智能化的特点,给设备维修和维护带来很大的挑战,对设备异常原因的正确判断和维修带来困扰,往往一个小的异常处理须进行较大工作量的维修。另外,工作质量要求高,本次停产检修分为外委检验和强制检验部分、维修基建部分、采购部分。无论哪个部分发生质量问题,都会导致大修工作的失败,轻则影响大修的关键绩效指标,重则因质量问题导致设备爆炸引起人员伤亡,造成公司财产的重大损失。

（3）进口备件多，管理界面多。一般跨国公司在国内建造工厂都是复制其国内已有的、成熟的生产线。N公司采用同样的技术战略，现有设备80%来自国外进口，大修使用的备件一般采用国际招标，采办周期时间长，所以对备件的交货期要求严格。每个大备件不仅金额大，而且涉及的部门多，有维修部门、技术部门、安全部门、工程项目部门、报关部门、公司财务以及国家海关等，再加上语言不同，沟通不顺畅，该过程难以顺利协同，如果协调不好，其后果难以设想。

（4）建立项目团队。大修项目组织是年度大修工作成功的重要因素。N公司为了能有效地管理大修项目的工作，在项目规划前6个月就成立了以厂长为核心的组织架构。为适应大修项目工作的准备、协调和实施，公司成立了3个分工清楚、职责明确的项目团队。

①项目指导团队。项目指导团队成员由厂长、工厂营运经理、维修经理、生产经理、采购经理、供应链经理、安全经理、技术经理和大修计划员组成。指导团队的主要职责包括：a. 与市场部协调并制定停车战略；b. 对大修的安全、计划、成本和质量负有管理责任；c. 负责监管大修的停车准备，大修的执行和开车状况；d. 解决在停车期间大修执行团队不能解决的问题。

②设备停车团队。设备停车团队成员由生产经理、停车协调员、停车计划员、合同管理员、生产/维修协调员、维修计划员、技术员、项目协调员、维修主管、仓库管理员组成。设备停车团队的主要职责：对设备系统停车制订详细且可执行的大修计划。

③大修工作团队。大修工作团队成员由机械主管、仪表主管、DCS工程师、项目协调员、压力容器协调员、实验室主管、生产主管、仓库管理员和公用工程管理员组成。大修工作团队的主要职责为安全、保质保量地完成大修所计划的工作。

判断项目的组织机构设定是否合理，关键是看项目是否能够获得所需的资源，团队之间、成员之间、团队领导与团队成员之间是否有着共同的目标、合理的分工协作、高度的凝聚力、相互信任和有效的沟通。根据工厂行政组织的实际状况，设计出的大修项目职能性组织是一个金字塔式层次机构，如图7.1所示。其中大修项目总指挥代理厂长全面负责管理大修的安全、工程进度、工程费用和工程的质量管理；并且是公司在大修期间对内、对外沟通、协调的总负责人，大修是否成功对总指挥的年终个人绩效影响很大。因此,项目总指挥一般是由项目工作经验丰富、领导能力强的工厂资深经理人担任。

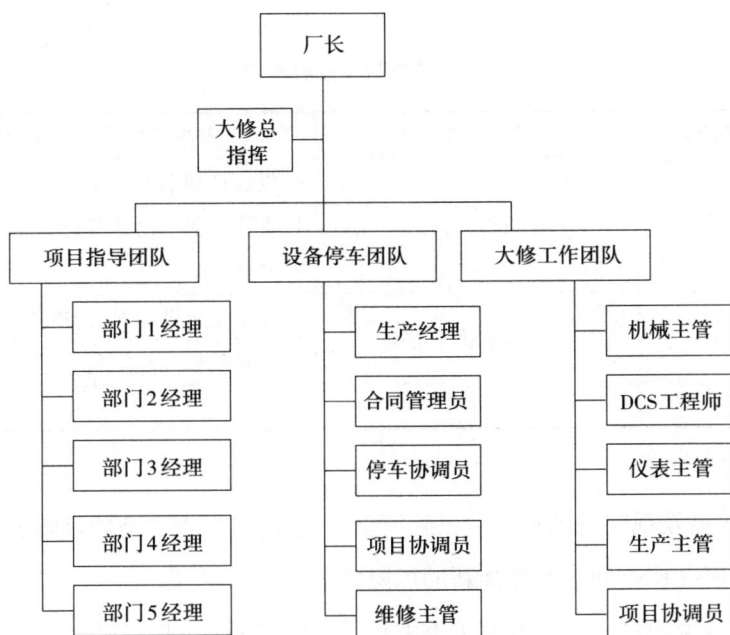

图 7.1   企业大修组织结构图

7.4   未雨绸缪——项目风险的识别

刘总办公室传来通知,今天下午继续开展大修项目风险控制会议,此次会议邀请了相关领域的专家,并根据公司实际情况提供技术指导。

在会议中,大家你一言,我一语,相互讨论着,在专家的指导下确定了以下内容。

(1)确定组建专家组团队。N 公司在大修项目开始施工前 6 个月,项目总指挥就邀请相关的有项目经验的工程技术人员和工程管理人员,包括维修经理、技术经理、工艺工程师、安全经理、生产经理和国外姐妹工厂的外籍专家等,组成大修项目专家组。

(2)专家组的工作任务和工作方式。工作任务是从以下方面识别出项目风险:项目的工作范围、项目设计方面和备品备件方面;工艺停车方案、项目维修施工方案、项目人员和承包商合同管理方案和突发事件的应急预案。工作方式主要是通过问卷调查、定期分组讨论和集中开会决议的方式识别大修各阶段的风险因素(a. 大修准备阶段、b. 大修执行阶段和、c. 大修试开车和运行)。设计的问卷调查表见表7.1。

表7.1　大修项目风险因素调查表

序号	大修阶段	项目的工作范围	大修潜在技术风险的描述
①	A	项目设计方面	a. 设计计划书不具体
			b. 业主提供的设计资料不具体
			c. 其他风险
②	A	项目维修施工方案	a. 停车工艺设计方案与实际的差异
			b. 人员管理存在问题
		……	……

专家组成员发现问卷调查表的风险清单不全面,若发现有新的风险因素不在调查表上,自己可以在调查问卷上增加新的风险因素。

最后,向专家组进一步咨询有关重大项目风险的看法,并进行整理、归纳,再反馈给各匿名专家们,几轮之后,得出了对大修项目风险因素的一致观点。

1)风险来源

公司对大修项目的绩效目标有明确的定义,大修的关键绩效指标主要是指安全和环境的关键指标、工程进度和大修费用。因此,影响大修 KPI 指标的因素也被视为大修风险因素。利用形式绘成流程图法,公司大修项目分为 3 个主要阶段:大修准备阶段;大修执行阶段;大修交接和总结阶段。大修的每个阶段都存在着各种各样不确定的因素,而这些因素一旦受内部或外部条件的影响,就很可能被触发,变成影响 N 公司大修成功的关键风险因素。因此,大修汇集了不同专业知识背景、不同部门、不同姐妹工厂、不同年龄段的国内外专家组成工厂的大修风险识别专家组团队,对大修三大阶段的风险进行识别。

2)风险因素识别

大修准备阶段的主要工作:组建项目指导团队、设备停车团队和大修工作团队;大修工作范围的搜集和确定;大修设备的备品、备件准备;特检院和供电局等单位协调工作;项目工程的发包作业;大修计划的制订;大修准备情况的评估工作。在这一阶段通常遇到的风险因素,可归结为两方面:非技术风险(主要为管理风险)和技术风险。

①管理风险(归属于非技术风险)。管理风险是指在大修管理运作过程中,由于信息不对称、判断失误、组织协调不到位、计划和控制不合理等,造成大修项目没有达到预期要求而造成的风险。在大修开始阶段,由于要确定工作范围、准备大修材料工具、设计项目工程、协调沟通大修各层次团队、发包项目工程、协调政府相关单位等,这些交错复杂的关系严重影响大修第一阶段的进程。

②技术风险。设计技术工作是整个大修前期准备的重要工作,对设计风险进行有效的控制的重要性显而易见。须对设计阶段的风险因素进行识别,并提出控制这些风险的具体措施。

7.5 快速反应,协同应对——项目风险的评价

1)FMEA 故障类型和影响分析

FMEA 是一种集风险识别、风险评估和风险应对于一身的定性评估方法。该方法的主要评估标准为严重度、频度和探测度。FMEA 故障类型和影响分析主要是对设备可能发生的故障或不恰当的操作造成的后果和影响进行分析的评估方法。对项目中维修策略和维修项目的制定而言,采用或借鉴这种方法比较行之有效。FMEA 的技术从系统最基本单元的机构开始,有目的地分析这些故障的失效模式,并且可以通过量化的方法进行分级,同时把每个基本单元备件失效模式的影响,追溯到对整台设备可行性的影响,为日后设备系统的改良、优化及总体设备可靠性的提高,提供了最基础、最重要的分析依据。

严重程度是指可能发生的失效模式对子设备系统、总设备系统的影响程度。评估等级可设为 1~10 级,严重度(Severity)的评分标准见表 7.2。

表 7.2 严重度的评分标准

影响	评分标准	严重度/级
无警告的严重危害	在没有任何预兆的情况下发生的,影响使用安全或违反有关法律法规的极其严重的失效模式	10

续表

影响	评分标准	严重度/级
有警告的严重危害	在有预兆的情况下发生的,影响使用安全或违反有关法律法规的极其严重的失效模式	9
很大	产品或系统不能工作,丧失基本功能的严重失效模式	8
大	产品或系统能工作,但性能下降的失效模式,顾客非常不满	7
中等	产品或系统能工作,但提供舒适和方便的一些部件损坏,顾客不满	6
小	产品或系统能工作,但提供舒适和方便的一些部件降级工作,顾客感觉不便	5
很小	加工精细、外观、噪声等方面不符合要求,75%以上的客户能发现有缺陷	4
轻微	加工精细、外观、噪声等方面不符合要求,50%客户能发现有缺陷	3
很轻微	加工精细、外观、噪声等方面不符合要求,但很少有顾客户能发现缺陷	2
无	无影响	1

频度是指单元或系统的设备性能失效的起因或触发条件出现的可能性。评估等级可设为 1~10 级,发生频度(Occurrence)的评分标准见表 7.3。

表 7.3　发生频度的评分标准

失效概率	设计寿命内的可能性	Cpk	频度数/级
很高:发生失效模式几乎不可避免	≥1/2	<0.33	10
	1/3	≥0.33	9
高:失效模式反复发生	1/8	≥0.51	8
	1/20	≥0.67	7
中:失效模式偶尔发生	1/80	≥0.86	6
	1/400	≥1.00	5
	1/2 000	≥0.17	4

续表

失效概率	设计寿命内的可能性	Cpk	频度数/级
低:失效模式相对很少发生	1/15 000	≥1.33	3
	1/150 000	≥1.50	2
极低:失效模式几乎不可能发生	≤1/1 500 000	≥1.67	1

探测度是指探测失效模式、原因、机理能力的指标,评估等级可设为 1~10 级。可探测度(Detection)的评分标准见表 7.4。

表 7.4　可探测度的评分标准

检测的可行性	利用现行设计控制方法检测出失效模式的可能性	检测难度/级
绝对不可能	没有设计控制方法能检测出失效模式	10
很微小	利用现行设计控制方法检测出失效模式的可能性很微小	9
微小	利用现行设计控制方法检测出失效模式的可能性微小	8
很小	利用现行设计控制方法检测出失效模式的可能性很小	7
小	利用现行设计控制方法检测出失效模式的可能性小	6
中等	利用现行设计控制方法检测出失效模式的可能性中等	5
中等偏上	利用现行设计控制方法检测出失效模式的可能性中等偏上	4
高	利用现行设计控制方法检测出失效模式的可能性高	3
很高	利用现行设计控制方法检测出失效模式的可能性很高	2
几乎肯定能	利用现行设计控制方法几乎肯定能检测出失效模式的可能性	1

FMEA 不需要深奥的数学理论和逻辑推理,容易掌握,实用价值高。FMEA 实施的 4 个步骤如下。

(1)需要分析研究项目的内容和解决水平。

(2)系统和缜密地分析故障可能带来的损失。

(3)通过可能性、后果严重性确定其风险等级程度。

(4)通过设计、制造、安装、调试、维护等途径确保其可靠性。

FMEA 用于设备、关键仪表和阀门等故障类型的分析中非常有效。

2）大修风险评估标准流程建立

大修风险评估标准流程的建立采用风险评估的技术和方法,建立 N 公司大修项目风险评估标准流程图。大修项目组汇聚了不同专业知识背景（工艺、机械、电仪表、质量管理、专业化过、生产管理、项目管理等）、不同部门、不同工厂、不同年龄段的国内外专家组成工厂的大修风险评估专家组团队,对大修风险评估流程进行多次探讨和优化,拟构建公司大修项目标准的风险评估体系,并且采用该体系对大修已经识别出的风险因素进行评估。公司大修项目的标准化的风险评估流程图,如图 7.2 所示。

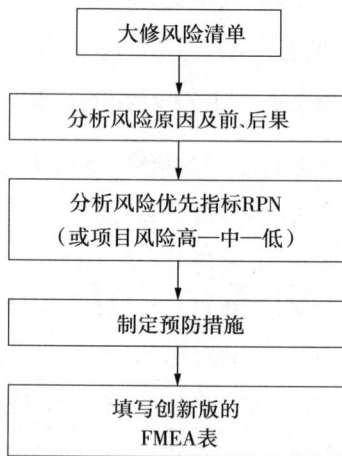

图 7.2　公司大修项目的标准化风险评估流程图

3）项目风险的控制及应对策略

经过层层分析,项目组最终确定了 N 公司大修应急工作原则。

①以人为本,安全第一。切实履行本单位大修的安全职能,把保障职工健康和生命财产安全作为首要任务,最大限度地减少突发事故及其造成的人员伤亡和危害。

②居安思危,预防为主。高度重视安全工作,常抓不懈,防患于未然;增强忧患意识,坚持预防与应急相结合,常态与非常态相结合,做好应对突发事件的各项准备工作。

③统一领导,分级负责。在应急指挥小组统一领导下,建立健全分类管理、分级负责的应急管理体制,实行企业法人责任制,充分发挥应急指挥机构的作用。

④依法规范,加强管理。依据有关法律和行政法规,加强应急管理,维护职工合法权益,使应对突发事件的工作规范化、制度化、法治化。

⑤快速反应,协同应对。加强本单位的应急处置队伍建设,依靠公众力量,形成统一指挥、反应灵敏、功能齐全、协调有序、运行高效的应急管理机制。

⑥依靠科技,提高素质。采用先进的监测、预测、预警、预防和应急处置技术及设施,避免发生次生、衍生事件;提高职工自救、互救和应对各类突发事件的综合素质。

大修的应急响应计划要实行分级管理,通常情况下,分级的依据主要包括事故的后果、事态以及事故性质。分级响应就是要综合考虑事故的后果、事态和事故的性质启动不同的响应级别,明确所需参加的应急响应部门和应采取的应急救援措施等。

大修激励制度构建团队的合作是世界级制造业的一个关键因素,N公司大修团队是一个有共同目的、绩效目标并且相互负责的具有互补技能的人组成的共同体。为了使每个成员融入团队工作中,充分发挥人的主观能动性,提高整个团队的绩效,很有必要规范大修激励制度。因此,合理的大修激励制度的构建,为公司在推进核心价值、安全管理、改善质量、提高生产率、降低浪费,以及公司发展方面作出突出贡献的员工进行客观、公正和及时的嘉奖,以鼓励员工发挥更大潜力,鼓舞员工士气,增强公司凝聚力和员工在公司工作的自豪感;有利于提高大修团队成员的积极性和工作热情,加强团队团结,提高工作效率。可见合理的大修激励制度是公司大修成功的重要基础。根据大修项目周期短、工作负荷量密集、不确定因素多等工作特点,我们准备采用以下几种激励方法。

①即时奖励和表扬。在大修现场发现工作表现好的,可适当地即时奖励和认可,以激发员工的士气,提高员工对积极行为的认可度,适用对象为所有员工(包括全日制合同工)和承包商人员。

②安全里程碑。按照公司大修项目的主计划,在项目各阶段都设有安全施工工时的里程碑,一旦100%安全完成项目阶段性里程碑,全体员工予以奖励,适用对象为所有员工。

③安全纪念章。在大修工作中对安全工作有重大改进的,并能用安全积极行为影响其他员工,在安全执行中的行动可以引导做出改变的,并对安全系统和安全流程有重要看法和改进的员工给予鼓励,适用对象为所有员工。

④突出贡献奖。对成功为公司完成大修项目,在大修安全、质量、供应商管理等大修文化建设、各类成本节约、各项大修流程改善等方面做出突出贡献的员工进行嘉奖,

及时给予员工鼓励,适用对象为所有员工。

⑤月度优秀团队奖。在公司大修中,对在大修 KPI 指标方面表现最突出的团队,予以奖励,以提高团队的士气和工作能力,适用对象为所有员工。

⑥大修优秀员工。对为公司在年度大修工作中始终如一、兢兢业业工作且成绩出色者、在项目完成方面有突出业绩者、积极主动为公司解决困难者、发扬团队精神为公司大修做出贡献的员工进行嘉奖,树立员工学习的榜样,提升公司的大修绩效文化氛围,增强凝聚力。

⑦合理化建议奖。鼓励员工参与改进大修的安全、质量体系;对在大修期间提出合理、有价值的项目改善或设备问题改善的建议,以及节省成本的机会,事故隐患的发现,以及安全健康环保方面的改进的员工进行嘉奖,树立员工学习的榜样,提升公司的大修绩效文化氛围,增强凝聚力。

7.6　方兴未艾——尾声

N 公司年度大修项目是一项综合的系统工程,在执行过程中会遇到许多不确定风险的因素干扰,从而导致大修项目的安全事故频发、工期延长、成本增加、计划修改等,给公司的正常营运造成严重影响。

针对 N 公司大修项目的特点和现状进行充分的分析,在查阅了国内外先进的项目风险管理的理论、工具和技术的基础上,规范大修项目的风险识别、风险评估和风险应对的标准流程,有创造性地提出了"1+1+1>3"的风险评估模型即专家调查法、FMEA 故障类型和影响分析以及风险矩阵法相结合使用的新型风险评估法,并对风险评估的结果提出相应的大修控制措施。

一次对大型项目的风险控制实施换来了长久的安全管理,这是 N 公司在此次的大修项目风险控制中得到的经验和成果,为今后 N 公司的发展奠定了坚实的基础,也提高了 N 公司在风险控制领域的影响力。

启发思考题

1. N 公司的风险控制现状是怎样的? 大修项目存在哪些困难和挑战?

2. 在风险评估过程中,指标的确定尤为重要,请问 N 公司的风险评估指标是如何确定的? 有何依据?

3. 管理风险可归纳为哪几类风险类型? 项目设计风险主要表现为哪几种?

4. N 公司在风险评估中运用了哪些分析方法? 这些分析方法在该项目中作用是什么? 你认为还有哪些方法可以运用在风险评估过程中?

使用说明

化工企业安全管理改进
——N 公司大修项目风险控制

7.1　教学目的与用途

(1)本案例主要适用于"运营管理"和"项目管理"课程的教学,适用于 MBA、经济管理类研究生、本科生案例教学使用。

(2)本案例是一篇描述 N 公司年度大修项目的风险控制研究的案例。N 公司所推行的大修项目风险控制案例具有很好的代表性,很多化工企业在大修项目开展过程中都会遇到。

(3)本案例的教学目的:使学生了解大型化工公司的风险控制过程,并有一定的认识,具备分析和解决化工公司实际大修项目开展过程中进行风险控制的能力。

7.2　启发思考题

(1)N 公司的风险控制现状是怎样的? 大修项目存在哪些困难和挑战?

（2）在风险评估过程中，指标的确定尤为重要，请问 N 公司的风险评估指标是如何确定的？有何依据？

（3）管理风险可归纳为哪几类风险类型？项目设计风险的主要表现为哪几种？

（4）N 公司在风险评估中运用了哪些分析方法？这些分析方法在该项目中作用是什么？你认为还有哪些方法可以运用在风险评估过程中？

7.3　分析思路

教师可以根据自己的教学目标灵活使用本案例。这里提出本案例的分析思路，仅供教学参考。

（1）学生了解 N 公司进行大修的背景、现状和面临的挑战与困境，同时结合相关知识理论，让不同领域的学生都能了解风险管控的内容和意义。

（2）根据 N 公司确定的大修项目内容，激发学生探讨内容的价值与作用，是否存在不足之处，提出更加合理的建议。

（3）分析 N 公司进行项目风险识别的方法与过程，介绍相关方法的理论依据，结合案例引导学生掌握风险识别的方法与评估手段。

（4）根据相关的风险管理理论知识，结合本案例的实际情况，引导学生分析 N 公司为了顺利完成大修指标都采取了哪些策略，取得的效果如何。通过深入分析，提高学生灵活运用知识的能力。

7.4　理论依据及分析

1）N 公司的风险控制现状是怎样的？大修项目存在哪些困难和挑战？

【理论依据】

项目风险的概念和特点

不同的主流学者对风险一词有不同的阐述。

（1）美国项目管理大师马克思·怀德指出："风险为某一事件发生给项目目标带来不利影响的可能性。"

（2）Cooper Chapman 提出："追求某项含有不确定因素的特别活动的过程中有可能造成经济或财务的损失或收益,损坏或伤害。"

（3）台湾著名学者郭明哲提出："风险指决策面临的状态为不确定性产生的结果。"

（4）Webster 提出："风险是遭受损失的一种可能性。"

还有一些学者提出："风险是损失发生的可能性,它是不利事件发生的概率及其结果的函数。"

综合以上各种从不同角度描述的观点,可见项目执行过程中存在的风险是客观而普遍的现象。

项目的风险:在实现项目目标的过程中存在着各种各样的风险因素,这些会在项目的执行过程中给人员、设备、财产和环境造成危险甚至伤害。

项目风险的特点:

①客观性。项目在执行过程中遇到的来自社会、人文、自然环境等各方面的矛盾或风险因素,这些风险或矛盾是不以人的意志为转移的,是客观存在的。

②不确定性。在执行项目的过程中,风险因素的发生及其造成的后果都具有不确定性。

③可变性。在执行项目的过程中,风险因素的变化、后果的转变,出现新的风险或风险因素已消除。

④相对性。在执行项目的过程中,风险因素主体的相对性和风险大小的相对性。

⑤阶段性。在执行项目的过程中,项目风险阶段性包括风险阶段、风险发生阶段、造成后果阶段,具有明显的时段性特点。

【案例分析】

N公司风险管控目前主要围绕3个方面,首先是工期方面,受国内市场的变化,近期该公司产品的市场需求量大,一旦大修超期将会产生严重的经营风险;其次是年度大修期间,由于工艺的复杂性与系统性,存在安全风险;最后,因为年度大修不仅涉及内部管理问题,还涉及大量外部协调问题,作为复杂的系统工程存在管理风险。在这些项目的规划、设计、建设和运营过程中,还会存在许多的不确定因素,这些不确定因素会造成工程项目的失控现象,如工期延长、成本增加、计划修改等,最终导致公司年度大修失败,直接影响本公司与外协合作工厂的生产衔接、厂内外供销计划的完成,影响母公司的全年销售战略的完成,进而影响公司在关键客户心目中的信誉,从而失去客户和市场。

在 N 公司执行年度大修项目的过程中,存在许多内部和外部不确定的风险因素,这些不确定的风险因素会造成大修项目的安全事故频发、工期延长、成本增加、计划修改等问题,给 N 公司的营运带来严重的干扰。在这种残酷的市场竞争环境中,设备的可靠性非常关键,因为一个小的故障就能令整个工厂瘫痪,与设备相关的问题还会影响工厂的安全、环保以及产品的质量问题,从而影响公司在市场上的商业信誉,轻则失掉所占市场份额,重则导致公司破产。因此,在资本密集型的大型化工企业中,每年的停工大检修,需要一个有效的风险控制管理系统来达到设备停车维护目的。

2)在风险评估过程中,指标的确定尤为重要,请问 N 公司的风险评估指标是如何确定的? 有何依据?

【理论依据】

风险评价又称安全评价,是指在风险识别和估计的基础上,综合考虑风险发生的概率、损失幅度以及其他因素,预测系统发生风险的可能性及程度,并与公认的安全标准进行比较,确定企业的风险等级,由此决定是否需要采取控制措施,以及控制到什么程度。风险识别和估计是风险评价的基础。只有在充分揭示企业所面临的各种风险和风险因素的前提下,才可能做出较为精确的评价。企业在运行过程中,原来的风险因素可能会发生变化,同时又可能出现新的风险因素,因此,必须对企业进行跟踪,及时了解企业在运行过程中风险和风险因素变化的情况,以便及时进行风险识别。

【案例分析】

N 公司对大修期间可能产生的风险进行分析并确认了项目管理的 3 个目的:完工及时、费用控制、安全及质量达标。根据这 3 个目的,N 公司管理层进而确定了 3 个大修项目关键指标:工程进度指标、大修费用关键指标、安全和环境关键指标。

3)管理风险可归纳为哪几类风险类型? 项目设计风险的主要表现为哪几种?

【理论依据】

项目风险的分类

按项目风险对项目目标的影响,常见的风险主要有以下几种。

①安全风险:导致项目活动发生安全环保的风险。

②费用风险:导致项目费用超预算,投资回报率变低的风险。

③工期风险:导致项目工期延长不能按时完成的风险。

④质量风险:导致项目验收时不能通过的风险。

⑤市场风险:导致项目建成后不具备市场竞争力的风险。

⑥信誉风险:造成项目组织的口碑变差的风险。

项目风险分类按不同的标准被划分得花样百出,但对它的本质进行分析,不难得出以下风险主要的特征。

①项目风险的不确定性:项目未来的风险不可预见。

②项目风险的客观存在性:不管你是否去识别项目未来的风险,它都客观存在。

③项目风险的相对性:项目风险可能带来损失,也可能带来收益。

④项目风险的阶段性:项目的不同阶段,存在的风险不同。

⑤项目风险的交替性:项目的风险可能会交替存在。

⑥项目风险的相关性:项目的管理因素之间存在风险的相关性。

⑦项目风险的损失性:项目的风险可造成项目的损失。

⑧项目风险的未来性:项目的风险的触发条件在未来一旦出现,风险可能被触发。

【案例分析】

在管理风险这一阶段通常遇到的风险因素,可归结为两方面:非技术风险(主要为管理风险)和技术风险。

①管理风险(归属于非技术风险)。管理风险是指在大修管理运作过程中,由于信息不对称、判断失误、组织协调不到位、计划和控制不合理等,造成大修项目没有达到预期要求而导致的风险。在大修开始阶段,要确定工作范围、大修材料工具的准备、项目工程的设计、大修各层次团队的协调沟通、项目工程的发包、政府相关单位的协调等,这些交错复杂的关系会严重影响大修第一阶段的进程。

②技术风险。设计技术工作是整个大修前期准备的重要工作,对设计风险进行有效控制的重要性显而易见。需对设计阶段的风险因素进行识别,并提出控制这些风险的具体措施。

4)N 公司在风险评估中运用了哪些分析方法？这些分析方法在该项目中作用是什么？你认为还有哪些方法可以运用在风险评估过程中？

【理论依据】

项目风险评估的相关方法

（1）专家调查法

专家调查法的关键是参加评价的专家对评价的系统具有较高的学术水平和丰富的实践经验。在大修风险识别的基础上，通过挑选对大修项目风险类别熟悉的专家，由经验丰富的项目主持人通过集中召开会议或者进行咨询等形式，对项目的综合整体风险水平进行评估，其中必须包括项目团队成员和项目外的专业技术人员。在会议或者进行咨询的过程中，对已经识别出的风险因素所要发生的概率级别及其对项目目标的影响进行评估。在评估期间，必须有效地记录相关的说明信息，包括概率和对项目目标影响的假设条件，以便在制定风险策略参考时使用。由此可见，专家的胜任素质，项目信息量对项目专家调查法的结果影响很大。

专家调查法的优点：能发挥专家的作用并且集思广益，减少对数据的倚重，应用领域广泛，得出的结果也比较贴近现实，可操作性强。

专家调查法的缺点：判断没有明确可衡量的标准，预测的结果没有经过严格的理论性和系统性的分析，最终达成的观点，有时带有跟风的倾向，有时难以保证评价结果的客观性和准确性。

采用专家调查法将是 N 公司年度大修项目风险评估的优先和有效的方法之一。

（2）FMEA 故障类型和影响分析

FMEA 故障类型和影响分析主要是对设备可能发生的故障或不恰当的操作造成的后果和影响进行分析的评估方法。对项目中维修策略和维修项目的制定，采用或借鉴这种方法比较有效。FMEA 的技术从系统最基本单元的机构开始，有目的地分析这些故障的失效模式，并且可以通过量化的方法进行分级，同时把每个基本单元备件失效模式的影响追溯到对整台设备可行性的影响，为日后设备系统的改良、优化，提高总体设备可靠性提供了最基础、最重要的分析依据。FMEA 是一种集风险识别、风险评估和风险应对于一身的定性评估方法。该方法的主要评估标准为严重度、频度和探测度。

（3）决策树法

决策树法是指利用图解的形式，将风险因素层层分解，绘制成树状图，逐项计算其概率和期望值，进行风险评估和方案的比较和选择。一般的决策树包括5个关键要素，即决策结点、方案分枝、状态结点、概率分枝、结果点。其中方案分支包括状态节点和结果节点、决策节点与状态节点；分支为状态分支被状态节点引出，决策节点上标注最终方案的收益期望值；方案分支标注方案名称，状态节点标注某个行动方案收益期望值；状态分支标注状态名称和概率，结果节点标注收益值。一般会求出目标变量在所有风险因素、所有概率组合下的期望值，再画出概率分布图。

决策树法的优点：在足够的有效数据做支撑时，分析的层次清晰，不同节点潜在的风险及概率一目了然，不易遗漏，能够适应多阶段情形下的风险的评估。

决策树法的缺点：数据要求高，信息量大，对一些复杂的项目来讲，信息数据搜集工作量大，不太适合企业单位使用，适用于缺乏客观数据的项目。

（4）流程图法

流程图法是指将风险的主体按照项目相关的生产工艺流程或者内在逻辑关系绘制而成，针对各个模块或阶段，去发现各种潜在的风险因素或风险事件。利用绘成的流程图，有助于风险识别团队更清晰地掌握项目活动内在的逻辑关系，对项目每个模块或阶段的风险因素进行详细的分析判断，并且能够了解风险所处的每个具体环节或阶段、各环节或各阶段之间存在的风险，以及风险的起因和相互的影响。

N公司年度大修项目是一个投资大、工期短、专业多、涉及面广、生产工业复杂的系统工程，其年度大修包括装置的工艺停车、工艺系统置换、工艺介质的导出、降（加）温、高压清洗、压力容器的清洗、压力容器检测、PSM管线测管壁厚、管线的保温、管线清洗、管线的干燥、管线试压、管线N2置换、安全阀的校验、工艺仪表的校验、SIS测试、DCS年检、系统调试、开车等过程。N公司年度大修不仅涉及工厂内的电、气、水、原料、后勤、人员等内部的管理和协调，还涉及工厂外供电、供水、供原料、运输等单位的沟通和协调等。

绘制大修流程图的优点：对项目的关键流程清晰明了，在风险识别时，不会遗漏某个项目环节的风险因素，能提供给项目团队一个清晰而完整的逻辑关系图。适合在执行复杂型项目时采用这种方法。

（5）德尔菲技术

起源于 20 世纪 40 年代末的德尔菲技术,本质上是召集领域内的专家就某个问题进行讨论,从而形成一致看法的一种技术方法。一般的操作流程:采用问卷形式咨询有关重大项目风险的看法,取得匿名专家的看法后,进行整理、归纳,反馈给各匿名专家,几轮之后,不便得出对重大项目风险的一致观点。

德尔菲技术的优点:能发挥专家的作用并且集思广益,减少对数据的倚重,应用领域广泛,得出的结果也比较贴近现实,可操作性强。

德尔菲技术的缺点:判断没有明确可衡量的标准,预测的结果没有经过严格的科学分析,最终达成的观点有时带有跟风的倾向。

【案例分析】

N 公司在风险评估中运用了专家调查法、FMEA 故障类型和影响分析这两类方法。专家调查法,首先,确定组建专家组团队。N 公司在大修项目开始施工前 6 个月,项目总指挥就邀请相关的有项目经验的工程技术人员和工程管理人员,包括维修经理、技术经理、工艺工程师、安全经理、生产经理和国外姐妹工厂的外籍专家等,组成大修项目专家组。其次,确定专家组的工作任务和工作方式。工作任务是从以下几个方面识别出项目风险:项目的工作范围、项目设计方面和备品备件方面;工艺停车方案、项目维修施工方案、项目人员和承包商合同管理方案和突发事件的应急预案。工作方式主要是通过问卷调查、定期分组讨论和集中开会决议的方式识别大修各阶段的风险因素。

7.5　背景信息

1）企业发展历程

N 总公司是一家以科研为核心价值的全球 500 强企业,目前 N 总公司在全球多个地区设有自己独资或合资工厂。公司主要提供食物与营养、保健、服装、家居及建筑、电子和交通等生活领域的高品质的产品。N 总公司业务遍及全球 80 个国家,在国际化工行业享有良好的赞誉。为进一步打造该公司在全球范围内的生产和营销网络,自 20 世纪 80 年代以来,N 总公司积极参与我国的经济建设。目前在我国,N 总公司已经拥有多家分公司、独资/合资企业,总投资超过数百十亿美元,拥有约 3 000 名员工,有多种技术转让应用于国内的研究机构与生产设施。在支持我国工业和经济发展的同时,也通过引进和推广高新科技和优质生活产品,促进我国的社会发展和人民生活水平的提高。在 2005 年,N 总公司的某主要事业部在××经济技术开发区成立了 N 公司,将该公司及其他地区工厂的部分优势产品及先进的生产技术移植到这家工厂。N公司生产国内外许多通信电缆生产商需要更新换代的电缆新材料,市场的供求关系导致该产品在市场上出现供不应求的局面,公司销售部门和公司管理层对每年度大修的工期、质量、安全和环保都提出非常苛刻的要求。

2)风险控制研究现状及发展趋势

我国对风险问题的研究是从风险决策开始的,起步比较晚。20 世纪 80 年代中期以来,随着我国的国民经济的不断发展,对外的项目合作交流越来越多,项目的风险管理也越来越显示其重要性。近年来,我国有关风险分析、风险决策的论著相继出现,但讨论项目风险的著作并不多,讨论项目风险管理的则更少。

在全球化和信息化的今天,企业在世界范围内的竞争日益激烈。越来越多的公司为生存而奋斗,他们实施"精益生产"或"世界级制造"实践已经非常普遍,这些实践消除了运营过程中所有形式的浪费,比如库存压力、产能过剩和过多的生产前准备,从而在有市场需要时,能够最优地利用资源生产出所需要的合格产品。在这种残酷的市场竞争环境中,设备的可靠性非常关键,因为一个小的故障就能令整个工厂瘫痪,与设备相关的问题还会影响工厂的安全、环保以及产品的质量问题,从而影响公司在市场上的商业信誉,轻则失去所占市场份额,重则导致公司破产。因此,在资本密集型的大型化工企业中,每年的停工大检修,需要一个有效的风险控制管理系统来保证达到设备停车维护目的。

7.6　关键要点

(1)风险评估是很多大型企业都会开展的项目,在风险评估中有很多风险评估方法可以选择,比如,当一个企业面临风险时,应根据该企业的实际运营情况,选择合适的风险评估方法,才能有效改善该企业所面临的问题。在本案例中,风险控制小组由公司的高层领导,以及风险评估相关专家进行专业指导,是该公司大修项目风险控制能够成功开展的关键。

（2）风险控制过程需要对评价指标进行严格且慎重的选择,指标的选取会很大程度上影响到评估结果。若风险评估结果不符合实际情况,则说明风险评估指标选取不恰当。

（3）引导学生深入了解风险评估相关理论的核心思想,系统掌握风险评估的实施步骤。

（4）了解并学习使用风险评估的相关分析工具。

案例 8

M 企业采购管理改革之路

——供应商优化与采购流程改进

8.1 引　言

"咚咚咚⋯⋯"一阵急促的敲门声,罗经理抬头望去,只见林秘书抱着一大叠文件来汇报,看着林秘书紧皱的眉头和额头的微汗,不难想到,公司有比较严峻的事情发生了。

原来 M 企业正在进行一场改革,查找出了许多企业存在已久的弊端和亟待解决的问题:产品性能更新太慢、响应市场的能力弱、利润越来越薄、供应商失信的次数越来越多、采购成本失去控制、过量采购导致库存积压、选择供应商多以人情采购、"吃喝谈单"的形式出现等。针对这些问题,M 企业高层已经下达通知要求由罗经理着手全面解决。

8.2 企业背景

8.2.1 企业发展历程

M 企业已有 80 多年历史,早期为我国社会主义建设提供生产工具,后为国营单位生产机械设备,20世纪70年代后逐渐转型生产挖掘机,公司于2005年正式成立,由当地公司和新加坡某公司共同出资组建而成,主要业务是研发设计、生产和销售各类工程建筑机械产品,拥有较大、较完整的工程建筑机械产品产业链,相关的产品包括军用和民用的各吨级履带式和轮胎式液压挖掘机机械成品以及相关配件。

M企业拥有中外合资经营所形成的资金、技术、研发和管理等方面的优势,也是本省较早引进使用企业资源计划(ERP)、产品数据管理(PDM)、三维设计、计算机辅助工艺过程(CAPP)的企业。在制造能力领域里,M企业拥有铸、锻、焊接、金切加工、工模具制造、装配等工艺技术和生产分厂,拥有一定的机械制造能力和检测能力,产品自制率达60%以上。M企业既有公司办事处和各级经销商组成的覆盖国内外的销售服务网络,又有独立的进出口权,产品远销欧洲、东南亚与中东地区。

为了解决公司面临的问题,罗经理专门召开了动员大会,在会上罗经理说:"目前工程机械行业竞争激烈,众多国内大型企业如三一重工、柳工集团、徐工集团等掌握着工程机械核心部件的技术及专利,国外企业掌握着核心配件的关键技术。而公司内部,自2011年之后,原材料、人工等成本上涨,产品创新能力不足,员工流失较大,产品销售业绩不足,库存占用资金巨大,公司业绩大幅下滑。所以对于企业而言,要想在竞争中脱颖而出,不但要引进技术合作,加强自主创新,提高自身的研发能力,还要加强对供应链的管理。其中,供应商的选择和采购量的分配工作占据着重要的地位,我们企业在这方面明显不足以支撑自己的发展需要。"

8.2.2 企业运营现状

罗经理接着讲道:"虽然公司早期受益于外部环境提供的良好机遇,获得了稳定发展,但目前面临着许多经营上无法克服的难题。随着我国经济的快速发展,市场更加成熟,在竞争激烈的买方市场里,客户要求越来越苛刻,个性化需求越来越强,企业只有依靠更高的质量、更低的成本、更快速的响应和更优秀的服务才能立足。"

市场部张经理也拿出本部门市场调查的结果向大家继续讲道:"自然地,市场上许多企业早已认识到了这一点,所以早早地建立了自己的供应链,与优秀的供应商形成战略联盟,于是,市场上出现了更有竞争力的产品,众多国内大型企业如三一重工、柳工集团、徐工集团等掌握着工程机械核心部件的技术及专利,国外企业掌握着核心配件的关键技术。公司产品受到外部的巨大威胁,公司内部管理僵化,多年累积的问题让经营愈发困难。在新的供应链管理思潮快速发展的大环境下,我们却执行着几十年前总结起来的一套物资管理经验。"

运营部黄经理接过话题:"对呀,我们现在面临着许多不好的现象和亟待解决的问题,如产品性能更新太慢,响应市场的能力弱,利润越来越薄,供应商失信的次数越来越多,采购成本失去控制,过量生产导致库存积压,选择供应商的方法单一,特别是人情采购、'吃喝谈单'等现象十分常见。"

……

一番激烈的讨论过后,罗经理总结道:"供应链企业间若能通过较容易的途径以低成本得到相关资源,将有利于企业间建立长期联系,消除网络系统中时间延迟的可能性,进而实现互利双赢。国内和国际市场的竞争水平要求企业必须做到快速、敏捷和灵活。消费需求走向个性化、及时化、平民化、便利化,客户的期望变得更高,要求更加苛刻。在社会利益的矛盾和压力下,上游供应者质量问题带来的产品安全问题、环保问题等。生产企业创新和适应市场能力不足,必须同供应商和消费者建立新的关系。"

8.2.3　行业背景

我国改革开放以来,随着教育、文化、经济、科学技术的引进来和走出去,加之我国各界人士的不断努力,企业在技术和管理层面上快速进步,生产力显著提高。自我国加入WTO后,企业纷纷加入到全球市场竞争中,机遇和考验并存,竞争亦异常激烈。特别是近年来我国信息技术的快速进步,电子商务的强势发展,互联网技术普及率的不断提高,中国经济总量已超过日本,并首次成为世界第二经济大国。国内顾客的消费水平在不断提高,购买能力不断增强,全球各地出现越来越多的中国消费者身影。消费者对产品和服务的要求越来越高,个性化越来越强。企业面临着前所未有的巨大挑战,企业之间的竞争日益加剧,市场风险大大增加,对企业内部的管理运营能力要求逐步加大,与全球更有能力的公司之间的竞争呈现白热化。面对这样一个竞争激烈的买方市场,企业为了生存,竞相诉诸于优秀的管理方法和先进技术,以提高企业的竞争力。

8.3　M企业采购管理的流程与弊端

8.3.1　M企业相关流程介绍

动员大会之后,便进入了会议议题,采购部门首先对采购流程进行了汇报。采购主管向各位经理汇报道:"采购是个烦琐又复杂的合作过程,涉及生产部、市场部、品质部等多个部门的多个环节。大家请看PPT。"屏幕上共7个环节。

(1)行销部各驻外办事处将订单发回本部销售管理组,由专门的业务助理审核报批后送达生产部门。

(2)生产计划部门根据订单编制生产计划。

(3)采购部门根据生产计划分解订单所用材料,并编制采购计划,向合作供应商下采购订单。遇新的材料需求,寻找相应的供应商,经过简单的询价、议价、交货时间等条款的协商,确定合作供应商,审批后签订采购合同并生成采购订单。

(4)原材料到货,通知仓库收货和品管部门抽检验货,合格的正式入仓,不合格的则退回供应商。

(5)供应商根据仓库签收开立发票,采购收到发票与仓库实收数核对无误后交给财务部。

(6)财务部审核发票合格后,采购部再根据付款期限是否到期来安排付款申请,报批后向供应商付款。

(7)原材料在生产使用过程中出现质量问题,由采购人员及时反馈给供应商,要求其换货或者退货,确保生产线保持流畅运行。采购流程如图8.1所示。

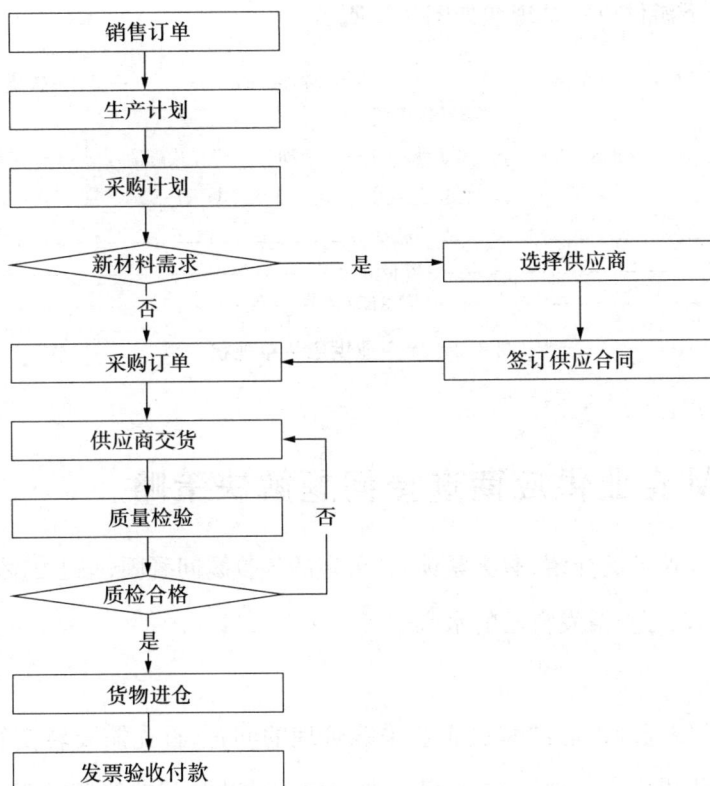

图 8.1 M 企业采购流程

8.3.2 M 企业供应商选择程序

运营部黄经理仔细描述了企业进行供应商选择经过的几个阶段:"首先当某种原材料初次采购前或者需要更换新的供应商时,采购人员到市场收集能提供该种材料的供应商的信息,或者接受上门推销的批量销售人员的介绍,经过对供应商提供的产品说明、公司介绍和相关信息,初步选择几家资质相符的供应商进行比价,作为候选供应商进入下一阶段的考察;然后由采购人员考评供应商的情况,这一阶段由采购人员主观自我判断,主要考察供应商的经营合法性、产品价格、质量、信誉等;最后根据需要派人依次与待选供应商就有关合同条款进行谈判,并对供应商实地考察。"

黄经理顿了顿,接着说:"这时候就容易有人钻采购制度和监管不足的空子,导致'人情'采购和'吃喝'采购现象的出现,就像这幅图表示的一样。"

M 企业上下游供应关系现状如图 8.2 所示。

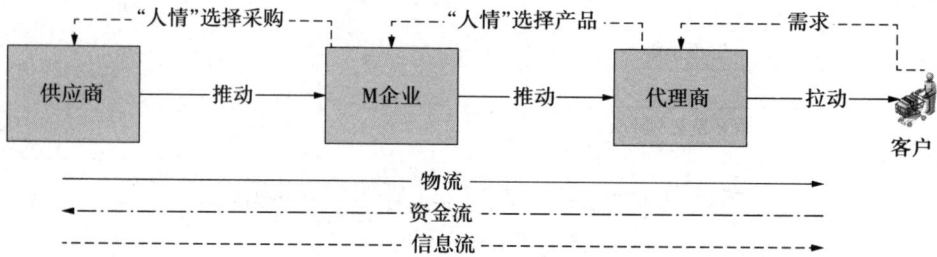

图 8.2　M 企业供应关系现状

8.4　M 企业供应商选择问题解决策略

罗经理听完两位的介绍,眉头紧锁,办公室的气氛瞬间凝固,桌上的浓茶仿佛也感受到了这份沉寂,停止散发自己的水汽。

……

良久之后,罗经理讲道:"解决企业采购管理的问题,首先需要转变管理思维,将采购管理转变为供应商管理思维,与供应商建立一体化的战略联盟关系,具体解决方案由采购部和运营部联合策划,下次会议时提交上来。"

8.4.1　选择合适的供应商合作伙伴

会议之后,采购部和运营部便马不停蹄地开始了工作。

如今的商业竞技场上,不再是以往的单打独斗,而是供应链整体实力的较量,企业的着眼点不再只是关注企业自身内部的得与失、做局部过程的优化,而是努力对整个供应链进行统一协调,以发挥更大的团队力量。

M 企业与供应商是长期的战略合作伙伴关系,供应链上的企业考虑的是整个供应链的共同利益,所以,M 企业以及供应商在制定决策时,必须使整体利益最大化。供应商和 M 企业不是竞争关系,二者共同面对风险和成本,最后的利益共同分配。选择合适的供应商,将采购和供应商看成自身的一个有机组成部分,以最佳的配合和最小的成本满足消费者的需求,从而使供应链获得最大的利润空间和竞争力。建立供应商合作伙伴关系同以往的对手关系有着明显的区别,供应商作为伙伴和作为对手的对比见表 8.1。

表 8.1　供应商作为伙伴和作为对手的对比

考虑因素	伙伴	对手
供应商数量	只有几个	很多个且让他们互相争斗
关系维持时间	长久	短暂
低价格	较重要	首要因素
可靠性	高	可能不高
信息公开程度	高	低
质量	确保供应源,供应商认证	买方观点
业务量	大	少,供应商很多
位置	由生产周期和服务而靠近	非常分散
柔性	比较高	比较低

根据相关调查,从全世界范围来看,对一个典型的企业的价值一般分配为:采购成本支出 60%,工资和福利支出 20%,管理费用支出 15%,利润仅占 5%。企业决策的战略重点自然应当放在价值最高的地方,采购成本占据着企业一半以上的价值,故采购应放在战略的高度上,其中供应商的管理问题在采购管理中占据着十分重要的地位。

8.4.2　与供应商建立供应链战略联盟

如今在供应链大背景下的供应商管理,将充分整合供应商,与供应商形成战略联盟,最大限度地利用供应资源,促进供应商在质量、成本、服务和创新等方面的持续改进。

供应链战略联盟是企业为实现"双赢"所形成的利益共同体,通过双方的协作,取长补短,实现单独一方无法实现的目标。因此,黄部长强调选择战略联盟供应商时应当注意以下方面。

（1）精选少数供应商建立合作伙伴关系。选择供应商时要综合考虑成本、供应质量、交货能力、财务状况、历史业绩、技术创新能力以及服务水平等。

（2）选择合适的供应商，并对其进行有效管理。制定科学的适合自身企业特点的采购策略，改进现有的采购工作漏洞，对供应商进行层次筛选，逐步减少供应商的数量、正确地评价和认证供应商。在该过程中，决策者应该使用科学系统的决策办法辅助供应商的选择决策。以 M 企业为核心的供应链战略联盟如图 8.3 所示。

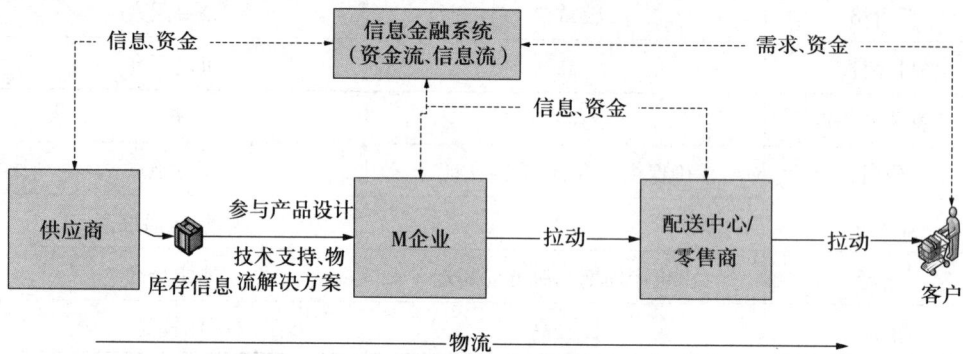

图 8.3　以 M 企业为核心的供应链战略联盟

黄部长动员大家："世界著名的第一大零售商沃尔玛建立了一个极为出色的供应链战略联盟，真正做到了双方收益共享，正因如此，沃尔玛才能够提出著名的'天天平价'的口号。同样，作为供应链上的核心企业，我们需积极选择优秀的供应商并主动与之良好协作，努力建立和营造一个有竞争力的供应链，这对企业的生存十分重要。"

8.5　M 企业与供应商联合产品采购优化

8.5.1　供应商参与产品设计

对于一个有成百上千零部件的复杂产品系统而言，零件多、零件与零件之间构成了大的部件、几个大的部件又构成了更大的组件，这种复杂的从属关系有时候可以达到几十层，这就考验着企业的管理能力和强大的设计、研发能力。让供应商参与到企业的产品设计创新和技术、管理的改革中,就显得十分有必要。

(1)各供应商在零部件的研发和创新上更专业、更有优势。因为供应商把自己所有的资源都投入到所生产的产品中,为了有更好的经济效益,所以集中力更为统一。

(2)供应商多年来沉淀的产品设计经验和解决问题能力能够帮助企业不断创新,适应市场,轻松应对各类突发问题。企业在产品生产过程中,难免会遇到各种问题,比如采购的零部件不符合产品制造的规范、零部件规格与生产工艺不符、零部件的设计导致产品的设计出现问题等。供应商参与产品设计创新发挥着连接供应商和工程师的作用,并且有利于改进产品和流程设计。因此,有了供应商的参与,这些问题将变得更易解决。

(3)在供应链环境下,供应商参与到 M 企业的产品设计和创新中,从以前简单的交易关系或者不信任的竞争关系,升级为长期的战略合作伙伴关系。

与没有引进供应商参与设计创新的公司相比,公司在物料成本方面会有平均20% 的降低;物料质量会有 20% 的改进;同时,产品研发的时间也会缩短 20% 。国际企业管理经验告诉我们,若想促进创新,就必须让供应商代表参与到研发领域。开发团队中有供应商的参与,企业将会得到更多的改进建议,团队才能创造新价值。哈佛《商业评论》掘金供应链中提到:在后金融危机环境中,倾听供应商的声音至关重要,因为企业能够从供应链中获得洞见和创新。

8.5.2 选择决策对总利润的影响

作为整个供应链的前端部分,供应商的选择、采购量分配问题的决策和创新方案的选择的好坏直接影响整个供应链,而牛鞭效应的存在,会使这种影响越来越大。

在零部件创新方案的选择决策时,如果只看重产品的创新性和前卫性,最好的选择方案便是最能吸引客户的方案、最高端大气上档次的方案。但是,不同的方案选择会对企业制造、生产工艺、产品定位、需求等有不同的影响。单从设计角度来看也许方案是最好的,但从供应链角度来看,或许它要求工艺更精细、更复杂,这将使制造成本直线上升,从利润的角度来看,该方案就不一定是最好的方案了。由于企业的本质是获得最大利润,而供应商的选择、采购量分配问题的决策以及创新方案选择决策影响客户的需求、响应速度、生产效率、产能以及制造成本,从而影响企业的收益和成本,最终影响 M 企业的总利润,因此总利润最大是决策者们最终的目标。

供应商的选择、采购量分配问题的决策以及创新方案的选择决策影响关系图如图 8.4 所示。

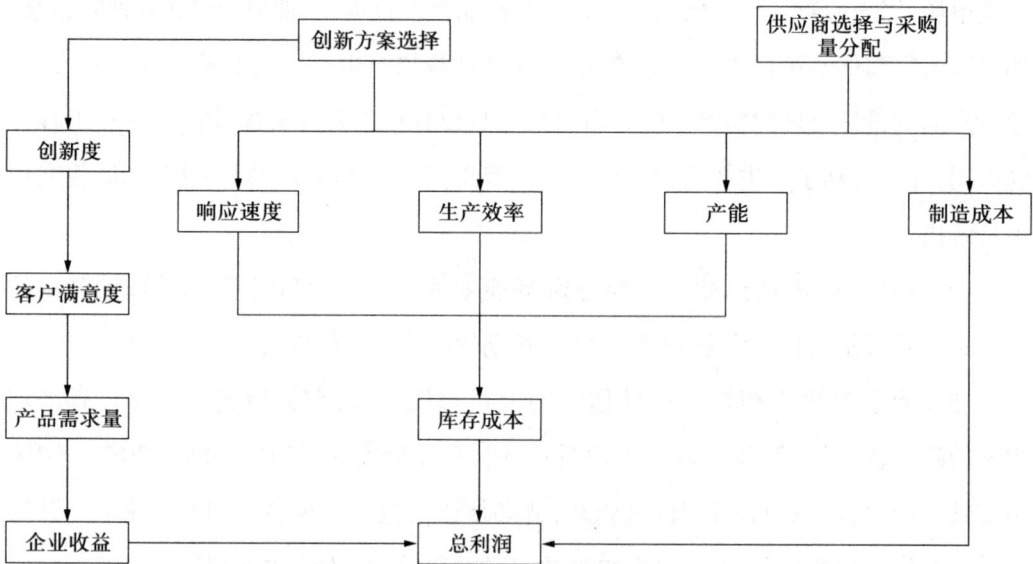

图 8.4　决策影响关系图

8.5.3　联合决策

在确定供应商选择、采购量分配的决策和创新方案流程中,传统的做法是首先分析客户和市场需求,企业的产品研发部门设计产品,然后再选择供应商,最后分配采购量。但是如果企业设计的产品不能适应选择供应商和制造的要求,就只能重新设计方案,这样的决策流程费时费力,不能适应供应链环境。若将供应商选择、采购量分配的决策和创新方案的选择进行联合决策,能够很好地避免设计方案、供应商选择等决策的重复性,节约时间和成本,能够快速响应市场要求,满足供应商绩效。传统的供应商选择、采购量分配的决策和创新方案的选择与联合决策流程对比如图 8.5 所示。

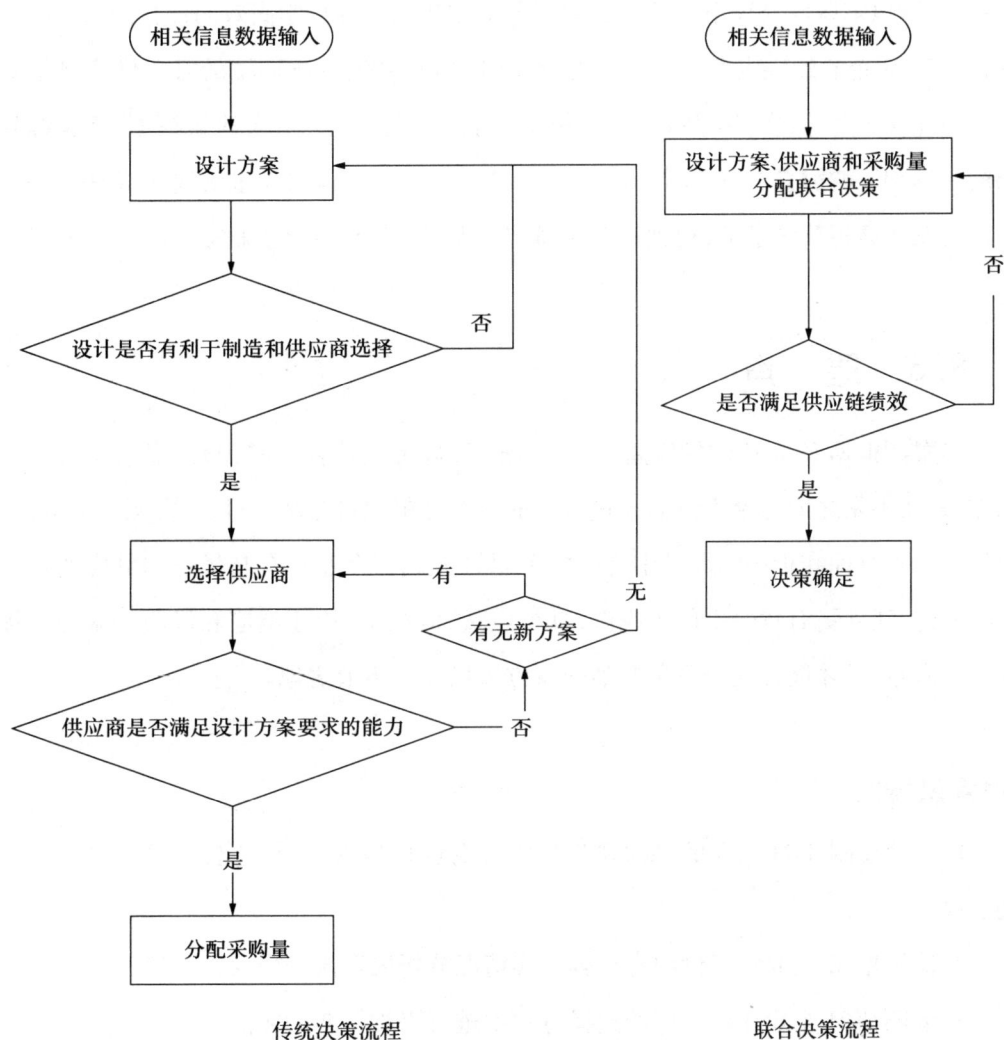

图 8.5　两种决策方法流程对比图

8.5.4　运用科学高效的计算方法

在对 M 企业供应商选择、采购量分配和创新方案选择联合决策时所面临的实际情况包括:①多阶段周期供货;②多种零部件需要采购,而且各零部件的采购量跟产品需求量有数量关系约束;③考虑采购的规模效应,有价格折扣;④多个供应商供应;⑤多个零件创新方案的选择;⑥采购量由多个供应商分配。决策问题复杂,变量多,数据繁杂,所以求解联合决策必须综合运用多个方法和更为科学高效的计算法则。本文将首先对 M 企业的供应商进行初始选择,选择出满足供应链环境的符合供应链绩效要求的优秀企业;其次,用清晰的数学模型来表述问题,建立联合决策模型,将错综复杂的变量和影响因素统一起来;最后,结合 Matlab 工具,运用改进的遗传算法——两阶段启发式遗传算法求解,得到符合 M 企业实际的结论,指导企业实践。

8.6　尾　声

本案例根据 M 企业的供应商选择和采购量分配决策存在的问题,提出联合决策的方法,而不是之前专家学者们大量研究的只考虑单项目与多项目、单资源与多资源、单目标与多目标和折扣问题其中之一的单思维方式。企业只有与优秀的供应商形成战略联盟,建立更有竞争力的供应链,以高质量、低成本、快速响应和优质的服务来提升客户满意度,才能在这个竞争激烈的买方市场立于不败之地。

启发思考题

1.请简要阐述 M 企业的采购现状和供应商选择现状,并结合自己的经验谈谈你的看法。

2.请根据 M 企业的案例内容结合现实情况分析采购流程中存在的问题。

3.请归纳 M 企业在供应商的选择过程中进行思维转变的方法。

4.请简要阐述 M 企业是如何进行对供应商管理问题的解决策略?针对 M 企业的问题,你认为还有哪些方法可以进行供应商管理?

5.请根据案例提供的信息,评价 M 企业与供应商联合创新的意义,并分析供应商参与到产品创新决策中的利弊。

使用说明

M 企业采购管理改革之路
——供应商优化与采购流程改进

8.1　教学目的与用途

（1）本案例主要适用于"运营管理"课程的教学，适用于 MBA、经济管理类研究生、本科生案例教学使用。

（2）本案例是一篇描述 M 企业产品创新的供应商选择与采购量分配研究的案例。M 企业所推行的产品创新的供应商选择与采购量分配案例具有很好的代表性，很多企业在采购项目开展过程中都会遇到。

（3）本案例的教学目的：使学生了解企业采购过程，对其有一定的认识，具备分析和解决公司实际采购项目开展过程中进行选择和分配的能力。

8.2　启发思考题

（1）请简要阐述 M 企业的采购现状和供应商选择现状，并结合自己的经验谈谈你的看法。

（2）请根据 M 企业的案例内容结合现实情况分析采购流程中存在的问题。

（3）请归纳 M 企业在供应商的选择过程中进行思维转变的方法。

（4）请简要阐述 M 企业是如何进行对供应商管理问题的解决策略？针对 M 企业

的问题,你认为还有哪些方法可以进行供应商管理。

(5)请根据案例提供的信息,评价 M 企业与供应商联合创新的意义,并分析供应商参与产品创新决策的利弊。

8.3 分析思路

授课教师根据课程安排和教学目标灵活应用本案例,这里提出的分析思路仅供参考。具体看来,可依次按照图 8.6 所示的逻辑进行分析。

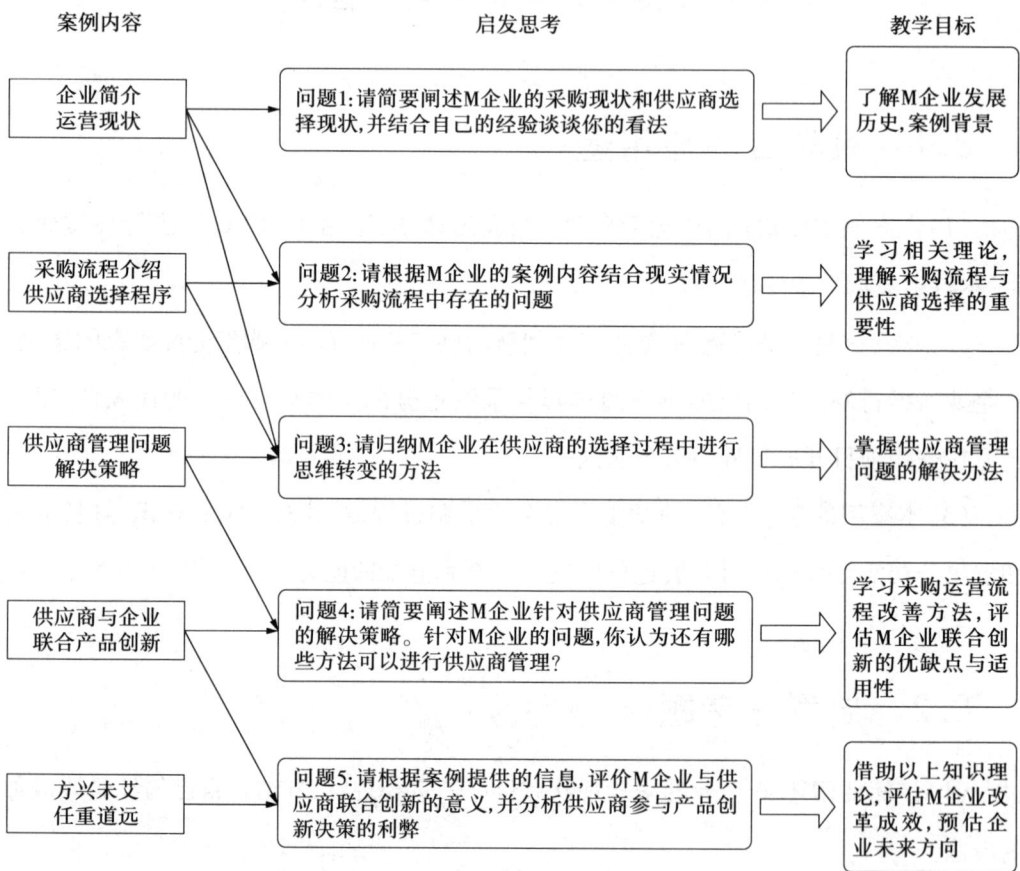

案例内容　　　　　　　　启发思考　　　　　　　　教学目标

企业简介
运营现状　→　问题1:请简要阐述M企业的采购现状和供应商选择现状,并结合自己的经验谈谈你的看法　⇒　了解M企业发展历史,案例背景

采购流程介绍
供应商选择程序　→　问题2:请根据M企业的案例内容结合现实情况分析采购流程中存在的问题　⇒　学习相关理论,理解采购流程与供应商选择的重要性

供应商管理问题
解决策略　→　问题3:请归纳M企业在供应商的选择过程中进行思维转变的方法　⇒　掌握供应商管理问题的解决办法

供应商与企业
联合产品创新　→　问题4:请简要阐述M企业针对供应商管理问题的解决策略。针对M企业的问题,你认为还有哪些方法可以进行供应商管理?　⇒　学习采购运营流程改善方法,评估M企业联合创新的优缺点与适用性

方兴未艾
任重道远　→　问题5:请根据案例提供的信息,评价M企业与供应商联合创新的意义,并分析供应商参与产品创新决策的利弊　⇒　借助以上知识理论,评估M企业改革成效,预估企业未来方向

图 8.6　分析思路

8.4　理论依据及分析

1）请简要阐述 M 企业的采购现状和供应商选择现状，并结合自己的经验谈谈你的看法。

【理论依据】

（1）供应链的概念

供应链是有直接联系的 3 个或更多的一系列企业组织。产品、服务、资金或信息从源头通过向下或向上流动到达客户端，把各个企业组织联系起来。对供应链的定义有很多，其中马士华教授将供应链定义为：供应链是围绕核心企业，通过对信息流、物流、资金流的控制，从采购原材料开始，制成中间产品以及最终产品，最后由销售网络把产品送到消费者手中的将供应商、制造商、分销商、零售商、直到最终用户连成一个整体的功能网链结构。

虽然专家们对供应链的定义有着不同的概述，但归纳起来，供应链的基本组成元素包括供应商、制造商、核心企业、分销商、零售商、物流以及最终用户等，这些主体之间由于供需关系而形成了资金、信息和物品的流动，从而形成了相对稳定的动态链状甚至网状结构。不论供应链的各种定义和观点是什么，应当认识到，供应链是由内在联系的活动所构成的，这些活动既有公司内部的，也有外部的，并且这些活动不只在范围上不同，活动的参与者和支持者也常常来自不同的地方，往往拥有不同的文化背景。

（2）供应链管理（Supply Chain Management，SCM）的概念和内容

SCM 自 20 世纪 80 年代中后期提出后，这种整合思维的管理思想和方法立刻在理论界得到了迅速响应，一批机构（如斯坦福大学国际供应链论坛、西北大学工业工程与管理科学系等）立刻投身于该领域的研究。随后，SCM 在我国逐渐被认同和应用。

斯坦福大学全球供应链论坛（SGSCF，美国）把 SCM 定义为：从供应（商）、制造（商）、分销（商）到客户的物流和信息流的统一协调与集成。

我国随后对供应链管理进行了深入研究，其中，华中科技大学马士华教授将供应链管理定义为：供应链管理就是把供应链最优化，以最小的成本，令供应链从采购开

始,到满足最终顾客的所有过程,包括工作流(Work Flow)、实物流(Physical Flow)、资金流(Funds Flow)和信息流(Information Flow),均能有效地操作,把合适的产品以合理的价格,及时送到消费者手上。

为方便理解和掌握供应链管理的关键要素(图8.7),本文将供应链管理归纳为以下5点。

①"1"个平衡:供需平衡。

②"2"种满足需求的方法:库存满足、产能满足。

③"3"个流:物料流、信息流、现金流。

④"4"个生产策略:ATO、MTS、MTO、Mass Customization。

⑤"5"个过程:计划、采购、生产制造、交付、退返。

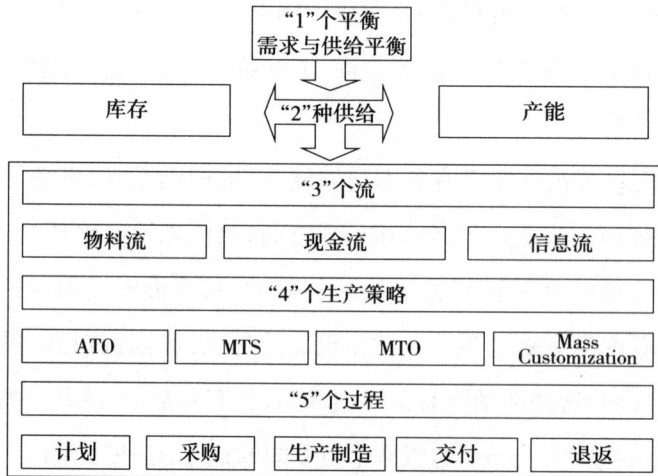

图8.7 供应链管理的关键要素

(3)供应链管理与传统管理模式

在供应链管理的发展初期,主要的问题是从Why到How,供应链管理研究的内核基于平顺思维:对供应链上的物料流、信息流、服务流等,以系统思维方式追求"流"的协调性。当前,供应链管理上升到整合思维,在这一研究范式里,要从供应链整体最优寻求最佳管理模式。图8.8展示了管理模式的发展历程。

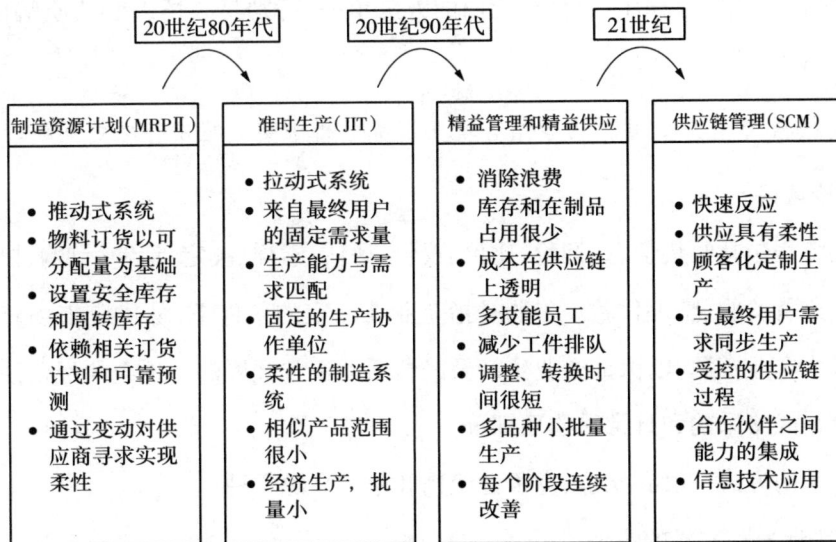

图 8.8 管理模式的发展历程

供应链管理作为横向一体化的代表,与传统的供应系统(后勤体系)的区别在于:传统的供应系统体系是从采购到销售,而供应链是从需求市场到供应市场。这种新型的管理模式是要将消费者所需正确的产品能够在正确的时间,按照正确的数量、正确的质量和正确的状态送到正确的地点,并使总成本最小。

【案例分析】

虽然 M 企业早期受益于外部环境提供的良好机遇,获得了稳定发展,但目前面临着许多经营上无法克服的难题。随着我国经济的快速发展,市场更加成熟,在这个竞争激烈的买方市场里,客户要求越来越苛刻,个性化需求越来越强,企业只有依靠更高的质量、更低的成本、更快速的响应和更优秀的服务,才能立足。换言之,市场变化需要灵活的柔性制造,但这方面正好是 M 企业所欠缺的。

M 企业产品受到来自外部的巨大威胁,而企业内部管理僵化,多年累积的问题愈发让经营困难重重。在新的供应链管理思潮快速发展的大环境下,却仍然执行着几十年前总结起来的一套物资管理经验。可见 M 企业供应链管理思想处于落后地位。

同时 M 企业现在存在着许多不好的现象和亟待解决的问题,如产品性能更新太慢、响应市场的能力弱、利润越来越薄、供应商失信的次数越来越多、采购成本失去控制、过量生产导致库存积压、选择供应商的方法单一,特别是人情采购、"吃喝谈单"等现象十分常见。

2)请根据 M 企业的案例内容结合现实情况分析采购流程中存在的问题。

【理论依据】

采购流程包括收集信息、询价、比价、议价、评估、索样、决定、请购、订购、协调与沟通、催交、进货验收、整理付款。采购是指企业在一定的条件下,从供应市场获取产品或服务作为企业资源,以保证企业生产及经营活动正常开展的一项企业经营活动。采购实践分为战略采购和日常采购两部分。

企业采购方式一般有比选、竞争性谈判和单一来源 3 种。

(1)比选采购方式的主要流程

①采购方发出采购信息(采购公告或采购邀请书)及采购文件。

②供应商按采购文件要求编制、递交应答文件。

③采购方对供应商应答文件进行评审,并初步确定中选/候选供应商(中选/候选供应商数量少于递交应答文件供应商数量,具体数量视采购项目情况而定)。

④采购方保留与中选/候选供应商进一步谈判的权利。

⑤采购方确定最终中选供应商,并向所有递交应答文件的供应商发出采购结果通知。

⑥采购方与中选供应商签订采购合同。

(2)竞争性谈判的主要程序

①采购方发出采购信息(采购公告或采购邀请书)及采购文件。

②供应商按采购文件要求编制、递交初步应答文件。

③采购方根据初步应答文件与所有递交应答文件的供应商进行一轮或多轮谈判,供应商根据采购方要求进行一轮或多轮应答。

④采购根据供应商最后一轮应答进行评审,并确定成交供应商。

⑤采购方向所有递交应答文件的供应商发出采购结果通知。

⑥采购方与成交供应商签订采购合同。

（3）采购的流程内容

①询价。询价就是从可能的卖方那里获得谁有资格完成工作的信息,该过程的专业术语叫供方资格确认。获取信息的渠道有:招标公告、行业刊物、互联网等媒体、供应商目录、约定专家拟定可能的供应商名单等。通过询价获得供应商的投标建议书。

②供方选择。这个阶段根据既定的评价标准选择一个承包商。评价方法有以下几种。

a.合同谈判:双方澄清见解,达成协议。这种方式也叫议标。

b.加权方法:把定性数据量化,将人的偏见影响降至最低程度。这种方式也叫综合评标法。

c.筛选方法:为一个或多个评价标准确定最低限度履行要求,如最低价格法。

d.独立估算:采购组织自己编制"标底",作为与卖方建议比较的参考点。

一般情况下,要求参与竞争的承包商不得低于3个。选定供方后,经谈判,买卖双方签订合同。

③合同管理。合同管理是确保买卖双方履行合同要求的过程,一般包括以下几个层次的集成和协调。

a.授权承包商在适当的时间进行工作。

b.监控承包商成本、进度计划和技术绩效。

c.检查和核实分包商产品的质量。

d.变更控制,以保证变更能得到批准,并保证所有应该知情的人员获知变更。

e.根据合同条款,建立卖方执行进度和费用支付的体系。

f.采购审计。

g.正式验收和合同归档。

【案例分析】

M企业采购流程主要有7个流程。

①行销部各驻外办事处将订单发回本部销售管理组,由专门的业务助理审核报批后送达生产部门。

②生产计划部门根据订单编制生产计划。

③采购部门根据生产计划分解订单所用材料,并编制采购计划,向合作供应商下采购订单。遇新的材料需求,寻找相应的供应商,经过简单地询价、议价、交货时间等条款的协商,确定合作供应商,审批后签订采购合同并生成采购订单。

④原材料到货,通知仓库收货和品管部门抽检验货,合格的正式入仓,不合格的则退回供应商。

⑤供应商根据仓库签收开具发票,采购收到发票并核对仓库实收数额无误后交给财务部。

⑥财务部审核发票合格后,采购部再根据付款期限是否到期来安排付款申请,报批后向供应商付款。

⑦原材料在生产使用过程中出现质量问题,由采购人员及时反馈给供应商,要求其换货或者退货,确保生产线保持流畅运行。

上述流程可以发现问题主要集中在以下几个方面:首先,完全串联的结构流程导致一旦某环节出现问题就会延误整个采购周期,因此,建议将销售、生产、采购3个部门进行整合,平行的部门结构可以提高决策效率,减少执行周期。其次,缺少长期供应商的循环筛选和审核环节,当供应商出现问题时,M企业不能第一时间察觉。最后,采购人员在M企业采购流程占有较大的权力,存在个人得利而损害集体利益的可能。

3)请归纳M企业在供应商的选择过程中进行思维转变的方法。

【理论依据】

狭义的选择供应商是指企业在研究所有的建议书和报价之后,选出一个或几个供应商的过程。广义的选择供应商则包括企业从确定需求到最终确定供应商以及评价供应商的不断循环的过程。

供应商开发的基本准则是"QCDS"原则,也就是质量、成本、交付与服务并重的原则。在这4者中,质量因素是最重要的,首先要确认供应商是否建立一套稳定有效的质量保证体系,然后确认供应商是否具有生产所需特定产品的设备和工艺能力。其次是成本与价格,要运用价值工程的方法对所涉及的产品进行成本分析,并通过双赢的价格谈判实现成本节约。交付方面,要确定供应商是否拥有足够的生产能力,是否能如期按时交货,人力资源是否充足,有没有扩大产能的潜力。最后一点,也是非常重要的,要综合评估供应商的售前、售后服务水平并记录。

【案例分析】

当某种原材料初次采购或者需要更换新的供应商时,首先采购人员到市场收集能提供该种材料的供应商的信息,或者接受上门推销的批量销售人员的介绍,经过了解供应商提供的产品说明、公司介绍和相关信息后,初步选择几家资质相符的供应商进行比价,作为候选供应商进入下一阶段的考察;之后由采购人员考评供应商的情况。这一阶段由采购人员主观判断,主要考察供应商的经营合法性、产品价格、质量、信誉等。之后需要派人依次与待选供应商就有关合同条款进行谈判;并对供应商实地考察。因此,在这时候就容易有人钻采购制度和监管不足的空子,导致"人情"采购和"吃喝"采购现象的出现。

想要解决 M 企业采购管理的问题,首先需要转变管理思维,将采购管理转变为供应链管理思维,与供应商建立一体化的战略联盟关系。

4)请简要阐述 M 企业是如何进行对供应商管理问题的解决策略。针对 M 企业的问题,你认为还有哪些方法可以进行供应商管理?

【理论依据】

我国企业评价选择供应商时存在较多问题:企业在选择供应商时,主观成分过多,有时往往根据供应商的印象来确定供应商,供应商选择中还存在一些个人偏好;供应商选择的标准不全面,企业的选择标准多集中在供应商的产品质量、价格、柔性、交货准时性、提前期和批量等方面,没有形成一个全面的供应商综合评价指标体系,不能对供应商做出全面、具体、客观的评价。广义的选择供应商过程包括以下步骤。

(1)分析市场竞争环境。这个步骤的目的在于找到针对哪些产品市场开发供应链合作关系才有效,必须知道产品需求是什么,产品的类型和特征是什么,以确认用户的需求,从而确认供应商评价选择的必要性。同时分析现有供应商的现状,分析、总结企业存在的问题。

（2）建立供应商选择目标。企业必须确定供应商评价程序如何实施,信息流程如何,谁负责,而且必须建立实质性、实际的目标。其中降低成本是主要目标之一,供应商评价、选择不仅是一个简单的评价、选择过程,它本身也是企业自身和企业与企业之间的一次业务流程重构过程,实施得好,可带来一系列利益。

（3）建立供应商评价标准。供应商综合评价的指标体系是企业对供应商进行综合评价的依据和标准,是反映企业本身和环境所构成的复杂系统不同属性的指标,按隶属关系、层次结构有序组成的集合。根据系统全面性、简明科学性、稳定可比性、灵活可操作性的原则,建立集成化供应链管理环境下供应商的综合评价指标体系。不同行业、企业、产品需求,不同环境下的供应商评价应是不一样的。但应涉及供应商的业绩、设备管理、人力资源开发、质量控制、成本控制、技术开发、用户满意度、交货协议等方面。

（4）建立评价小组。企业必须建立一个控制和实施供应商评价的小组。评价小组必须同时得到制造商企业和供应商企业最高领导层的支持。

（5）供应商参与。一旦企业决定实施供应商评价,评价小组必须与初步选定的供应商取得联系,以确认他们是否愿意与企业建立合作关系,是否有获得更高业绩水平的愿望。企业应尽可能早地让供应商参与到评价的设计过程中来。然而因为企业的力量和资源是有限的,企业只能与少数的、关键的供应商保持紧密的合作,所以参与的供应商不宜太多。

（6）评价供应商。评价供应商的一个主要工作是调查、收集有关供应商的生产运作等全方位的信息。在收集供应商信息的基础上,就可以利用一定的工具和技术方法进行供应商的评价。在评价的过程后,有一个决策点,根据一定的技术方法选择供应商,如果选择成功,则可开始实施合作关系,如果没有合适的供应商可选,则返回步骤2重新开始评价选择。

（7）实施合作关系。在实施合作关系的过程中,市场需求将不断变化,可以根据实际情况的需要及时修改供应商评价标准,或重新开始供应商评价选择。在重新选择供应商的时候,应给予旧供应商足够的时间适应变化。

供应商管理是在新的物流与采购经济形势下,提出的管理机制。现代管理学如MBA、EMBA 等将其分为竞争式及双赢式两种模式。

供应商管理是供应链采购管理中一个很重要的问题,它在实现准时化采购中有很重要的作用。

供应商是指直接向零售商提供商品及相应服务的企业及其分支机构、个体工商户,包括制造商、经销商和其他中介商,或称为厂商,即供应商品的个人或法人。供应商可以是农民、生产基地、制造商、代理商、批发商(限一级)、进口商等,应避免太多中间环节的供应商,例如,二级批发商、经销商、皮包公司或亲友所开的公司。

在物流与采购中提出客户关系管理并不是什么新概念,在传统的市场营销管理中早就提出了关系营销的思想,但是,在供应链环境下的客户关系和传统的客户关系有很大的不同。在市场营销中的客户指的是最终产品的用户,这里的客户是指供应商,不是最终用户。

另外,从供应商与客户关系的特征来看,传统企业的关系表现为 3 种:竞争性关系、合同性关系(法律性关系)、合作性关系,而且企业之间的竞争多于合作,是非合作性竞争。供应商管理维护着客户,中间商和供应商之间的偏好信息,以确保成功的合作关系。

【案例分析】

M 企业主要采取的是选择合适的供应商合作伙伴和与供应商建立供应链战略联盟,第一种选择合适的供应商合作伙伴,就需要依赖一套科学合理并且全面的供应商评价体系,这在理论分析中已经提及;而第二种与供应商建立供应链战略联盟关系,涉及多方协调的问题,双方不仅需要在战略上达成一致,还必须建立一套行之有效的合作机制与利益协调方案,否则联盟只是随时会破裂的合作关系。

除了以上方法,还可以通过以下方法对供应商进行管理。

(1)"六西格玛"供应商管理

①识别对象:确定可选的供应商名单。

②成本评估:确定目标与所需资源。

③优先排序:找出可行的方案并排出顺序。

④特性分析:分析选定的方案。

⑤执行计划:完成项目。

⑥成果评估:生成文档并找出有待提高的问题。

(2)建立供应商阶段性评价体系

采取阶段连续性评价的方式,将供应商评价体系分为供应商进入评价、运行评价、供应商问题辅导、改进评价及供应商战略伙伴关系评价这几个方面。供应商的选择不仅是入围资格的选择,而且是一个连续的、可累计的选择过程。

建立供应商进入评价体系,首先需要对供应商管理体系、资源管理与采购、产品实现、设计开发、生产运作、测量控制和分析改进等7个方面进行现场评审和综合分析评分。对以上各项的满意程度按照从不具备要求到完全符合要求且结果令人满意,分为5个分数段(0~100分区间),根据各分项要素计算平均得分。如80分以上为体系合格供应商,50分以下为体系不合格供应商,50~79分为需讨论视具体情况再定的持续考核供应商。合格的供应商进入公司级的AVL维护体系。

建立供应商运行评价体系,则一般采取日常业绩跟踪和阶段性评比的方法。采取QSTP加权标准,即供货质量Quality(35%评分比重)、供货服务Service(25%评分比重)、技术考核Technology(10%评分比重)、价格Price(30%评分比重)。根据有关业绩的跟踪记录,按照季度对供应商的业绩表现进行综合考核。年度考核则按照供应商进入AVL体系的时间进行全面的评价。

供应商问题的辅导和改进工作,是通过专项专组辅导和结果跟踪的方法实现的。采购中心设有货源开发组,根据所负责采购物料特性把货源开发组员分为几个小组,如板卡组、机械外设组、器件组、包装组等,该小组的工作职责之一就是对供应商进行辅导和跟进。

供应商战略伙伴关系评价是通过供应商的进入和过程管理,对供应商的合作战略采取分类管理的办法。采购中心根据收集到的信息,由专门的商务组分析讨论,确定有关建立长期合作伙伴的关系评估,提交专门的战略小组进行分析。伙伴关系不是一个全方位、全功能的通用策略,而是一个选择性战略。是否实施伙伴关系和什么时间实施要进行全面的风险分析和成本分析。

　　阶段性评价体系的特点是流程透明化和操作公开化,所有流程的建立、修订和发布都通过一定的控制程序进行,保证相对的稳定性。评价指标尽可能量化,以减少主观干扰因素。

　　5)请根据案例提供的信息,评价 M 企业与供应商联合创新的意义,并分析供应商参与产品创新决策中的利弊。

　　【理论依据】

　　合作创新起源于 20 世纪 70 年代中后期,之后在发达国家迅速发展,美国仅在信息技术、生物技术、新材料等有关高技术领域建立的合作创新组织就达 4 500 多个,合作创新已成为发达国家新的技术创新组织形式。我国企业技术创新资源不足,以合作创新来提升自主创新能力更具有重要的现实意义。合作创新一般集中在新兴技术和高新技术产业,以合作进行 R&D 为主要形式。合作创新通常以合作伙伴的共同利益为基础,以资源共享或优势互补为前提。有明确的合作目标、合作期限和合作规则,合作各方在技术创新的全过程或某些环节共同投入、共同参与、共享成果、共担风险。

　　合作创新既包括具有战略意图的长期合作,如战略技术联盟、网络组织,也包括针对特定项目的短期合作,如研究开发契约和许可证协议。近年来,合作创新已经成为国际上一种重要的技术创新方式,由于企业合作创新的动机不同,合作的组织模式也多种多样。狭义的合作创新是企业、大学、研究机构为了共同的研发目标而投入各自的优势资源所形成的合作,一般特指以合作研究开发为主的基于创新的技术合作,即技术创新。广义的合作创新是指企业、研究机构、大学之间的联合创新行为,包括新构思形成、新产品开发以及商业化等任何一个阶段的合作。所以,企业合作创新概念是上文所指的广义上的合作创新概念。

　　【案例分析】

　　供应商参与企业的产品设计创新和技术、管理的改革中,可以带来以下好处。

　　①各供应商在零部件的研发和创新上更专业、更有优势。因为供应商把自己所有的资源都投入所生产的产品中,为了有更好的经济效益,所以集中力更为统一。

②供应商多年来沉淀的产品设计经验和问题解决能力能够帮助企业不断创新,适应市场,轻松应对各类突发问题。企业在生产产品过程中,难免会遇到各种问题,比如采购的零部件不符合产品制造的规范、零部件规格与生产工艺不符、零部件的设计导致产品的设计出现问题等。供应商参与产品设计创新发挥着连接供应商和工程师的作用,并且有利于改进产品和流程设计。所以,有了供应商的参与,遇到的这些问题将更易解决。

③在供应链环境下,供应商参与 M 企业的产品设计和创新,由以前简单的交易关系或者那种不信任的竞争关系,升级为长期的战略合作伙伴关系。

与没有引进供应商参与设计创新的公司相比,公司在物料成本方面会有平均20%的降低;物料质量会有20%的改进;同时,产品开发的时间也会缩短20%。国际企业管理经验告诉我们,若想促进创新,就必须让供应商代表参与到研发领域。开发团队中包含供应商,企业将会得到更多的改进建议,从这一刻起意味着,团队已经开始创造新价值。哈佛《商业评论》掘金供应链中提到:在后金融危机环境中,倾听供应商的声音至关重要,因为企业能够从供应链中获得洞见和创新。

当然如果不能通力合作,也会有以下弊端。

①如果没有明确的目标,组织就不可能有统一的意志,很难形成"部分之和大于整体"的协同效应,也不可能增强参与合作企业的竞争力。

②合作创新组织的信条是"优势互补,资源共享",组织成员的专长使成员之间具有了相互依赖的关系,如果一个成员没有优势和专长,很难被其他成员所接纳。

③在建立合作创新组织之初,由于彼此的认识不够深入,可能会对组织的期待过高或不切实际,对合作创新过程中出现的问题甚至冲突缺乏有效协调的经验。如果在合作创新过程中对合作伙伴可能遇到的挫折没有充分的思想准备,不能相应地调整原有的期望,就有可能引发合作的不愉快甚至冲突。

8.5 背景信息

M 企业始建于 1936 年,经改制重组,现为 S 省、S 市共建的国有股份制企业,注册资本 3.62 亿元,主业为研发、生产和销售"M 企业"系列轮胎式、履带式液压挖掘机、特种工程机械以及应急抢险救援装备。M 企业是 S 市"国家应急产业示范基地"龙头企业,设有国家博士后科研工作站、S 省工程机械工程技术研究中心、省级技术中心、省级工业设计中心,建成了传动、制、结构、焊接 4 个省级实验室,多项产品获得国家、省部级科技进步奖,并承担"国家科技支撑计划"等重大科技创新项目,是 S 省高新技术企业、S 省创新型企业以及 S 省著名商标企业。

M 企业运用当今世界先进成熟的机、电、液和智能化、信息化、网络化技术,配合工艺完善的机械制造、智能制造能力、检测能力和完善的质量体系(先后通过了 ISO 9001:2008 和国军标 AJB 9001B:2009 质量管理体系认证),实现了规模化、系列化生产,产品整机性能卓越高效、节能环保,满足客户需求。近年来,M 企业生产经营业绩始终保持稳定增长趋势,先后获得"全国五一劳动奖状""全国机械工业先进企业""具社会责任感企业""贵州企业 50 强"等多项企业荣誉称号。"M 企业"系列轮胎式挖掘机和履带式挖掘机等产品多次获得"贵州省品牌产品"称号。企业与中国极地研究中心合作开发的全地形车参加了我国第 32 次和第 33 次南极科考任务,在担负雪地运送、冰盖科考、应急救援等科考任务中表现出卓越的性能,发挥了不可替代的作用,获得广泛赞誉,实现了大型科考装备的国产化突破,被誉为"大国科考重器"。

8.6　关键要点

首先分析了 M 企业的供应商管理情况以及供应链情况,再对具体问题进行分析并用清晰的模型来表述,对 M 企业的供应商进行了多次筛选。首先对供应商进行初选,选择符合供应链环境的较优秀企业;其次建立联合决策模型,将供应商选择、创新方案选择和采购量分配统一起来,并用传统遗传算法改进型两阶段启发式遗传算法求解,得到清晰可靠的结果和结论。

案例 9

解弦更张，R 公司采购
模式的自省与突破

9.1 引　言

2015 年夏末的一个午后，空调也吹不散房间内的沉闷感，各个部门的负责人围坐在会议圆桌前来回翻看着手上的报表，嘴唇紧抿，额头上渗出密密麻麻的水珠，这已经是本季度围绕公司经营效益问题展开的第三次重大会议了，但是公司利润率陡然下降的现象并没有因为会议的多次召开而得到缓解。

李董事长细细观察着在场每个高管的神情，酝酿良久，终于打破沉寂："谁能给我分析一下公司今年利润率持续下降的原因？为什么之前采取的措施并没有解决这个问题？"话音落下，各部门领导相继反思自身工作，但将绝大多数原因归结于跟不上新兴行业的迅速发展与遭遇传统石化工业的瓶颈期。李董事长无奈地叹了口气，他最不想看到的就是各部门领导在经济形势的压力下丧失了斗志，他认为任何失败都是有因可循的。

就在李董事长一筹莫展之时，采购部马经理郑重说道："我认为经济形势不是公司亏损的关键原因，是我们自己在运营上出了问题，若能揪出病因并对症下药，公司便能屹立不倒。这段时间，我们部门认真梳理了公司的采购流程，发现其中存在一些不

186

合理之处,也许是时候进行一场改革了……"

9.2　知人论世——公司简介

R中国有限公司(以下简称"R公司")总部位于美国得克萨斯州达拉斯,在全球拥有约7 000名员工,为世界各地的客户提供服务。公司的主要业务包括醋酸、醋酸乙烯单体、醋酐、醋酸乙烯-乙烯共聚乳液、超高分子量聚乙烯和长纤增强热塑性塑料的生产装置以及特种功能高技术复合材料装置。"The Chemistry Inside Innovation"(化学源自创新)是公司的座右铭,公司通过乙酰基产品链的全球生产网络,为全球提供化工、油漆和涂料行业至关重要的材料,凭借广泛的材料解决方案组合,不断推动汽车和消费电子产品的设计开发,创造出能够改善生活的医疗、食品和饮料产品。

2006年,R公司全球最大的化工基地在H市建成,这是R公司在中国乃至亚洲业务发展的重要里程碑。2015年中国地区总部升级为亚洲地区总部,R(中国)投资有限公司负责管理R公司在中国地区以及亚洲其他地区的业务,包括对上述地区中R公司各实体的运营、采购、人力资源、计算机网络、法务等方面的管理和服务。

R公司作为全球化工行业的领头羊,自1997年在中国投资建厂以来,过去的20年间在中国的业务发展迅速。随着R公司业务板块在亚洲的拓展,2015年全年采购总金额达到4亿美元左右,采购品种扩大到10 000多种原材料,MRO、物流服务和项目投资也相应增加。开发合作的供应商有30 000多家,其中美国本土占80%,其余20%供应商分布在世界各地。R公司的不断发展壮大,使其在整个石化工业中占有重要的一席之地。

9.3　萧墙之患——采购部门的难题

其实早在这场改革开始之前,马经理就已经渐渐发觉到部门员工在工作上的变化:员工加班现象变得更为普遍,且时常能够听到员工们对于工作负荷的抱怨。起初马经理以为这只是暂时性的现象,并没有将其放在心上,直到问题渐渐堆积,公司出现了利润危机,采购部门内发生的这些微妙变化才慢慢地被予以重视。

马经理在一次午餐时间与部门员工聊起了他内心的困惑,问道:"为什么咱们的采购模式在之前并没有什么不对劲,而如今却有许多项工作推进得很吃力呢?"

"哎,最近我们总是有做不完的工作,加班已成为常态,但即便如此辛苦,收到的投诉却越来越多。"采购员小王感叹道。

的确,据统计,各个合作部门对于采购部门的投诉和去年相比增加近一倍,质量投诉也增加了1/3,与此同时,准时交货率的平均值降低了近10%。马经理顺着这一话题继续询问员工们对于这段时期工作业绩的感受,希望能够发现问题的根源所在。

负责初审采购清单的小李说道:"以前公司的采购清单也是由我来审核,清单上的物料种类仅仅是现在的一半不到,但随着公司在华业务的不断扩大,咱们采购部门的职责和要求不断增加,采购员所需要寻源的供应商和采购订单的数量也大幅增加,并且由于公司采取的多元化经营策略,所需采购的直接原材料和间接原材料的种类也日趋分散和复杂,导致我们这些基层员工的工作量处于满负荷之上。"

采购部门另一名员工紧接着补充道:"面对这种工作量的增加,咱们部门的人力资源却没有跟上,用于供应商管理和维护的费用也和之前保持一样,所以我们采购部的每个人都面临着前所未有的巨大压力。"

采购部门收到来自各兄弟部门的投诉这一现象引起了公司极大的重视,公司上层领导下达了整顿要求,然而从意识到问题的严重性开始,公司采取的多数措施并没有起到标本兼治的作用,问题还是没有得到解决。管理层困惑不已,一部分人一度认为公司已经陷入绝境。会议一次次地召开,报告一次次地重做,业绩却丝毫没有停止下滑的趋势。

经过这段时间的深思熟虑,马经理向上级报告并申请对公司进行一次大范围的业务流程调整并带领整个部门积极改革,这一次变革关系着公司能否重新站起来并生存下去,或许是R公司最后的希望了。

9.4 困而学之——增加员工知识储备

由于公司在中国业务不断拓展的需要,采购原料的种类和数量也在不断增加,现有的采购流程已经不能满足业务复杂的需要,优化采购流程成为趋势所在。同时,采购部门需要在保证原材料质量和供应商服务水平不变的基础上,降低采购成本;在保证交货的及时性和准确性的前提下,缩短交货周期,降低库存成本。这些从其他部门转移而来的压力,使采购部门不得不进行管理流程优化。但公司采购部门的员工大多数是已经从学校毕业多年的老员工,所掌握的采购理论早已不再适用。更致命的是,公司长年累月形成的采购流程和工作作风已经深入人心,员工难以发现采购流程有什么不足之处,即便是个别员工有所察觉,但都鉴于改善流程的烦琐而选择对问题进行忽略。

为了加强采购部门员工查找自身工作不足的意识,强调采购工作的重要性,在进行采购流程的调整与优化之前,马经理在一个周末下午召集了部门全体员工,并请来了当地高校具有行业权威的物流与采购专家,为员工们进行了一次系统的培训。员工们经过此次深度学习,对各自在采购部门中的工作有了更加全面清晰的认识。从制造商的角度看,采购是供应链管理的起始点,关乎着公司的生产能否正常运行、客户订单能否如期交货,同时还担负着降低制造成本、提高产品性价比的作用。为了使供应链管理流程顺畅且富有效率,进一步改进企业的生产运作,优化采购流程成为当务之急。

9.5 推本溯源——问题分析过程

完成专业素养的培训后,马经理趁热打铁,召开了一次部门内部的动员大会。在会上,他要求采购部门的员工在这一关键时期要站在公司大局的角度出谋划策,给出针对性的建议。这一举动充分调动了员工科学看待公司采购模式、踊跃提出解决措施的积极性,大家畅所欲言。会后,马经理带领部门员工对公司采购流程进行彻底审查,对负责采购的人员、组织结构、采购程序、供应商选择方式等各个环节进行分析。

为明确采购流程中的每一个子流程对于采购效率的影响作用,进而落实具体的改进方案,马经理要求采购员小李对公司采购流程进行了 ASME 分析,随即发现,物料需求计划的描述信息不完整,采购员每次都需再次向技术部门核实确认物料的技术参数等信息。

通常情况下,计划员和采购员在向供应商询价之前难以发现技术参数信息残缺的问题,导致采购员反向去向技术部门询问技术规范,从而在整个过程耗费大量时间和精力。由于技术部门对每种物料的技术参数和规格没有统一的要求标准,所以每次采购需要花费大量时间核对,采购员周旋于供应商和技术部之间,并反复确认和调整数据。只有当供应商基于固定的规范对某产品或服务进行报价时,报价才是准确且有意义的。

小李还反映:"物料部门提出的物料需求交货期与实际交货期不符,导致大量订单不能按时交货,同时,采购中还需要花费大量的时间与供应商确认交货期的正确性,这直接影响了供应商的准时交货率。各个部门之间沟通协调机制的不健全,导致各部门存在信息不对称、不透明的状况,进而使工作流程与工作效率受到阻碍。监督机制不健全,采购活动只有采购经理的审批环节,没有其他部门参与把控,可能导致采购过程的风险增加。在供应商送货前,供应商需要把送货单、质量分析报告等资料递交给公司采购部门,然后采购员再将此资料转交给计划部门和仓库进行收货,使得各部门重复工作,降低了工作效率。在送货之后,供应商需要把发票先给采购部门,采购部门核对数量、单价和系统订单是否一致,没有问题之后,再交给财务部付款,这些繁琐的程序,导致采购员的日常工作量大幅度增加。"

马经理听后,眉头紧锁,面露难色。

9.5.1 组织结构

通过对采购部门员工的调查分析,马经理了解了影响公司采购效率的重要因素,他对分析报告作出了进一步要求,即理清每一问题产生的根本原因,每一原因的责任人等,使后期进行全面整顿有所依据。

经过一系列的调查和讨论,分析人员首先聚焦于公司的组织结构,认为这是采购流程出现混乱的罪魁祸首之一,想要疏通整个采购流程,必须先从公司组织架构的精简和完善开始。采购部小钱主要负责组织结构问题的发掘,他初步分析了公司组织结构,为了验证他的判断,他与各个相关部门的同事接触交流,了解他们对上下游部门之间工作交接和传递效率的感受。经过详细的梳理和总结,最终小钱向马经理提交了一份关于组织结构的分析报告,报告的主要内容是:公司原有的采购流程涉及 8 个部门,分别是计划部、工程部、技术部、采购部、总经理、供应商、仓库以及财务部。公司采购部是整个供应链的重要环节,其主要职能是提供工厂生产所需要的物料和服务并配合计划部门以及仓储部门进行库存控制。

经过长时间的观察和统计,首先,公司经常出现库存过剩和库存短缺的情况,采购价格也居高不下,整个生产成本无法缩减甚至略有上升。生产出来的产品合格率波动较大,废品多,浪费大,顾客满意度下降等问题困扰着大家。

其次,在公司现有的组织架构中,供应链部门包括采购部、计划部与仓库紧密相关,然而与采购工作关联度很大的生产部与供应链部门却由不同的两个总经理直接负责,相互独立。

再次,采购部门对生产部门的响应速度和准确度远远落后于需求水平,因此提供的服务质量大打折扣。公司生产需求计划及采购计划的编制由计划部门主导,然而复杂精细的工作缺乏一个专业的管理系统进行辅助。计划编制的随意性较大,编制依据多半为计划编制人员对生产现场和仓库的大致估计以及市场需求经验判断,没有考虑实际库存、在途货物的情况。

最后,原材料的供应厂商和技术参数由技术工程师、实验室一站式负责,缺乏采购方面的定价机制,更没有对生产所需的大宗原材料采购价格的监控机制,大大增加了采购的风险。

9.5.2　采购流程

虽然公司组织架构的不合理造成了采购效率的低下,但马经理并没有将所有的希望寄托于组织结构的调整,他明确知道,公司现有的采购流程也存在弊端,并且这些问题不解决的话,公司效益的提升依然会受阻。于是,他带领部门员工从上而下深入调查采购流程,同时了解相关部门与本部门的工作协同性。在调查过程中,员工们畅所欲言,从各个方面反映采购流程中的问题。

员工小孙说道:"采购计划的编制应该以计划部门的生产需求计划、库存水平以及工程部中设备提供的需求为依据,然而和计划部门的同事交流后发现,他们并没有使用 SAP 工具在系统中编制生产需求计划和采购计划。这就导致了计划编制缺乏对实际库存、在途货物等情况的参考。需求计划和采购计划编制的随意性大,常常出现库存过剩或者短缺现象,生产经营受到严重影响。"

员工小林也说出了自己的看法:"现有流程中缺少对原材料设定满足生产工艺的

特定内控指标,尤其是直接原材料仅通过实验室在紧急计划情况下从行业内的厂家获得小样,做少量的实验验证得到。当大宗原材料达到公司后,实验室不对原料进行检验,导致一些不合格的原材料流入生产环节,造成更为严重的经济损失。"

员工小徐补充道:"并且设备工程师推荐的某些设备不能满足生产工艺要求,造成资源浪费,延误了生产进度并且存在安全隐患。"

法学专业出身的员工小付也反映道:"采购合同签订状态无法在平台有效显示,导致企业会在没有合同或者合同不全的情况下进行采购,企业的采购活动经常缺乏法律权益保护。"

此外,员工小余和小何也从自己负责的业务中找出问题:"采购流程无法及时反映采购物品或服务是否到货,采购任务完成情况全部需要人工检查与核对,人力、物力耗费大,严重影响公司的运作效率。采购人员负责的采购范围明确,但部门内部缺乏轮岗制度,采购员长时间和同一范围内的供应商及客户合作,导致舞弊现象发生的可能性大。"

9.5.3 供应商选择

供应商的选择过程是决定原材料货物供给及时性的关键,更是公司保证产品质量的关键。

在马经理的要求下,采购部将这些年长期合作的供应商资料尽数调出,全面评价,并追根溯源,归纳总结了供应商选择流程中的主要问题。

首先,对于直接原材料,实验室筛选原材料的依据是用小样作验证,不能排除供应商优选品质较好的小样给 R 公司,但实际上大宗货物的品质则不能满足需要;同时实验室小批量验证和大规模生产之间存在差异,容易忽视不合格原材料的危险。

其次,对于间接原材料,如仪表设备、维修工程师根据个人的经验推荐的厂商和型号,往往容易失去议价机会,并且限于设备、维修工程师的经验,所购买的设备不一定满足 R 公司的生产需要,造成不必要的资源浪费。

另外,对于直接原材料,R 公司没有内控指标,更没有在合同中明确。订购的大宗货物到仓库后,基本上实验室只是确认供应商提供的 COA。通常在生产中出现质量、工艺问题之后,才花费大量的精力调查原因。即使查出根本原因是原材料的问题,但是向供应商索赔也缺乏法律的依据。

9.6　及锋而试——解决问题过程

9.6.1　步履维艰——组织结构调整失败

马经理将一段时间内掌握的问题根源归纳为两类：一类是公司整体架构上的原因，另一类则是采购部及相关部门在工作方式上的不妥。

对于第一类问题，马经理经过再三考虑，向上级提议对组织结构进行调整，但公司认为组织结构的改变是牵一发而动全身的，可能会影响到公司其他方面的正常运作，因此，这方面的建议还在上级领导的考虑中，当然，这种结果也在马经理的预料之中，毕竟组织结构的改革涉及的不仅是采购事务的进行，也将影响到上下级之间工作和信息的传递。短时间内，公司并没有按照马经理的提议将生产部门与供应链部门调整为由一个总经理进行领导，原本采购部全体员工预想在改革之路上迈出的第一步就遇到了荆棘，好不容易鼓舞起来的士气在这一次困难面前大打折扣。

然而马经理并没有丧失斗志，对于这场改革，他一直有着坚定的信念。经过一番深思熟虑，他决定在周一的部门例会上重点讨论这场改革的推进事宜，在会上，马经理告诉自己的员工："改革不是一朝一夕的事情，想要在组织结构方面动刀子也必须要等待成熟的时机，但是我们现阶段遇到了困难，并不意味着前进的道路就被堵死了，我们要学会绕道而行，对任务进行可行性和重要性的排序。此刻我们还有同样重要的工作需要做。"

员工们恍然大悟。是的，改革的路上不是只有调整组织结构这一项任务，更有意义的事情在等着他们亲自去完成呢！

马经理再次对员工进行了任务分配，将采购部的人员分为了 3 组，分别负责制定采购流程的详细调整方案、拟订供应商选择与评估的过程与体系、供应商代码申请工具的引进与使用。

9.6.2　冲云破雾——业务流程逐步改造

采购部的员工们再次整装待发，这一次他们决定做自己力所能及的事情，从采购流程、供应商选择、供应商代码申请和供应商评估管理开始着手,一步步地拔丁抽楔。

采购部首先提出将采购需求下达与技术参数和规范的定义进行顺序的调换,实施步骤调整为:技术部门根据所生产产品的需求,制定符合要求的 SPEC(技术参数和规范),同时制定 SPEC 的过程中需要生产、研发和质量控制等部门的参与。随后进行供应商的评估、选择以及审核;经过分析还发现,在确定供应商之后,生成订单以及订单审批两项工作可以进行合并,规定订单金额到达一定数量之后才需要审批,且在订单生成的同时,需要审批的订单会自动发送到采购经理处要求进行审批。订单的发送过程也由原来的手动发送给供应商改为系统在订单生成时自动发送给供应商。在订单确认之后,公司需要每周对发送给供应商的订单进行状态的确认,这一步骤可简化为重点追踪没有经过订单确认或者无法承诺准时交货的订单。订单到达之后,由仓库办理入库手续并确认收货,但随后订单和发票的配对工作将取消,原因在于原本在上游流程就能检查并保证订单的价格和送货数量的正确性,收货之后的发票也直接交给财务。

在供应商的选择流程上,采购部提出的改进手段如下:首先需求部门提出确定需求,预估需求量,全球研发和工程技术中心以及公司技术部实验室以需求为依据规定好原材料质量指标和其他工厂运行成熟的工艺设备,在供应商发送小样之后进行两者的同时评估,合格的供应商由采购部进行询价、报价以及谈判并核算成本,同时需求部门要按照标准化体系对供应商进行现场审核,当现场审核与成本核算通过后,采购经理以及总经理审批与批准之后,配合法务签订合同。

供应商通过审核之后,需要为在系统里创建一个供应商代码,以便以后在系统中查询。R 公司原来是依靠一张简单的 Excel 表格进行供应商代码申请工作的,这张Excel 表包含了供应商的各方面信息,将之发送给国外的代码创建小组生成新的代码,但这一过程存在很大的风险,信息的不规范使得代码创建效率低下。马经理说服了公司领导,用在线的 Adobe Form 取代原来的 Excel 表格。数据输入之后,操作者能及时得到系统的反馈,可以及时知道数据的格式是否正确,相关联的数据是否合理,且占用电脑的内存空间很小,数据准确定性更强,界面里设置的必填项可以有效防止因申请者漏填导致的申请被拒,该界面还支持批量操作,在提交申请之后还能实时查看申请状态。

供应商成功获得订单之后仍需要接受 R 公司的评估,然而原来的评估管理主要考虑货物的合格率、供货的及时率以及价格的合理性。马经理认为,为了保证公司采购原材料质量的稳定性,应该对原有的评估活动进行一定的延伸。经过与相关部门的沟通和协调,最终确定了一套新的评估工作流程。生产、工程、相关用户须编写试用报告,评估前期的几批原材料、设备以及服务是否满足 R 公司的要求。试用评估可以有效验证供应商的服务质量,减少因供货质量不稳定带来的经济损失。然后双方进入正常商务活动,采购会继续定期对供应商进行评估和绩效考核。而年度的标准化考核,有利于督促供应商增强质量意识、标准化意识和水平,提高生产、服务水平,进而提高 R 公司自身的生产稳定性,降低成本。

9.7 着手成春——公司业绩明显好转

经过采购部以及公司全体员工近 2 个月的努力和相互配合,公司已经能够按照采购部所提出的大多数改进方案进行采购的相关工作,包括采购流程的重新整顿,供应商选择、代码申请以及评价管理等。

刚开始实施这些改变的时候,马经理常常会接到其他部门经理或者员工的抱怨,虽然马经理已经在全体会议上说服了他们实施这些新建议,但真正开始执行起来还是会有人感觉到不适应。马经理总是不厌其烦地跟同事们讲新施行的工作制度能给公司业绩带来的好处,并结合不同部门的工作性质和内容具体分析。

一段时间后,同事们也从原来的框架和思维中走了出来,逐渐习惯了新的工作流程和方法。马经理看到公司员工的微妙变化,很是欣慰,但心里的石头并没有落下,他期待看到这段时间的努力带来的成果。

转眼 3 个月过去了,马经理按捺不住内心的好奇,决定重新统计公司的采购业绩,这是给公司其他部门配合他工作的一个交代,也是对采购部员工辛苦努力的证明。经过详细的调查和统计,马经理拿到了一份令他喜笑颜开的报表,他迫不及待地将这份报表分享给了采购部的每一位员工,以及一直关心着公司绩效的总经理和董事长。

果然,公司在第二天再次召开了一次围绕经营效益的全体重要会议,这一次,李董事长不再眉头紧锁,办公室的氛围也不再紧张沉默,财务部提交了近半年的财务报表,报表显示公司的利润率提高了5.3%,这不仅仅得益于公司产品收入的增加,更来源于近期成本的大幅削减。李董事长要求马经理对近期公司的采购业绩作汇报,在会上,马经理将这段时间统计得出的原材料合格率、准时交货率、原材料价格等方面的数据展示了出来:公司目前有 A、B 两个厂家作为备选原材料供应商,综合考虑合格率与成本,选择了 B 厂家作为最终供应商,不仅减少了采购成本,同时保证了产品质量的要求,更降低了对 A 厂的依赖性。将实施改善方案后一段时间的业绩与改善前进行对比发现,采购部门收到关于质量问题的投诉减少了 1/3,采购物资的及时到货率达到了 98% 以上,主要原材料的采购成本整体呈下降趋势,且平均降幅达 10%。

马经理汇报结束,会议室响起了热烈的掌声,这里面有底下员工的钦佩,有同级经理的欣赏,还有李董事长的肯定,马经理红了眼眶,他说道:"我只是一个上台领奖的代表,而获得的荣誉是属于采购部乃至公司全体员工的,感谢大家这段时间的辛苦,让我们与公司一起渡过了难关。"

9.8 尾 声

R(中国)投资有限公司负责整个亚洲地区的业务管理,是 R 公司在全球得以站稳脚跟的重要力量,在公司遇到发展瓶颈,盈利日渐低下的关键时刻,采购部马经理从自身开始找原因,勇于自省与改革,不仅诊断出了采购部门以往采购业务中的弊病,更有条不紊地对公司各项业务进行了有效的改善,从组织结构问题的识别,到采购部门自身采购流程的重新梳理,再到原材料供应商选择方式的改进,一系列的改革措施无一不发挥着为公司保驾护航的作用。经过一番整顿与调整,公司不仅节约了采购时间和成本,更稳定了原材料的质量,从源头上保证了公司准时将产品准量高质地提交到客户手中。

公司的再次成长得益于整个采购模式的创新突破,那么,在飞速发展的时代,公司应该如何保证采购模式有利于公司长期的业务发展?

启发思考题

1. R 公司出现危机的原因有哪些?

2. 结合 R 公司的情况,分析组织结构以及供应商选择两者分别与采购流程有怎样的联系?

3.采购管理包括哪些方面的内容？R公司在其中的哪些方面进行了调整？

4.你认为R公司在这场改革中留下了怎样的遗憾,未来应如何弥补？

使用说明

解弦更张,R公司采购模式的自省与突破

9.1　教学目的与用途

(1)本案例主要适用于"运营管理"课程的学习,适用于MBA、经济管理类研究生、本科生案例教学使用。

(2)本案例描述了R公司在激烈的化工行业竞争中,出现了原材料质量不稳定、间接原材料成本增长、供货不及时等问题。通过科学评价采购流程现状,对采购部门进行流程诊断,全面找出影响采购效率与质量的因素。

(3)本案例的教学目的:通过对R公司组织结构、采购流程、供应商选择流程等问题的分析,引导学生理解科学进行采购流程优化的重要性,并探索流程优化的技巧与步骤,将理论应用于实践,培养学生解决企业实际运营过程中所遇到的采购管理问题的能力。

9.2　启发思考题

(1)R公司出现危机的原因有哪些？

(2)结合R公司的情况,分析组织结构以及供应商选择两者分别与采购流程有怎

样的联系?

（3）采购管理包括哪些方面的内容? R 公司在其中的哪些方面进行了调整?

（4）你认为 R 公司在这场改革中留下了怎样的遗憾,未来应如何弥补?

9.3 分析思路

教师可根据自己的教学目标灵活运用本案例,以下的分析思路仅供参考。

本案例通过描述 R 公司在业务流程和采购管理改进中的问题与解决方法,引导学生了解采购管理的重要性,对采购管理的流程和方法有一定的把握,学习利用有关知识进行管理实践。通过案例分析,学生能够深刻体会采购改进的内容及意义,并在今后运营管理的问题中能够将所学理论知识运用于解决实际问题。

案例的具体分析思路如图 9.1 所示。

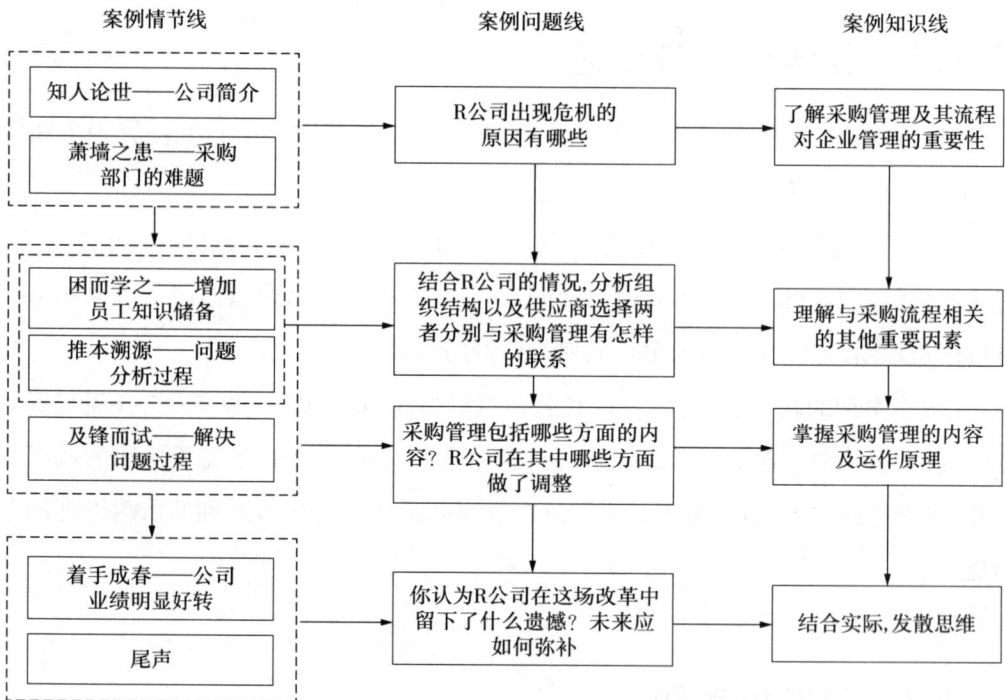

图 9.1 案例的具体分析思路

9.4　理论依据及分析

1)R 公司出现危机的原因有哪些?

【理论依据】 略。

【案例分析】 在本案例中,R 公司的利润率一直持续下降,并在多次会议后仍没有改善。R 公司出现这一危机的原因主要包括以下几点。

①公司总体上没有坚定的信念,将困难归咎于公司跟不上新兴行业的迅速发展和行业瓶颈期,没有信心和斗志能够战胜当前共同面临的挑战。

②公司的业务不断扩大,物资、订单数量也越来越多,采购部门难以负荷如此重大的任务,工作中容易出现差错。

③对于工作量的增加,公司没有安排更多的人员来处理,人力资源投入明显不足,导致工作效率低下。

④采购管理及其过程已经过时,跟不上当前新形势的发展。

2)结合 R 公司的情况,分析组织结构以及供应商选择两者分别与采购管理有怎样的联系?

【理论依据】

(1)采购管理

采购是用户为了取得与自身的需求相吻合的货物、服务而必须进行的一切活动。采购管理是对采购整体活动的管理过程。主要内容包括 5 个方面:库存控制、物料质量控制、供应商管理、成本控制、采购信息管理。

采购流程包括收集信息、询价、比价、议价、评估、索样、决定、请购、订购、协调与沟通、催交、进货验收、整理付款。

(2)组织结构

组织结构是组织的全体成员为实现组织目标,在管理工作中进行分工协作,在职务范围、责任、权利方面所形成的结构体系。其本质是为实现组织战略目标而采取的一种分工协作体系,组织结构必须随着组织的重大战略调整而调整。

组织结构一般分为职能结构、层次结构、部门结构、职权结构 4 个方面。

①职能结构。指实现组织目标所需的各项业务工作及其比例和关系。其考量维度包括职能交叉(重叠)、职能冗余、职能缺失、职能割裂(或衔接不足)、职能分散、职能分工过细、职能错位、职能弱化等方面。

②层次结构。指管理层次的构成及管理者所管理的人数(纵向结构)。其考量维度包括管理人员分管职能的相似性、管理幅度、授权范围、决策复杂性、指导与控制的工作量、下属专业分工的相近性。

③部门结构。指各管理部门的构成(横向结构)。其考量维度主要是一些关键部门是否缺失或优化。从组织总体形态,各部门一、二级结构进行分析。

④职权结构。指各层次、各部门在权力和责任方面的分工及相互关系。主要考量部门、岗位之间权责关系是否对等。

(3)供应商关系管理

企业间的竞争其实也是供应链的竞争,因此采购要把供应商当作资源来看,当作供应链条中非常重要的一环,供应商作为资源,也不断地向买家提供产品和输入改进意见。是不是一个好的采购组织,取决于能否让供应商的价值实现最大化。要善于倾听供应商的声音,倾听供应商在交付方式上、原材料质量、合作方式等诸多环节上提出的改进意见。

(4)供应商质量管理

化工行业目前对供应商的质量管理,执行的是 ISO 9001、TS 16949 和 VDA 三大质量管理体系,这三大质量体系是一个来自约 120 个国家的国际标准化组织的世界联盟。

(5)供应商的选择与认可

在供应商的选择与评价工作上,可参考七因素衡量指标:质量、价格、交货、创新、技术、服务、社会责任,并根据公司具体情况对七因素进行分配权重,通过计算得出每个待选供应商的总体表现从而对供应商进行评分和选择。

【案例分析】

采购部门对公司整个供应链有举足轻重的作用,它提供生产所需要的物料和服务并配合计划部门以及仓储部门进行库存控制。

对组织结构和采购管理来说,首先,在 R 公司现有的组织架构中,供应链部门包括采购部、计划部与仓库,生产部门与供应链部门紧密相关,这两个部门却由不同的总经理直接负责,相互独立。这导致了R公司内部的信息交流不够顺畅和及时,领导之间意见可能出现不一致的情况,从而导致工作效率低、矛盾多。其次,R公司组织结构的不合理导致了反应机制缓慢,采购部门对生产部门的响应速度和准确度远远低于需求水平,服务质量大打折扣。最后,R公司没有制订一个科学的计划,大多为计划编制人员根据生产现场和仓库的大致估计和经验判断,没有考虑到实际库存在途货物的情况。所以,采购部门也无法准确有效地进行采购、分发等工作。

对供应商的选择过程和采购管理而言,供应商的选择过程是决定原材料货物供给及时性的关键,更是公司保证产品质量的关键一步。首先,R公司实验室筛选原料的依据是用小样来做验证,不能排除供应商有质量较好的小样送给公司检测但大宗货物的质量没有小样好的情况,同时小批量验证和大规模生产之间存在一定的差异,容易忽视不合格原料的危险。其次,简洁原材料是根据工程师的个人经验推荐购买,容易失去议价机会,导致采购成本高。同时限于设备和工程师的经验,所购买的设备不一定满足生产需要,从而可能造成资源浪费。最后,R公司在生产过程中出现质量、工艺问题之后,才会花大量的时间去调查原因,即便查出是原材料的问题,也无法用法律手段向供应商索赔。

3)采购管理包括哪些方面的内容?R公司在其中的哪些方面进行了调整?

【理论依据】

(1)企业采购管理的内容包括企业采购的基本概念、企业采购管理的重要意义、人员规范管理制度、采购行为规范、规范的企业采购管理组织机构、供应商关系处理、企业采购信息处理系统、企业采购过程管理、采购申购、供货商资格预审、竞争采购制度、关键环节的审批、合同交货期的管理、供应商产品质量验证、采购运输管理等内容。

(2)采购管理的目标。

采购管理的总目标是以最低的总成本为企业提供满足其需要的物料和服务。

子目标1:持续地为企业生产提供所需的物料、服务,以达到使整个组织正常运行的目的。

子目标2:为企业争取最低的成本。在任何一家企业,采购部门活动所消耗的资金都占有很大比例,在确保产品质量、发货和服务方面的要求得到满足的情况下,采购部门应竭尽全力以最低价格获得所需原材料和服务。

子目标3:使企业存货和损失降到最低限度。为保证货物供应不断而采用维持大量库存的方法不可取,因为库存占用资金,而且这些资金再不能用于其他方面,所以,必须建立流动的物料状态,减少库存,降低现金流压力。

【案例分析】

采购管理的内容包括企业采购的基本概念、企业采购管理的重要意义、人员规范管理制度、采购行为规范、规范的企业采购管理组织机构、供应商关系处理、企业采购信息处理系统、企业采购过程管理、采购申购、供货商资格预审、竞争采购制度、关键环节的审批、合同交货期的管理、供应商产品质量验证、采购运输管理等。

在本案例中,R公司给员工们强调、宣传了企业采购管理的重要性,对公司人员进行了相关的知识培训,从公司的组织结构入手改革,精简了事务办理流程,进一步对采购流程进行了优化,提高了采购和工作效率。同时在供应商的选择上规定了要求,以保证原材料和产品的高质量等。

4)你认为R公司在这场改革中留下了怎样的遗憾,未来应如何弥补?

【案例分析】

此题由学生独立思考,发散思维。

9.5 背景信息:企业全面革新措施

R公司基于流程优化理论,诊断分析原有流程的病因,制定并实施了重大流程改造措施。公司使用ECRS工具,对现有采购流程进行取消、合并、重排、简化,将一整套采购流程进行合理化重组,删除冗余的不增值活动,使整个采购过程顺畅高效。并且公司对组织架构进行了简化;升级了公司管理和操作系统;设置员工轮岗等新制度;通过这些措施使流程优化工作的推进更为顺利。公司主要针对采购流程优化、供应商选择、供应商代码申请、供应商评估管理等部分进行流程优化,包括通过ECRS等手段取消、合并、重排、简化采购流程,根据PDCA原则持续改进供应商选择流程,在供应商选择流程上做到指标内控明确、现场标准化审核、制定更为严格的供应商评估表并进行打分评价,保证供应商的择优选择;供应商代码申请流程因为引入更为友好的供应商代码申请界面而提高了效率；公司要求生产、工程等相关用户必须编写试用报告，评估前期的几批原材料、设备，以及服务是否满足 R 公司的要求，当双方进入正常商务活动后，采购部会继续定期对供应商进行评估和绩效考核年度的标准化考核，有利于督促供应商增强质量意识、标准化意识和水平，提高生产、服务水平，进而提高 R 公司自身的生产稳定性，降低成本。这一系列的改变使得相关部门之间的沟通顺畅化、下达采购订单的供应商更加符合实际生产需求，从而在保证安全库存的同时尽可能降低原材料库存、选择更优供应商，原材料质量得到保证并提高准时交货率，公司库存成本与采购成本得到控制，相关部门之间的投诉率降低，客户对产品的满意度有所提升。经过重大的采购模式的变革，公司采购成本更低、产品质量更为可靠。据最新统计，公司在实行流程优化之后，采购产品的质量和 2015 年相比有大幅度提高，质量投诉减少了1/3，及时到货率平均达到了 98% 以上。公司再度创造出了辉煌的业绩，树立了良好的企业形象，成为其他公司在采购管理方面的学习标杆。

9.6　关键要点

（1）案例企业在发展瓶颈期遇到的问题和难点。

（2）影响案例企业采购效率和质量的因素有哪些？

（3）R 公司在改革过程中在采购管理的哪些方面进行了调整？

（4）R 公司在改革中存在的不足与后续安排。

防微杜渐，S 化肥公司构建 预防型安全管理模式

10.1 引 言

2014 年 2 月 7 日，S 化肥公司生产四部硫酸二车间发生危险化学品液体硫黄泄漏事故，造成直接经济损失 51 495.15 元。整个公司陷入了一种紧张而沉重的氛围中，甚至连天气都冷得让人压抑。郭总看着近 5 年来公司的安全事故发生统计报告，心里琢磨：虽然今年各类安全生产事故起数及伤亡人数均有所下降，但刚发生的液体硫黄泄露事件不得不让人提高警惕，究竟是什么原因导致了这起事故的发生，安全管理哪里还存在不足，公司怎么做才能防止安全事故的发生，这些问题又一次摆在了郭总面前。

10.2 背景资料

10.2.1 企业背景

S 化肥公司是 KL 集团的一个重要子公司，主要负责磷酸二铵、磷酸一铵、重过磷

酸钙等系列高浓度磷复肥产品的生产。S 化肥公司地理位置十分优越且交通及通信十分便利。S 化肥公司是国内单个高浓度磷复肥生产规模最大、配套最为齐全的企业。S 化肥公司严格按照国际质量标准的要求,采用 KL 集团优质的磷矿资源生产系列高浓度磷复肥及系列附属产品。S 化肥公司产品效果显著、持久,是真正的无公害肥料。优质的磷矿原材料为 S 化肥公司实施品牌战略提供了坚实的物质基础。S 化肥公司生产的磷酸二铵、磷酸一铵、重过磷酸钙等产品荣获"中国名牌产品""E 省名牌产品"称号;"KL"牌商标荣获"中国农民喜爱的农资品牌"和"E 省十佳著名商标"。

目前,S 化肥公司配套建设有 250 万 t/年硫酸生产装置和 100 万 t/年磷酸生产装置。S 化肥公司一贯坚持"追求一流品质,诚信服务农业"的质量管理方针,建立了一套完善的质量管理体系,并分别通过了 ISO 9001:2000 质量管理体系、ISO 10012:2003 测量管理体系、GB/T 28001—2001 职业健康安全管理体系以及 GB/T 24001—1996 - ISO 14001:1996 环境管理体系,同时还通过了国家实验室认可。

10.2.2 企业现状

化肥行业是一个庞大的物质生产部门。从矿石的开采,到将矿石萃取、浓缩成生酸,再到将酸与氨中和反应生成各类磷铵化肥,同时伴有多种附加产品的产生,整个化肥的生产工艺是一个十分复杂的化工过程,涉及生产设备设施种类繁多,生产工艺决定了危险因素的复杂性和严重性,对辅助系统的依赖程度较高,一些生产系统还要受到自然条件的制约。当前,随着生产设备与生产工艺的快速更新,S 化肥公司生产活动也发生了根本性变化,S 化肥公司有以下生产特点。

(1)公司日常生产涉及高温、高压、易燃、易爆、有毒、有害的危险化学品种类繁多,属于高风险行业。公司生产基本都为三班制连续作业,体力劳动繁重。

(2)为了提高公司在国内及国际市场的竞争力,一方面对原有的生产系统进行改造升级,实现生产系统的更新换代;另一方面,建设了一大批新型的生产装置和系统,提高了公司的现代化生产水平。当前,公司存在现代化生产系统与老旧生产系统并存的状况。

(3)随着公司科技投入的不断加大,设备大型化和自动化程度不断提高,职工劳动生产强度逐渐降低,接触危险源的频率也逐渐降低,设备设施自动监测和检测技术不断提高,设备故障发生率明显降低,安全生产事故的发生率也随之降低,但与此同时,设备的大型化意味着高能量的聚集,当安全生产事故发生时,造成的事故损失也将随之增加,极容易造成重、特大安全生产事故。

(4)公司现代化生产系统主要通过设备的自动监测和安全连锁预防安全生产事故的发生,仅凭常规的安全巡检手段已难以发现某些安全事故隐患,必须通过强化专业化安全管理,积极查找安全事故隐患,有效防范安全事故的发生。在公司现代化生产系统中,生产操作逐步实现了自动化,生产岗位的职工直接接触危险因素的频率逐渐降低,安全生产事故发生率也随之下降,相反,负责设备维护检修的职工直接接触危险因素的频率却随之增加,其安全风险相对较高。

10.3 集思广益,寻找安全管理问题

在事故发生的第二天,郭总就迅速召集各部门开会,在会议上,郭总严肃地说:"生产安全是重中之重,安全问题是我们公司首要需要解决的问题,通过昨天的紧急处理,液体硫黄泄漏事故已经基本得到了控制,但是原因尚未查明。这起事故的原因是什么,如何才能让类似的事情不再发生,这才是需要我们重点关注的。大家都来找找问题,我们公司哪里还存在问题?"

"我们公司的安全管理理念和管理手段不够先进,缺乏一套系统全面的科学化和标准化的安全管理方法及手段,部分公司领导的现代化管理理念不高。公司还处在重经营轻管理、重眼前轻发展、重效益轻服务、重经验轻技术的初级管理水平阶段。公司还没有一套完整科学的安全管理决策机制,对安全生产事故隐患没有进行专业化的安全评价体制,这在很大程度上制约了公司的安全管理水平的提高。"办公室逯主任首先发表了自己的看法。

"确实,还有安全管理投入不足,安全生产事故隐患得不到及时整改的问题。由于历史等原因,公司多数生产车间工艺设备水平较低,生产工艺较为落后,工艺设计原始,设备设施简陋陈旧且布局极不合理,不少现有的生产设备和安全设施大多是十年或二十年以前投入使用的,存在一定程度'带病运转'现象,这构成严重的安全隐患。由于近年来的有效管理和公司的发展壮大,该现象虽已大为改观,但仍是公司当前一

大主要问题。"生产部董主任说道。

"安全教育培训不到位，职工安全素质低。由于公司涉及危险化学品种类繁多且性质活跃，安全管理工作开展难度较大，这就需要职工有一定的安全管理专业知识和必要的操作技能。公司内部职工的操作技能和安全知识教育培训跟不上，严重影响公司安全管理水平的提高。当前，公司的一线现场作业职工大多尚未达到高中毕业水平，对其所从事的工作理解不够深刻，熟练操作程度较低，自我安全防护意识较差。"质量检查部刘部长补充道。

……

会后，郭总紧皱的眉头终于有所舒展，只要能发现问题就能慢慢找到解决的办法，就有进步的空间。要做到对安全事故零容忍，不断完善公司的安全管理制度。

10.4　研精致思，事故原因排查

在郭总牵头下，S 化肥公司立刻开始对安全管理问题存在的原因进行调查，经过一周的严密调查与跟进发现：目前，S 化肥公司现行的安全生产管理体制存在问题的原因很多，既有国家现行行政体制的原因，也有政府安全管理机构具体实际工作产生的原因，还有公司内部责任和社会环境等方面的原因。原因有深有浅，有历史的沉积，也有新形势下出现的新问题。总的来说，S 化肥公司安全管理存在问题的原因大致可以归结为以下几个方面。

（1）国家安全生产管理体制的严重滞后性

我国现行的安全生产管理体制的滞后性是造成各地安全生产管理体制存在问题的根本原因。多年来，我国安全生产管理体制虽然在不断地变化，但是安全管理体制却一直没有形成比较稳定、系统和完善的体制与机制。当前我国安全生产管理体制的突出特点就是综合管理体制与专项管理体制相结合，安全生产管理体制机构复杂且管理职能交叉重叠，管理体制主体难以明确，权力过度分散，存在重复监管问题。这样就削弱了相应安全执法监察的效率与力度，甚至还给企业造成了严重的负担。

（2）市场经济因素影响

近年来，S 化肥公司在经济总量增大的同时，安全生产压力也持续增大，公司以资源及初加工产品输出为主的粗放型增长方式仍未得到根本性转变,公司安全生产管理手段相对滞后,安全生产隐患逐渐增加,公司安全水平比较低,安全生产管理难度较大。

(3)安全技术标准和规范滞后性

近些年,随着 S 化肥公司的快速发展,一大批化工园区及车间相继立项和投入建设生产运行,其中涉及许多重大危险源。化工园区及车间的安全设施在立项建设前,应当先进行科学的安全评价与安全条件监察,但是,由于公司安全技术标准和规范相对滞后,科技支撑体系相对缺乏,所以新化工园区及车间的建设很难达到严格的安全技术标准和规范。

(4)对安全生产的重视程度较低

不论是地方政府领导还是具体的安全监管人员,都有相当一部分人对于安全生产管理工作存在麻痹大意的思想,只重视经济效益的提高,忽视有效的安全生产监管措施。S 化肥公司个别领导在安全生产事故的预防上缺乏自觉性和主动性,对于安全生产管理工作还仅仅停留在会议上和文件上,难以有效地落实安全监管工作。一些现场安全监管人员也存在执法不严,重于表面形式化的安全管理现象。

(5)安全政策难以有效落实

S 化肥公司一些部门、车间在安全生产工作上的一系列规章制度和措施,仍然停留在上级召开的安全管理会议和下发的相关文件上,高层没有真正制定符合自身部门或车间特点的安全生产管理的规章制度和措施,这导致相关安全管理政策落实十分困难,对于安全管理政策的落实更是缺乏有效的监督,"安全第一、预防为主和综合治理"的安全生产方针在贯彻执行中大打折扣。

(6)公司责任意识差强人意

S 化肥公司主体责任难以有效落实。部分安全管理负责人缺乏基本的安全生产管理常识,对于安全生产管理工作没有清晰的认识,思想上缺乏应有的安全生产意识。公司各车间岗位的安全生产责任制、各项安全生产规章制度的不健全。违反安全操作规程的违章指挥、违规作业现象严重存在,并且公司的一些现场安全管理人员和操作人员缺乏应有的安全教育培训,自我保护意识不强,导致安全生产事故层出不穷,这就造成了 S 化肥公司主体责任难以切实有效落实。多数从业人员安全生产素质低下,安全教育培训工作存在一定盲区、部分危险化学品等高危行业安全管理人员不具备基本的安全知识，职工全员安全教育培训制度推行难度大、具体落实情况差。公司部分安全管理负责人、安全管理人员不重视安全教育培训，违规冒险的作业行为也时有发生。

10.5　破而后立，新型安全管理模式的构建

"如何综合各种安全管理模式的优势来发挥其整合效应，真正完善 S 化肥公司的安全管理水平?"郭总在不断思考，并让生产部董主任在近期提交相关工作报告。

生产部董主任在报告中提到其根本的出路在于安全管理上的创新，即构建企业安全化结构和建设以人为本安全管理体系。安全生产事故的发生是由于生产、生活或生存系统中潜在的人、物及环境的不安全因素的相互作用发展，再由于安全管理中人的失误、人与环境的非正常接触，使系统中的能量失控，发生了能量异常转移，从而造成人、物以及环境的损害。安全生产事故发生的原因是多方面的，主要包括以下 4 个方面。

①环境的不安全条件。

②物(机)的不安全状态。

③人的不安全行为。

④安全管理上的缺陷。

据不完全统计，由于安全管理方面缺陷造成的安全生产事故占总事故的 85% 以上，所以在进行安全管理工作时，要考虑到事故原因的各个方面，重视安全管理在事故控制过程中的作用。把安全管理当作一项系统的工程来抓，从公司的自身实际出发，考虑设备、工艺、物料及生产现场环境等，建设本质安全化企业，运用自主管理的分级安全管理模式，并且建立科学的、系统的、全面的、以人为本的企业安全管理体系，使企业能够顺应社会主义市场经济的需求，在尊重人权、尊重生命的前提下不断发展壮大。

郭总在对相关知识及典型案例进行分析后，深知安全管理斗争的对象并不是安全生产事故本身，而是发生事故的各种风险因素。传统的安全管理是被动的事故后"亡羊补牢"型的安全管理。而任何一个企业即使没有发生安全生产事故，也未必算得上是安全的企业，因为其可能有重大安全隐患存在。准确地认知风险，是将风险从可控

变为在控。风险尽在掌握之中,才可以说是真正安全的企业。更要摒弃风险不可知论的错误认识,风险是可以预知预测的,更是可以实现预警的。最后,经过会议讨论研究,S化肥公司决定建立预防型安全管理模式。

预防型安全管理模式的建立主要由生产部董主任负责,预防型安全管理模式是建立在以危险源辨识、风险评价、风险控制、人为失误管理、应急救援等为主要内容的持续改进的风险管理模式。风险管理是指企业通过风险识别、风险衡量、风险处理和风险评价等多种方式手段,采用合理的经济和技术方法手段,优化和组合各种风险管理技术,对安全生产事故的风险实施有效的控制,妥善处理,期望以最小的成本获得最大的安全保障。传统的、以伤亡事故管理为中心的安全管理模式主要着眼于事故预防和处理,具有相对被动和静态的特征。预防型安全管理模式是以危险源控制为安全管理的中心,主要着眼于危险预测预控,具有主动性和鲜明的动态特征。S化肥公司建立的预防型安全管理模式内容如图10.1所示。

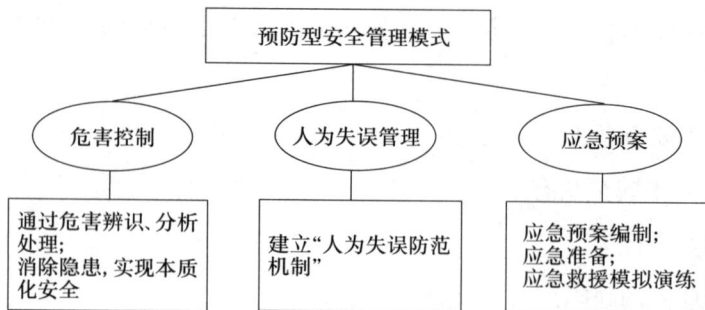

图 10.1　预防型安全管理模式内容

(1)危害控制

①危害控制的目标:消除安全生产事故隐患,保障安全管理工作与生产作业环境有效有序;实现本质化安全,确保生产设备设施没有缺陷。

②危害控制的理论基础:事故冰山理论与墨菲定律。事故冰山理论是指隐藏在隐患和安全生产事故后的不安全因素犹如海上冰山下面一样庞大,而造成的结果就如冰山露在海面上方的部分一样,较之冰山之下显得微不足道。因此要抓好隐患和危险因素的控制。事故冰山理论示意图如图10.2所示。

墨菲定律提出有可能发生的差错将必然可以发生,不论这种差错引发安全生产事故的概率有多小,只要当这种差错被重复的次数足够多时,安全生产事故完全可能在

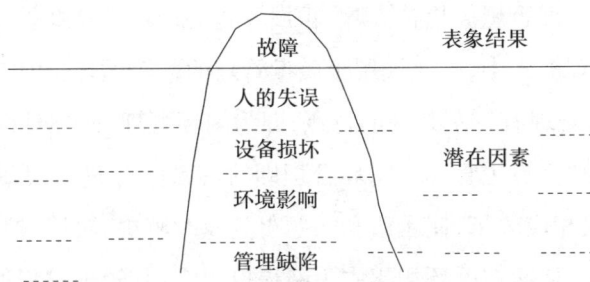

图 10.2　事故冰山理论示意图

某个时空点发生。从这个定律中可以得到:只要有安全隐患存在,不论其隐患大小,安全生产事故就一定会发生的结论。

③危害控制的内容:危害辨识、分析及处理。危害辨识即以充分、准确、系统和科学为识别的原则,识别危害的存在,之后再确定危害性质的过程。采用系统科学的管理方法,发现和甄别存在的危害和安全生产事故隐患,分析各种危险因素,对分析出来存在的各种风险因素做出既客观又科学的决策。

危害分析方法,危害分析是指对危险元素的分析,针对不同危险类型有不同分析方法。主要方法有潜在问题分析法(经验分析法)、反应矩阵分析法、危险和可操作性研究(HAZOP)、故障模式和影响分析法(FMEA)、作业安全分析法(WSA)、行为失误分析法(AEA)、故障树分析法(FTA)、事件树分析法(ETA)以及因果分析法(CCA)。

④危害控制的方式:隐患治理的主要措施包括采用各种积极手段,对危险源进行有效控制,消除安全生产事故隐患;关键控制点为隐患与危险源的全过程检查、监督以及整改;同时建立危险预警机制。

(2)人为失误管理

人为失误管理主要包括做好管理与人为失误的防范、设备与人为失误的防范、设计与人为失误的防范以及人与人为失误的防范。此外,应建立人为失误防范机制,人为失误防范机制建立的目的是提供开放透明的方式,了解失误的根源及其他相关因素,并加以改善和解决,以防类似安全管理问题的再次发生。

(3)事故应急预案的制定

完整的预防安全管理模式包括制定潜在安全生产事故和突发安全生产事故的应急预案。具体内容包括应急预案的编制、应急预案的分类以及相关的应急准备。

在建立预防型安全管理模式后,郭总认为在 S 化肥公司安全管理上,必须树立细节决定成败的安全管理思想。粗枝大叶、粗放管理、抓而不实和坐而论道是安全管理的大敌。在安全管理模式中,广泛被用于质量管理的戴明循环(PDCA 循环)以及备受企业界推崇的 HSE 管理有一个共同的特点,即为闭环管理,而在杜邦安全管理模式中的一大亮点则是其独立自主管理。闭环管理即对客观实际进行灵敏而又正确有力的信息反馈,然后做出相应改革,使矛盾和问题得到及时解决,决策、控制、反馈、再决策、再控制、再反馈……,从而在循环积累中不断得以提升,其管理过程如图 10.3 所示。

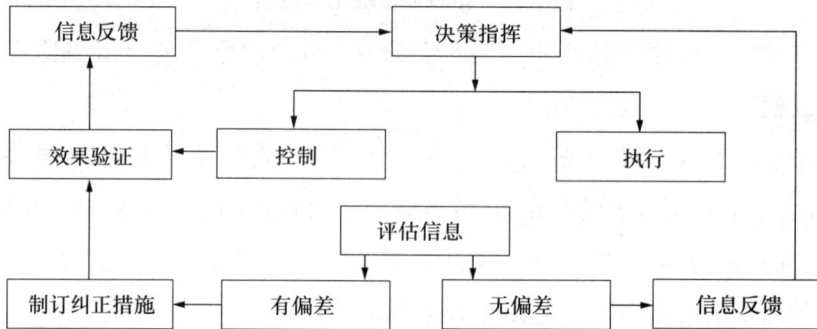

图 10.3　闭环管理过程图

　　第二次世界大战之后,国际上许多大型制造企业产生了一种新型管理理念,称之为精细化管理。其中最成功的生产管理改革当属日本丰田公司形成的"丰田生产方式"(TPS),包括了多样的精细化管理模式,其中最关键和核心的当数准时生产和看板管理。精细管理就是要求各环节、各作业项目以及各作业流程都要有明确具体的内容和要求,并能将内容和要求按照标准规范落到具体实践工作当中。而落实的过程就是要求精细管理的过程。

10.6　尾　声

　　此次改进使 S 化肥公司安全管理水平有了一个较大的提升,但是如何才能有效执行改进后的制度、防止安全管理事故的再次发生,需要 S 化肥公司上下持续不断地共同努力。但有了这次安全管理的全面梳理与改进,郭总相信,总有一天,公司可以实现基本不发生安全事故。

启发思考题

1.结合S化肥公司和行业背景,分析思考安全管理的含义及其主要任务有哪些? 为什么S化肥公司要不断改善其安全管理模式?

2.分析S化肥公司安全管理存在的问题与事故发生的原因,在你看来这些问题该如何解决? 同时思考这些问题与事故原因之间的联系。

3.S化肥公司运用的安全管理模式是否适合S化肥公司的发展,有什么值得借鉴的地方?

4.分析S化肥公司安全管理模式的合理性,并思考S化肥公司如何保障安全管理模式的有效实施?

使用说明

防微杜渐,S化肥公司构建
预防型安全管理模式

10.1 教学目的与用途

(1)本案例主要适用于运营管理课程的教学,适用于MBA、经济管理类研究生和本科生案例教学。

(2)本案例是一篇描述S化肥公司安全管理的案例。S化肥公司遇到的安全管理问题具有很好的代表性。

(3)本案例的教学目的:使学生了解中国化肥业现状;引导学生学会使用应用安全管理相关知识解决S化肥公司所面临的问题;具备分析和解决企业实际运营过程中

所遇到的安全管理问题的能力。

10.2　启发思考题

(1)结合 S 化肥公司和行业背景,分析思考安全管理的含义及其主要任务有哪些? 为什么 S 化肥公司要不断改善其安全管理?

(2)分析 S 化肥公司安全管理存在的问题与事故发生的原因,在你看来这些问题该如何解决? 同时思考这些问题与事故原因之间的联系。

(3)S 化肥公司运用的安全管理模式是否适合 S 化肥公司的发展,有什么值得借鉴的地方?

(4)分析 S 化肥公司安全管理模式的合理性,并思考 S 化肥公司如何保障安全管理模式的有效实施?

10.3　分析思路

教师可以根据自己的教学目标(目的)灵活使用本案例。这里提出本案例的分析思路,仅供教学参考,如图 10.4 所示。

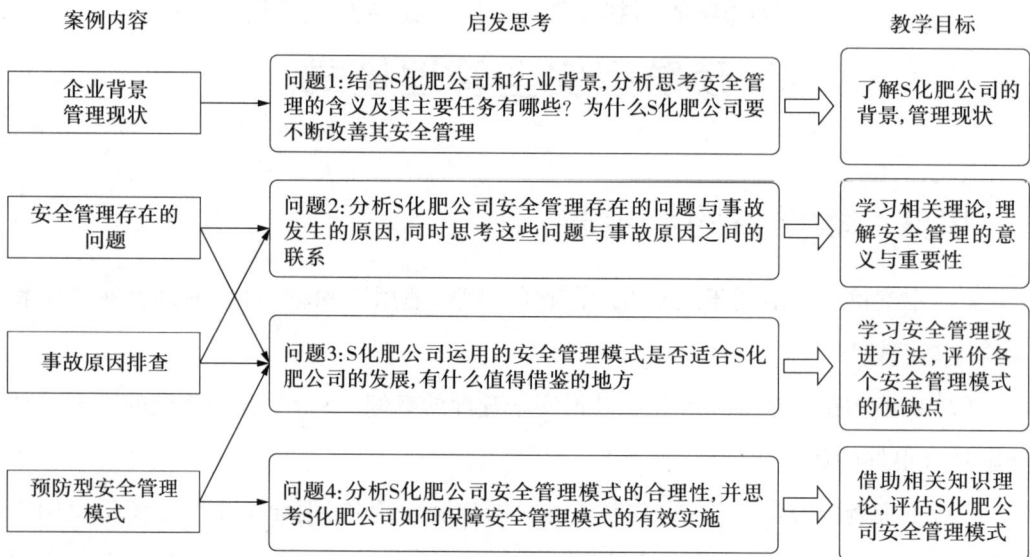

图 10.4　分析思路

10.4　理论依据及分析

1）结合 S 化肥公司和行业背景，分析思考安全管理的含义及其主要任务有哪些？为什么 S 化肥公司要不断改善其安全管理？

【理论依据】

安全管理的含义及任务

安全管理是企业管理的一个非常重要的组成部分，它以企业安全为目的，其基本任务是：发现、分析及消除日常生产过程中的各种风险及隐患，防止发生安全生产事故和职业病，避免各种经济损失，保障职工的安全与健康，从而推动企业生产经营的顺利发展，提高企业的经济及社会效益服务。安全管理是围绕着企业安全业务进行计划、组织、协调及控制等一系列管理活动的总称。

加强安全管理工作是实现安全化作业的中国特色社会主义企业管理的一项重要任务。安全管理的任务从广义上来讲，一是预测人们日常活动中的各个领域里存在的风险及隐患，并进一步采取相应的预防措施，使人们在生产活动中不至于受到伤害和职业病的危害；二是制定各种规章制度及消除危害因素所采取的各种办法与措施；三是提醒和告知人们去认识危险和防止各类灾害。具体地讲，安全管理包括以下几个方面。

①贯彻落实国家安全生产法律法规，积极落实"安全第一，预防为主"的国家安全生产方针。

②制定安全生产的各种规程、规定以及制度，并认真贯彻实施。

③积极采取各种安全生产技术措施，并进行全面的综合治理，使企业的生产机械设备、设施达到本质化安全的基本要求，并保障职工有一个安全可靠舒适的生产作业条件，减少和杜绝各类事故造成的人员伤亡及财产损失。

④积极采取各种劳动卫生安全措施，不断改善生产劳动条件和环境，定期检查和检测，防止和消除职业病和职业危害，做好女工以及未成年工人的特殊保护，保障劳动者的身体以及心理健康。

⑤对企业的各级领导、特种作业人员及所有的职工进行安全教育，提高安全意识

以及素质。

⑥对职工伤亡和生产过程中各类事故进行全面彻底调查、处理和汇报。

⑦推动安全生产的目标管理,推广和应用现代化安全管理技术手段和方法,不断深化企业安全管理工作。

【案例分析】

整个化肥的生产工艺是一个十分复杂的化工过程,涉及生产设备设施种类繁多,生产工艺决定了危险因素的复杂性和严重性,而 S 化肥公司作为化肥行业中的领头羊,规模巨大,亟需加强安全管理。

(1)化肥行业品牌类多、风险高、劳动量大。S 化肥公司日常生产涉及高温、高压、易燃、易爆、有毒、有害的危险化学品种类繁多,属于高风险行业。公司生产基本都为三班制连续作业,体力劳动繁重。

(2)新老系统并存,埋下安全隐患。为了提高 S 化肥公司在国内及国际市场的竞争力,公司一方面对原有的生产系统进行改造升级,实现生产系统的更新换代;另一方面,建设了一大批新型的生产装置和系统,提高了公司的现代化生产水平。当前,S 化肥公司存在现代化生产系统与老旧生产系统并存的状况。

(3)小型安全事故减少,特大高风险事故增加。随着 S 化肥公司科技投入的不断加大,设备大型化和自动化程度不断提高,职工劳动生产强度逐渐降低,接触危险源的频率也逐渐降低,设备设施自动监测和检测技术不断提高,设备故障发生率明显降低,安全生产事故的发生概率也随之降低,但与此同时,设备的大型化意味着高能量的聚集,当安全生产事故发生时,造成的事故损失也将随着增加,极容易造成重特大安全生产事故。

(4)安全隐患难以察觉,维护检修工作十分危险。S 化肥公司现代化生产系统主要是通过设备的自动监测和安全连锁预防安全生产事故的发生,仅凭常规的安全巡检手段现已难以发现某些安全事故隐患,必须通过强化专业化安全管理,积极查找安全事故隐患,有效防范安全事故的发生。在 S 化肥公司现代化生产系统中,生产操作逐步实现了自动化,生产岗位的职工直接接触危险因素的频率逐渐降低,安全生产事故发生率也随之下降,相反,负责设备维护检修的职工直接接触危险因素的频率却随之增加,其安全风险相对较高。

2）分析 S 化肥公司安全管理存在的问题与事故发生的原因，在你看来这些问题该如何解决？同时思考这些问题与事故原因之间的联系。

【案例分析】

S 化肥公司安全管理存在以下问题：安全管理理念落后，安全管理机制不健全；安全管理投入不足；安全教育培训不充分。

而通过对事故原因进行排查发现以下事故主要原因：国家安全生产管理体制的严重滞后；市场经济因素影响；安全技术标准和规范滞后；对安全生产的重视程度有待进一步提高；安全政策难以有效落实的问题突出；公司责任落实差强人意。

我们发现 S 化肥公司安全管理自身检讨得出的问题与第三方事故原因分析得出的结果并不完全对应，S 化肥公司还有一些问题没有得到重视。首先，安全管理理念的落后，安全管理机制不健全，导致新化工园区及车间的建设很难达到严格的安全技术标准和规范，同时，部分安全管理负责人缺乏基本的安全生产管理常识，对于安全生产管理工作更是存在模糊的认识，思想上缺乏应有的安全生产意识。其次，安全教育与培训不足，公司各车间岗位的安全生产责任制、各项安全生产规章制度的不健全。违反安全操作规程的违章指挥、违规作业现象严重存在，并且公司的一些现场安全管理人员和操作人员缺乏应有的安全教育培训，自我保护意识不强，导致安全生产事故层出不穷。多数从业人员安全生产素质低下，安全教育培训工作存在一定盲区、部分危险化学品等高危行业安全管理人员不具备基本的安全知识，职工全员安全教育培训制度推行难度大、具体落实情况差。公司部分安全管理负责人、安全管理人员不重视安全教育培训，违规冒险的作业行为也时有发生。最后，安全管理投入不足，安全政策停留于纸上，规章制度得不到落实。除此之外，S 化肥公司以资源及初加工产品输出为主的粗放型增长方式，以及只重视经济效益的提高，忽视有效的安全生产监管措施都说明 S 化肥公司战略层存在问题，主要领导过分重视眼前的利益增长，忽视长远可持续发展，安全事故凸显也不过是该战略决策下的冰山一角。

3）S 化肥公司运用的安全管理模式是否适合 S 化肥公司的发展，有什么值得借鉴的地方？

【理论依据】

安全管理模式

（1）国外安全管理模式

①杜邦"零事故"目标安全管理模式。长期以来，"安全至上"就是杜邦公司的企

业精神，"任何工业安全生产事故都是可以避免的"是每一个杜邦职工的信念。杜邦的"十大安全理念"为：

a. 所有的伤害以及职业病都是可以预防的。

b. 各级的管理层对各自的安全直接负责。

c. 所有的安全操作隐患都是可以控制的。

d. 安全是职工被雇用的基础条件。

e. 必须对职工进行严格的安全知识培训。

f. 必须进行一定的安全审计。

g. 发现安全隐患必须及时予以更正。

h. 工作外的安全和工作期间安全是同样重要的。

i. 安全就是效益。

j. 人是安全健康管理计划成功的最关键因素。

②壳牌石油公司的 HSE 管理体系。壳牌石油公司发布的健康、安全和环境（HSE）方针指南是安全系统化管理的开端。它确立了安全管理的 11 条原则，即安全管理的具体保证；安全管理的政策；安全是行业管理的责任；切实有效的安全培训；能胜任的安全倾向；通俗易懂的安全高标准；测定安全具体实施情况的技术；安全标准的实践检验；现实可行的安全目标管理；人员伤害和事故的彻底调查与跟踪；切实有效的安全鼓励和交流。

③挪威国家石油公司的"零"思维模式。在 HSE 管理方面，挪威国家石油公司采取"零"思维模式，即"零事故、零伤害和零损失"，意思就是无伤害、无废气排放、无火灾或气体泄漏、无职业病以及无财产损失。由以上事故造成的意外伤害和损失是完全不被允许的。

④德国建立在法制基础上的安全管理模式。德国把职工安全纳入了国家的法治化管理。在德国，职工的安全保险是强制性的，企业发生了职工伤亡事故，由当地政府有关部门组织调查，调查和事故处理的依据就是国家的法律法规和行业的标准及规定等。德国从法律的角度来看责任，而不是用行政的办法来分析和处理事故。

⑤斯伦贝谢公司的 QHSE 管理体系。一个好的管理体系不应该将质量、健康、安全和环境分割，而是把这几项内容融入到每天的商业活动中。斯伦贝谢相信其综合的、可行的 QHSE 管理体系融合到生产线中是一个最好的商业实践。一个极好的

QHSE管理体系可以创造价值并带来增长,这是通过认可新的商务机会、实施持续的改进和有创造性的解决办法来达到的。

(2)国内安全管理模式

我国的安全管理研究工作起步和发展都较晚,而且其受到传统思想影响较深,底层职工的文化素质较低,职工的安全生产意识极其淡薄。我国经历过动荡不安的安全管理混乱时期和粗放型管理时期,现在已形成各种现代安全管理模式。我国一些大型企业在大量的事故分析和长期的安全管理工作实践的过程中,形成了适合自己企业特点的安全管理模式和高效的管理手段和方法。

①辽河集团公司的"零三四二"安全管理模式。辽河集团公司的"零三四二"安全管理模式是指:"零"就是指"零事故",这是做好安全工作要达到的目标,即四种事故为零;"三"为实行"三严"的安全管理;"四"是指实施"四个三"的安全工程战略。建立三项机制,抓住三个重点,应用三种方法,实现三个转变;"二"即两抓、两重的安全管理对策。

②葛洲坝电厂的"零一四"安全管理模式。葛洲坝电厂确立了一套切实可行的安全生产管理模式,即以"零事故"为安全管理目标;以"一把手"为核心的安全生产责任制作为保证;"四严",是以严防、严管、严查和严教为手段。

③中石油的"二零一一"安全管理模式。中国石油天然气股份有限公司的"二零一一"安全管理模式,即:"二个"安全生产合同;"零事故"的目标;"一个"健康安全的环境管理体系;"一个"安全生产的激励约束机制。

④海尔的OEC管理方法。海尔的OEC管理法,即Overall(全方位),Everyone(每人)、Everything(每件事)、Everyday(每天),Control(控制)及Clear(清洁)。

【案例分析】

本案例中S化肥公司综合各种安全管理模式的优势来发挥其整合效应,构建了企业安全化管理结构和以人为本的安全管理体系。

结合对相关知识对典型案例进行分析后,S化肥公司认为安全管理斗争的对象并不是安全生产事故本身,而是发生事故的各种风险因素。传统的安全管理是被动的事故后"亡羊补牢"型的安全管理,而任何一个企业即使没有发生安全生产事故,也未必算得上是安全的企业,因为其可能有重大安全隐患存在。准确的认知风险,是将企业风险从可控变为在控。风险尽在掌握之中,才可以说是真正安全的企业。另外要摒弃风险不可知论的错误认识,风险是可以预知预测的,更是可以实现预警的。由此S化肥公司建立了预防型安全管理模式。预防性的安全管理模式是建立在以危险源辨识、风险评价、风险控制、人为失误管理、应急救援等为主要内容的持续改进的风险管理模式。风险管理是指企业通过风险识别、风险衡量、风险处理和风险评价等多种方式手段,采用合理的经济和技术方法手段,优化和组合各种风险管理技术,对安全生产事故的风险实施有效的控制,妥善处理,期望以最小的成本获得最大的安全保障。传统的以伤亡事故管理为中心的安全管理模式主要着眼于事故预防和处理,具有相对被动和静态的特征。预防型安全管理模式以危险源控制为安全管理的中心,主要着眼于危险预测预控,具有主动性和鲜明的动态特征。

4)分析S化肥公司安全管理模式的合理性,并思考S化肥公司如何保障安全管理模式的有效实施?

【理论依据】

安全管理的基本原则:

(1)安全第一、预防为主的原则

安全第一是指安全生产是一切经济部门和生产企业的头等大事,必须把保护职工的生命安全和身体健康放在第一位,把安全第一作为煤矿生产建设的指导思想和行为准则。坚持安全生产,努力防止可能发生的一切事故。预防为主是指安全工作的重点应放在依靠立法保证、政策引导和企业员工改造、技术进步和科学管理上,通过改善劳动安全卫生条件,消除害防隐患,控制危害因素,从根本上防止事故的发生。安全第一、预防为主是我国安全生产的一贯方针。它由我国社会主义性质和生产的最终目的决定的,是安全生产经验教训的总结,也是世界各国普遍遵循的原则。

(2)人人管理、自我管理的原则

企业安全管理必须建立在广泛的群众基础上,充分调动职工安全生产的积极性,依靠全体职工的自我管理。提高职工安全意识和安全技能,促使其在自身的职责范围内,自觉执行安全制度和劳动纪律,遵守工艺规范和操作规程,进行自我发现和防范,做到控制不安全因素、不伤害别人、不伤害自己和也不被别人伤害。各个部门要结合自己的业务,对本部门的安全生产负责,使安全管理贯穿于企业生产建设的全过程中,真正实行全员、全面、全过程、全天候安全管理,防止或控制各类事故的发生,实现安全生产。

（3）管生产必管安全的原则

为确保企业生产过程中的安全，各级生产管理人员必须在生产的同时管理好安全，以正确处理安全与生产的关系，保障法律、法规、制度和安全技术措施的贯彻落实，真正做到不安全不生产。管生产必须管安全的原则是我国安全生产最基本的准则之一，它在生产中起到十分重要的作用，同时，这一原则在国外也被普遍接受和采用。坚持管生产必管安全的原则，是企业法人和各级行政正职，对本单位、本部门的安全生产负全责，是安全生产的第一责任人，其他管理人员都必须在承担生产责任的同时对职责范围内的安全工作负责。

【案例分析】

（1）S 化肥公司的安全管理模式来源于 S 化肥公司成员对安全生产事故的深入剖析

安全生产事故的发生是由于生产、生活或生存系统中潜在的人、物及环境的不安全因素的相互作用发展，再由于安全管理中人的失误、人与环境的非正常接触，使系统中的能量失控，发生了能量异常转移，从而造成人、物以及环境的损害。安全生产事故发生的原因是多方面的，其主要包括以下 4 个方面。

①环境的不安全条件。

②物（机）的不安全状态。

③人的不安全行为。

④安全管理上的缺陷。

据不完全统计，由于安全管理方面缺陷所造成的安全生产事故占总事故的 85%以上，所以在进行安全管理工作时，要考虑到事故原因的各个方面，重视安全管理在事故控制过程中的作用。把安全管理当作一项系统的工程来抓，从公司的自身实际出发，考虑其设备、工艺、物料及生产现场环境等，建设本质安全化企业，运用自主管理的分级安全管理模式，建立科学的、系统的、全面的、以人为本的企业安全管理体系，使企业能够顺应社会主义市场经济的需求，在尊重人权、尊重生命的前提下不断发展壮大。

（2）该预防型安全管理模式有一套科学合理的运行框架

①危害控制。危害控制的目标：消除安全生产事故隐患，保障安全管理工作与生产作业环境有效有序；实现本质化安全，确保生产设备设施没有缺陷。

危害控制的理论基础：事故冰山理论与墨菲定律。事故冰山理论是指隐藏在隐患和安全生产事故后的不安全因素犹如海上冰山下面一样庞大,而造成的结果就如冰山露在海面上方的部分一样,较之冰山之下显得微不足道。因此要抓好隐患和危险因素的控制。

②人为失误管理。人为失误的防范主要包括要做好管理与人为失误的防范、设备与人为失误的防范、设计与人为失误的防范以及人与人为失误的防范。此外,应建立人为失误防范机制,人为失误防范机制建立的目的是提供开放透明的方式,了解失误的根源及其他相关因素,并加以改善和解决,以防范类似安全管理问题的再次发生。

③事故应急预案的制定。完整的预防安全管理模式应该包括制定潜在安全生产事故和突发安全生产事故的应急预案。其具体内容包括应急预案的编制、应急预案的分类以及相关的应急准备。

为保障预防型安全管理模式有效实施,S化肥公司需要更新安全管理理念,完善安全管理机制,加大安全管理投入,贯彻安全教育,落实安全防范培训。

10.5　背景信息

(1)化肥行业是生产化学肥料的工业。一般的工业部门多是对物质进行物理性加工生产,化学工业则是利用一种或几种原材料通过一定的化学反应生产出另一种或几种化学物质。这是化学工业的最显著特点之一。化肥工业就是利用多种原材料通过化学反应生产出不同品种的化肥产品。

(2)化肥行业安全生产管理难度大、涉及物料品种复杂、工艺条件差别大。由于化肥生产产品品种繁多,这就带来了生产的复杂性以及工艺的多样性。一种化肥企业可能有几种生产工艺路线,这就给化肥企业的安全管理带来了困难。

(3)化肥生产过程危险性大。化肥生产工艺涉及高温、高压、易燃、易爆、易腐蚀等性质。如硫酸的制取、磷酸的制取、黄磷的制取、加热锅炉、酸碱中和、肥料干燥工序等都涉及高温甚至高压生产;二氧化硫、三氧化硫、一氧化碳、氨气等都是易燃、易爆物质,化肥生产过程的废水多具有腐蚀性,易腐蚀管道、设备、阀门,废气氟化氢、三氧化硫等对环境危害极大。

(4)化肥生产设备容易产生跑冒滴漏现象,既污染自然环境,又容易发生火灾及爆炸事故,构成重大的安全隐患。

（5）化肥生产物料多涉及有毒物质。化肥生产的原料、中间体、副产品甚至成品多数是有毒的物质，对环境及职工身体构成严重危害，如硫酸、磷酸、氟硅酸、氨气、一氧化碳及氟化氢等都是有毒化学物。

（6）化肥企业安全生产管理复杂。化肥生产过程要按一定配料比例进行连续性生产。化肥生产设备的大型化、自动化和集中控制，这就给化肥企业的安全管理带来一定的难度。同时，化肥生产使用的设备、仪表、管道以及阀门等任何一个环节在设计上、选材上、制造上以及维修保养上存在缺陷，都会给生产过程带来严重危险。在生产操作过程中，如果职工对化肥生产新技术缺乏认识，或者操作失误，必将会带来更大的危险性。

以上特点反映了化肥生产中存在大量的不安全因素，也预示着化肥工业安全管理工作的艰巨性。2009 年一季度—2014 年一季度 S 化肥有限公司安全生产事故发生主要原因统计图如图 10.5 所示。

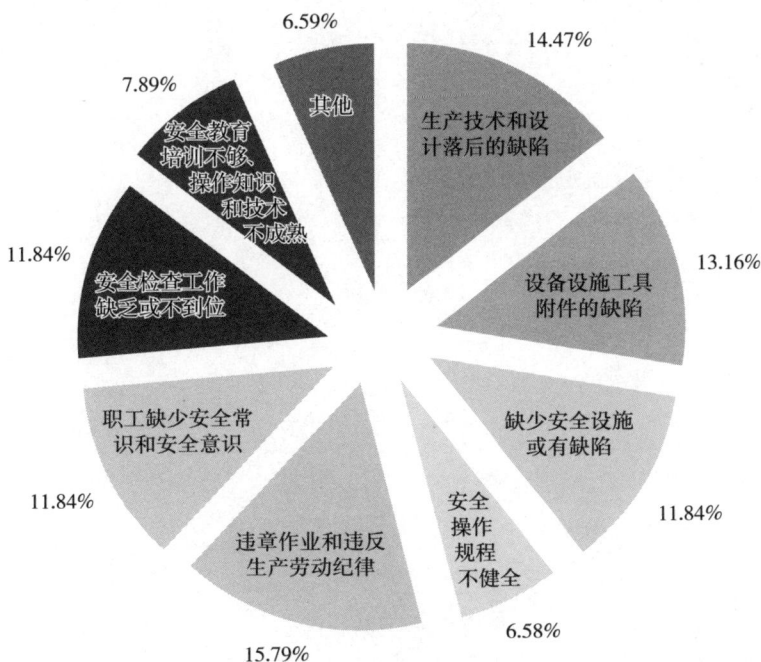

图 10.5　2009 年一季度—2014 年一季度 S 化肥有限公司安全生产事故发生主要原因统计图

10.6 关键要点

（1）安全生产管理具有避免或减少事故造成的经济损失，维护生产力与保障社会经济财富增值的双重功能和作用。安全管理是企业管理的一个重要组成部分，是安全科学的一个重要分支。安全管理应针对人们在日常生产过程中的安全问题，运用有效的资源，发挥人的聪明才智，通过人的努力，进行计划、组织、协调和控制等一系列生产管理活动，实现在生产过程中的人与机器设备、物料及环境的和谐，达到安全生产的目标。

（2）安全管理的目标就是减少和控制事故，减少和控制危害，尽量避免生产过程中由于事故造成的人身伤害、财产损失、环境污染以及其他各类损失。我们可以通过了解国内外安全管理模式及其运用学习如何有效地减少安全事故的发生。

任重道远,步步赶超

——基于 QC 小组的 S 制鞋公司质量改进实践

案例正文

11.1 引 言

2018 年是改革开放的第 40 年,是西部大开发战略实施的第 18 年,对 S 制鞋公司而言,也是克服重重困难最终更上一层楼的一年。S 制鞋公司作为西部制造企业的典型代表,是全国最早创立的大型军工鞋制造公司。随着创新驱动发展、供给侧结构性改革等政策的出台,工匠精神和创新精神成为企业的改革重点。S 制鞋公司也逐步意识到产品质量的重要性,为了保障产品品质能够与东部企业相竞争,必须提高产品的质量和效益,建立起自己的品牌。随着 S 制鞋公司质量管理体系的逐步建设,全面质量管理已经逐渐成为公司全体员工日常工作中时刻铭记的目标与行为准则,深刻地影响着他们的思维方式和工作模式。

此刻,S 制鞋公司的 A 产品项目负责人办公室里,陈组长放下手中最新统计的产品质量报告,端起茶杯小酌一口,先苦后甜的滋味在味蕾蔓延开来,他不禁想起公司这一年所经历的种种,仍记忆犹新。

11.2　相关背景

S 制鞋公司是国内大型橡胶鞋靴制造企业。公司始建于 1966 年，现有职工 2 000 余人，专业技术管理人员 500 余人，具有年产 7 000 万双各类鞋靴的生产能力，各项经济指标位居国内同行业前列。公司的核心业务是负责模压鞋、作训鞋、运动鞋、休闲鞋、水鞋、防滑鞋、解放鞋等 300 多个系列产品的制造与营销。

公司技术力量雄厚，设备精良，管理规范。公司在生产工艺技术水平、冷粘合热硫化生产水平、橡胶配方设计水平、原材料研究应用水平、制鞋流水线设备的研究水平等方面均处于制鞋行业的领先地位。近几年，公司先后开发出 1 000 多个新产品投放市场，其开发水平和速度达到了国内先进水平，拥有专利 36 项。公司先后获得"中国驰名商标""中央企业先进集体""全军先进企业""省级先进企业""科技开发先进集体""全军优质产品""中国消费者协会推荐商品""质量管理体系认证""职业健康安全管理体系认证""环境管理体系认证""ISO 9001:2000 国际质量体系认证企业"等 60 多项荣誉。

从创建至今，S 制鞋公司始终聚焦产品生产，用拼搏进取、开拓创新、追求卓越、勇攀高峰的精神和持续学习、持续改进、持续创新、持续提升的作风，为顾客提供最优质的产品与服务。在"军转民"这一背景下，S 制鞋公司在确保完成军队生产任务的前提下，充分利用自身剩余产值，挖掘自身生产潜力，为西南地区广大劳动者提供产品。但 S 制鞋公司也存在诸多问题。我国西部地区开发较晚，经济发展和技术管理水平与东部差距较大。发展至今，S 制鞋公司保留了原有的生产工艺，生产流程也比较传统。通过市场调研发现：客户反映，鞋子存在开胶问题，并且鞋子的舒适度有待提高。

中国是世界的产鞋大国，最近数十年，中国鞋产量呈现稳步上升趋势，2013 年在全球的占比达到峰值（62.9%），之后逐渐下降至 2016 年的 57.0%。尽管最近 10 年全球鞋产品出口数量及金额分别增长 25%、78%，达到 139 亿双、1 220 亿美元，但最近 2 年却分别减少 6%、8%。由此可见，全球制鞋业正在经历调整与转型。S 制鞋公司要想取得优势，就必须采取一些措施来改进产品的质量问题，从而在竞争中赢得一定的优势。

11.3　问题显现——A 产品质量合格率不达标

A 产品是 S 制鞋公司的主要产品,深受西南地区广大劳动人民和部队军人的喜爱。但是近年来它的销量却一直停滞不前,尤其是 2017 年底的销售报告显示,2017 年度 A 产品的销量跌幅高达 10%,问题究竟出现在哪里? 负责 A 产品项目的陈组长立即召集项目成员开会,决定找出 A 产品销量下滑的根本原因。

陈组长首先发言:"A 产品是我们公司制造的主要产品,占公司总产量的 80% 以上。一直以来,我们的产品销量都是稳中有增,为何今年竟然有所下滑,到底是哪里出了差错,大家都来说说你们的看法吧。"话音刚落,安静的会议室霎时响起窃窃私语的嗡嗡声音。陈组长敲了敲桌子:"大家不要交头接耳了,一个一个地说。"

负责销售的小杨开口说道:"有顾客反映说我们的 A 产品质量不如从前,不愿意再大量购买了。"

负责 A 产品质量检验的小林补充道:"确实,目前 A 产品的入库合格率仅为 95.01%,每个季度总产量为 917.6 万双,也就是说每个季度差不多会产生 45.8 万双残次品的鞋子。我们的产品质量急需改进。"

而负责生产管理的小刘说:"在生产过程中,A 产品是由鞋帮、鞋底经过线的缝合以及胶的粘合加工而成的,中间的加工步骤比较烦琐,造成了鞋子出现质量问题的可能性比较大。工人们都在尽力做好从鞋帮入库到成品检验的每一步。但是,一线工人只能按照规定的步骤做,难以发现过程中存在的问题。"

听完大家的发言,陈组长若有所思,说道:"大家都分析得有道理。A 产品的生产线生产出的鞋子质量合格率没有达标,而公司的目标客户对鞋子质量的要求又比较高,客户得不到满足,销售出现下滑,严重影响了公司的整体效益。所以我们公司的产品质量问题必须有所改善,才能在激烈的竞争中取得优势,满足客户需求,推动公司稳步发展。但是,如何提高我们的产品质量呢?"会议里顿时又安静了下来……

11.4　关键一击——组建 QC 小组

正在陈组长一筹莫展之时,一阵悦耳的电话铃声让陈组长从沉思中回过神来,原来是杜总的工作安排。杜总和本市××大学管理学院的某教授是老朋友了,正好教授准备做一个与制造业企业质量管理相关的科研项目,需要到S制鞋公司实地调研,杜总便安排陈组长负责此事。结束和杜总的通话,陈组长瞬时舒展了眉头,对A产品的质量改进问题有了信心,暗自想到,有专家来指导,A产品的质量问题何愁解决不了呢?

在教授到S制鞋公司调研期间,陈组长详细叙述了S制鞋公司A产品质量面临的困境,向教授咨询适用的解决办法。经过反复思考和讨论,教授提出在S制鞋公司内部组建针对A产品的QC小组的想法。为了确定组建QC小组的可行性,陈组长又召开了一次集会。

会上,陈组长首先请教授向大家解释了QC小组的含义:"QC小组活动是企业加强质量管理并持续改进的重要手段,是企业推行全面质量管理的一种全员参与方式。现场型的QC小组以稳定工序质量、改善产品质量、现场安全、设备保全、降低物资消耗、改善作业环境、降低劳动强度、提高工作效率和工作质量为活动目的,能够有效地解决公司现阶段的质量问题。"

陈组长紧接着说道:"我们公司是一个相对来说较小的企业,组织结构相对简单,这样可以在上下级建立快速沟通的渠道,使上级的指令在短时间内传达下来,并进行落实。只要我们决定实施QC小组,就可以在短时间内将公司内部所有的资源充分调动起来加以利用,这是我们公司对A产品推行QC小组活动的优势所在啊。"

负责生产管理的小刘也跃跃欲试:"如果要在我们公司进行QC小组活动的话,公司的员工起着关键性的作用。生产A产品的很多技术工人文化水平不高,保留了原有的生产工艺,生产流程也比较传统,对质量的概念不了解,但是对于学习知识和技术富有热情的,大家普遍认同质量是产品的根本所在,会非常积极地参与到改进产品质量的活动中来,这也为我们公司对A产品实施QC小组活动提供了条件啊。"

负责销售的小杨也表达了自己的看法:"我们公司属于全国最早的军工企业,也是大型的军工鞋制造企业,公司绝大部分的资源都集中在产品的制造生产上,所以我们的核心业务具有单一、明确的特点。如果要进行QC小组活动的话,任务会非常明确。"

陈组长脸上终于有了些许笑容,说道:"那么,我们就根据教授的指导,组建我们的 QC 小组吧。"教授拍了拍陈组长的手,缓缓说道:"小陈,切莫着急。虽然贵公司结构具有优势、员工能够积极参与、核心业务也比较明确,但要保证 QC 小组的成功,选择合适的小组成员至关重要。根据以往的经验来看,团队成员必须满足以下几个条件:一是目前职位要与质量问题有较为直接和密切的联系;二是能够取得相应的资源;三是有足够的热情;四是要有一定的专业知识和质量管理知识。此外,团队成员一定要包括一名专业技术人员和至少一名顾问。"陈组长点了点头:"您说得对。为了保证 QC 小组的专业性和系统性,还得请您继续提供技术指导。"

会后,经反复商讨,最终决定针对 S 制鞋公司的 A 产品质量问题组建 QC 小组。其中,由杜总出任倡导者,财务部主管提供财务效益分析,陈组长则担任项目主导人,其余小组成员主要由公司的生产管理部、物贸仓储部、公司办公室、战略规划部、财务部这几个核心部门的主管组成。

经过自愿报名与仔细斟酌,该课题 QC 小组组建完成,QC 小组具体成员表 11.1。

表 11.1　QC 小组成员表

倡导者	顾问	财务效益分析	项目主导人	小组成员
杜总	某教授	财务部部长	陈组长	核心部门主管

11.5　小试牛刀——A 产品的第一轮质量改进

QC 小组建立完成后,很快投入到了 A 产品的质量改进工作中。教授根据实地调研结果,和陈组长说明情况后,公司决定运用 PDCA 管理循环方法,对 S 制鞋公司的 A 产品进行质量改进。

11.5.1　计划阶段

该款鞋子在 S 制鞋公司每年会有大量的订单,生产过程中难免会出现一定的质量问题,合格率一般控制在 95.02% 左右。2017 年第四季度成品合格率是 95.01%,产成品总数为 917.6 万双,细算下来,每季度差不多会产生 45.8 万双残次品。因此,QC 小组经研究决定将 A 产品入库合格率提升至 99.59%,减少残次品。

首先,QC 小组实地调查和记录,对 S 制鞋公司 A 产品的生产流程进行分析,得出其生产流程图,如图 11.1 所示。

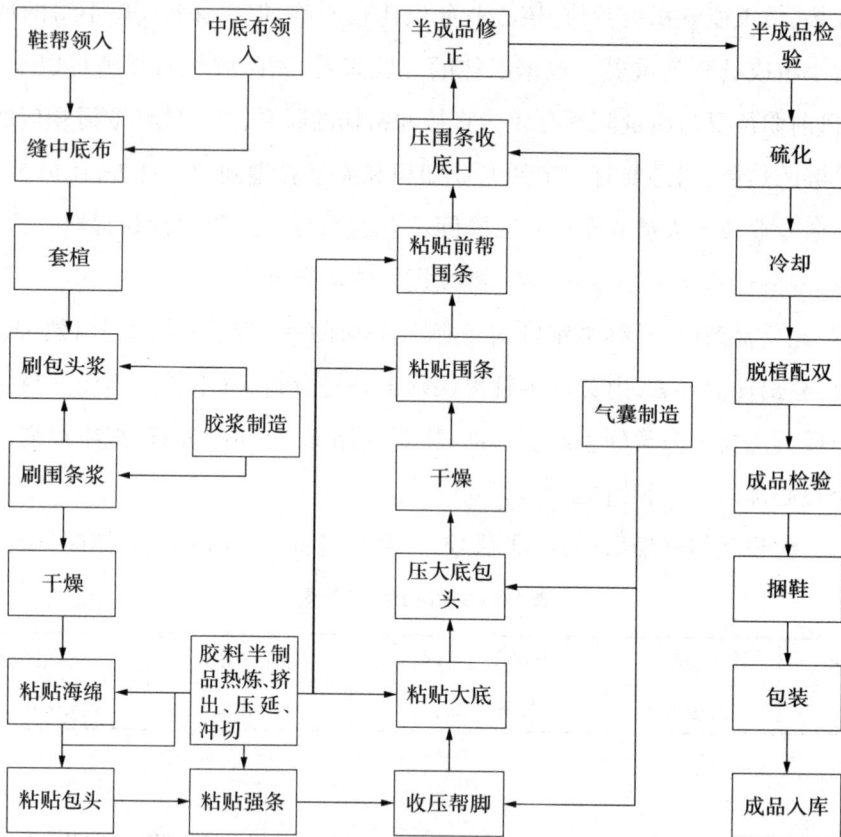

图 11.1　A 产品的生产流程图

可以看到,S 制鞋公司的 A 产品由鞋帮及大底两部分组成,经胶浆的粘合,再用围条、海绵、包头等配件进行压合、气囊制造等工序进行处理,加工步骤烦琐,出现质量问题的可能性比较大,且该款鞋子的大部分最终客户是一线劳动者,该种类型的客户对鞋子的质量要求较高。

陈组长要求负责销售的小杨详细调查客户对 A 产品质量的评价情况,报告显示,客户向 S 制鞋公司销售部反馈的问题主要有:①鞋子在使用初期便容易出现开胶情况;②鞋子的舒适度希望有所提高;③鞋子的款式可以进行适当的更新;④该款鞋子还存在其他质量问题。

为了进一步确定 A 产品在生产中影响质量的具体工序,陈组长安排负责产品质量检验的小林进行产品抽检。小林抽取了 800 双有质量问题的鞋子,分析其质量问题并分类，在教授的指导下绘制成 Pareto 图，如图 11.2 所示。可以看出，开胶问题占比最高，达到了 41.2%。由此，QC 小组发现最严重的质量问题是开胶，接下来就要分析开胶问题的主要影响因素，结合实际的生产制造能力，选择最佳的改善方案。

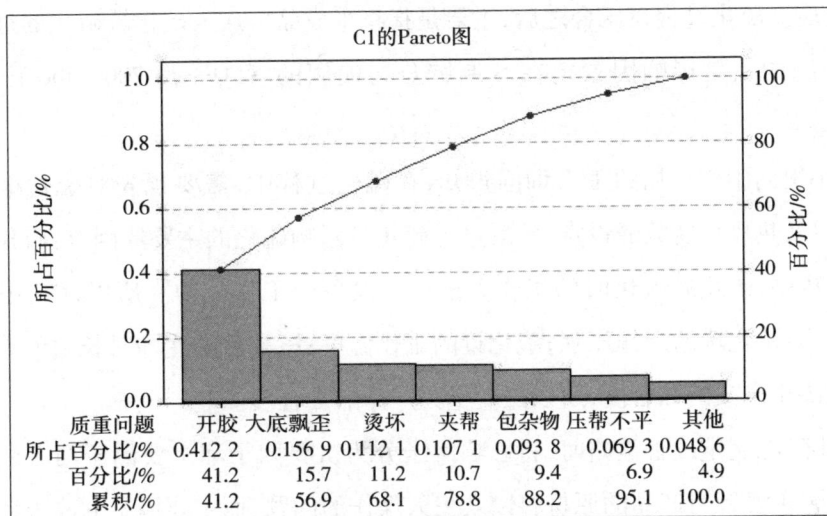

图 11.2　A 产品质量问题的 Pareto 图

质重问题	开胶	大底飘歪	烫坏	夹帮	包杂物	压帮不平	其他
所占百分比/%	0.412 2	0.156 9	0.112 1	0.107 1	0.093 8	0.069 3	0.048 6
百分比/%	41.2	15.7	11.2	10.7	9.4	6.9	4.9
累积/%	41.2	56.9	68.1	78.8	88.2	95.1	100.0

很快，QC 小组召集所有相关人员，如质量管理部门人员和现场负责人员，通过头脑风暴法对产品出现问题的原因进行了讨论。讨论从生产流程、人员、机器、原料、环境及方法等方面进行了讨论，最后通过把所有可能因素进行筛选，做成鱼骨图，如图 11.3 所示。

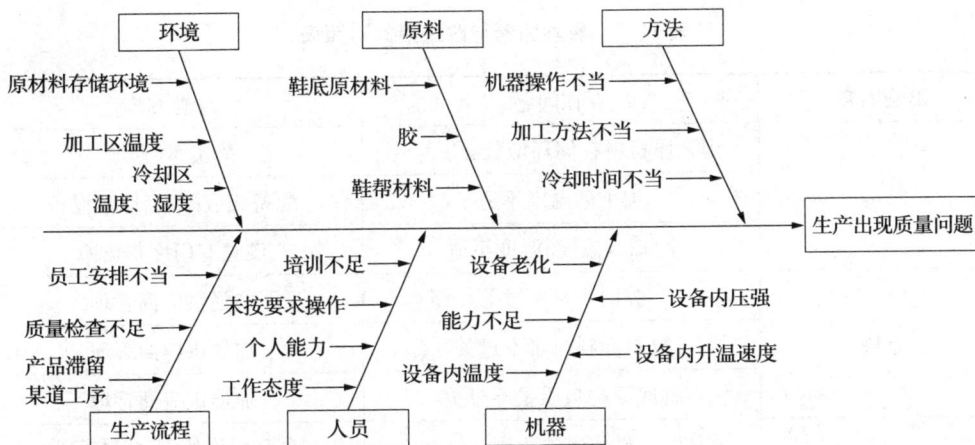

图 11.3　产品质量问题产生原因分析鱼骨图

通过上述分析,影响开胶的主要因素在于原材料、压合和硫化过程。S 制鞋公司是一家老牌的军工企业,原材料比较固定,生产过程中使用的胶是通过加工外界市场购买的产品所得,所以判定原材料对开胶问题的影响不大。压合过程是在刷胶、包头等工序之后。硫化过程在压合之后,主要是指将半成品鞋放入硫化罐硫化的过程。所以把此问题的主要影响因素定在 S 制鞋公司使用的 XLQ—ϕ1 700×400 卧式硫化罐上。

QC 小组向生产现场的工人询问得知,在硫化过程中,需要预先对硫化罐进行温度、气压以及热风机转数的设定,然后进行硫化。影响硫化的主要原因有:硫化罐硫化时的工作压强,硫化罐硫化时的工作温度以及设备的工作能力。所以,QC 小组将因变量确定为:硫化罐的工作压强;硫化罐的工作温度;压合后的冷却时长。因为开胶问题主要取决于产品的黏合度,所以因变量为产品的黏合度。

QC 小组在制定改善策略时,将影响因子分为次要因子和主要因子两大类。次要因子的改善主要针对产品的原材料以及工人操作的问题,而主要因子的改善针对的就是鞋子压合后的冷却时间和硫化罐机器的问题。

小组成员在测量阶段的制作工艺中利用鱼骨图对所有导致 S 制鞋公司产品质量问题的原因进行了分析,准备根据对应的问题提出相应的改善措施或建议。

首先,在次要因子改善中,QC 小组绘制了影响因素与改进措施对照表,见表 11.2。

表 11.2　影响因素与改进措施对照表

影响因素	存在问题	改进方法
环境	原材料存储环境脏、乱	落实 5S 管理
	加工区温度不适	配备相应降温、取暖设备
	冷却区温度、湿度不适	设立专门冷却场所
原料	胶的质量不过关	加强供应商管理
	鞋帮面料质量不过关	加强供应商管理
	鞋底原材料质量不过关	加强供应商管理
方法	操作方法不当	进行操作培训,规范行为
	压合后冷却时间较短	延长冷却时间

续表

影响因素	存在问题	改进方法
人员	质量意识淡薄	增强质量意识
	操作习惯不好	规范操作,保证质量
	个人技能较差	加强培训
机器	设备老化	引进新设备
	能力不足	
	设备内温度、压强等设定标准不当	
生产流程	员工安排不当	合理安排操作人员
	质量检查不足	
	产品滞留某道工序	

同时,小组为其他质量问题提出了相应的改进措施,见表 11.3。

表 11.3   质量问题及改进措施

质量问题	改进措施
大底飘歪	加强对工人的培训
	规范标准的操作方法
	改善工人的工作环境
烫坏	加强对工人的培训
	规范标准的操作方法
	调整每次进入硫化罐的鞋数
	改善工人的工作环境
夹帮	加强对工人的培训
	规范标准的操作方法
	改善工人的工作环境
包杂物	加强对工人的培训
	规范标准的操作方法
	改善工人的工作环境
	加强对购入原料的监管

续表

质量问题	改进措施
压帮不平	加强对工人的培训
	规范标准的操作方法
	改善工人的工作环境

　　QC 小组最终选择要优化的因素为:A 压合后鞋子的冷却时间、B 硫化罐内的最高温度以及 C 硫化罐内的最高压强,并决定通过 3 组实验分析得出 A、B、C 与 Y 黏合度的关系。在小组成员开展几轮实验之后发现,A、B、C 三种因素均对产品的黏合度有影响。所以,QC 小组决定采用正交实验法进一步确定三者的优化参数,结果显示,因素 C(硫化罐内的最高压强)对黏合度的影响最大,其次是因素 A(压合后的冷却时长),最小的是因素 B(硫化罐内的最高温度)。然后根据"因素各水平均值主效应图"确定最优参数组合,经分析可得最优组合对应的参数为:压合后的冷却时长 420 s,硫化罐内最高温度 135 ℃,硫化罐内最高压强 0.38 MPa。

11.5.2　策略实施

　　QC 小组针对因素 A 压合后的冷却时间,经过正交实验得出,压合后的冷却时间为 420 s,并在实际中为每辆冷却车配置计时器,严格按照优化结果执行。针对因素 B 硫化罐内的最高温度及因素 C 硫化罐内的最高压强,正交实验优化后的结果分别为 135 ℃、0.38 MPa,并在实际生产中调整压力表和温度显示器为相应的数值。

　　QC 小组与生产部进行对接,对优化后的生产指标进行落实,对改善的关键内容进行标准化,标准化更新表见表 11.4。

表 11.4　标准化更新表

项目	关键因子	显著因子	结论	控制方法		相关文件	
				以前	现在	SOP	条件设定表
1	时间	是	经过正交实验得到最佳参数	360 s	420 s	V	△
2	温度	是		134 ℃	135 ℃	V	△
3	压强	是		0.37 MPa	0.38 MPa	V	△

　　V:现有文件已控制;O:须改变;△:须增加;X:无须改变。

11.5.3 效果检查

在改进措施顺利部署之后，PDCA 质量管理也进入了第三个阶段（检查阶段）。QC 小组从策略实施后生产的 A 产品中抽选样本，运用 Xbar-R 控制图和过程能力检验对产品质量问题的改进效果进行检查。最终，小组得到了改善后的生产线的 35 个样品的黏合度数据。使用 Minitab 软件进行分析，绘制出样品的 Xbar-R 控制图及过程能力图，如图 11.4 所示。

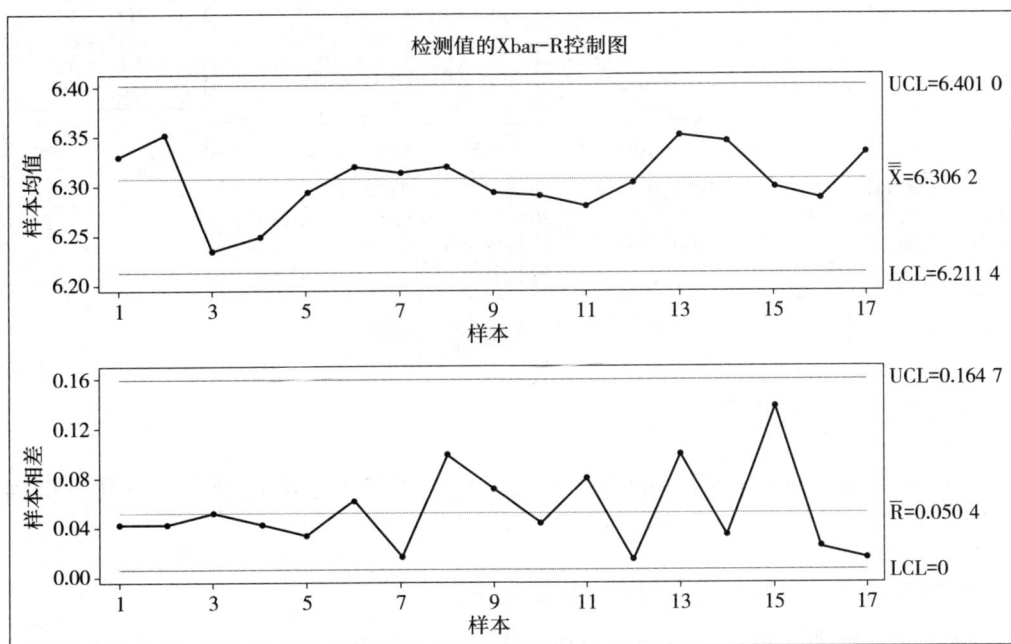

图 11.4 样品的 Xbar-R 控制图

分析样品的 $\overline{X}$ 控制图可以得出，其中心线是 6.306 2，说明改善后的过程都处于规格限制内；其次，所有的点均在限制范围之内，不存在变异。样品的 R 控制图显示出，其中心线在 0.050 4 处，并且没有落在限制范围外的点，表明该过程较为稳定。

从样品的过程能力图（图 11.5）中可以看出，改善后产品样品的黏合度平均为6.31 N/mm，相比改善前高出 0.37 N/mm。改善后的 Cpk 为 1.10，显然优于改善前的1.61。目前来看，此次改善是有效的。

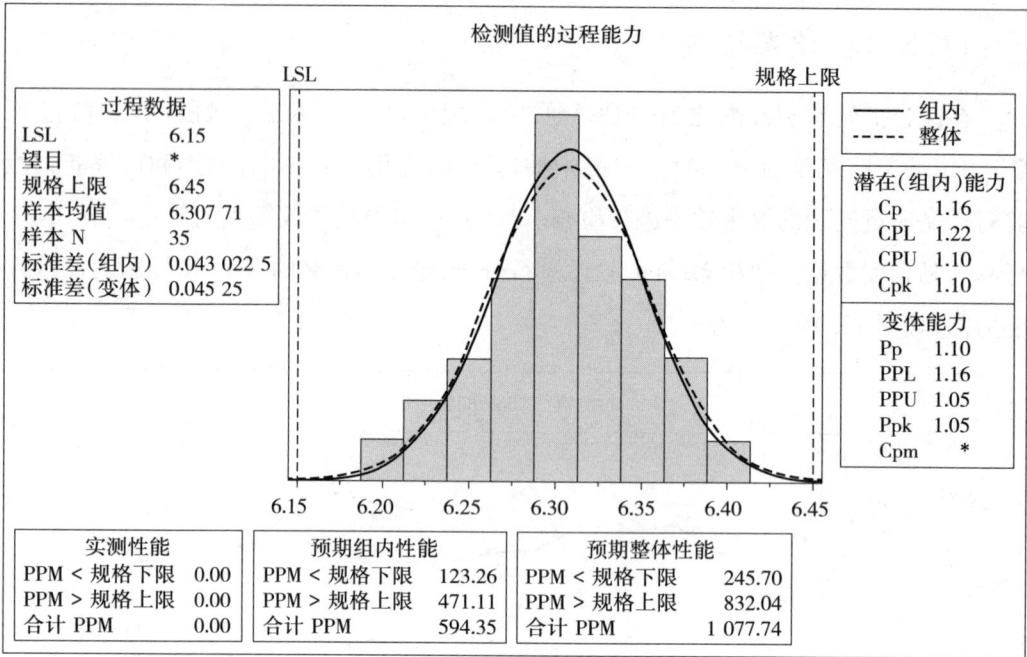

图 11.5　样品的过程能力图

11.5.4　处理阶段

为了进一步保证改善策略的有效开展,QC 小组经讨论决定制定以下几点巩固措施。

①将本次改善中的关键内容形成标准文件。

②依照标准文件对员工进行培训并考核。

③对员工日常工作中生产的产品进行质量抽检,并作为考核内容。

④在巩固期内继续观测压合后的冷却时间、硫化罐内的最高温度及硫化罐内的最高压强。

在采取措施后的一个月,QC 小组再一次统计调查了产品的合格率,令人欣慰的是,A 产品的入库合格率提升了 2.9%,从 95.01% 提升到了 97.91%,说明巩固措施有效。改善虽然是明显的,但 S 制鞋公司的质量改进仍在路上,其入库合格率没有达到目标要求,仍需进行新一轮的改善。

11.6 再接再厉——A 产品的第二轮质量改进

11.6.1 计划阶段

QC 小组首先对第一轮质量改进情况进行了分析,其实施情况见表 11.5。

表 11.5 改进方法实施后的情况对照表

影响因素	存在问题	改进方法	改进方法实施后情况
环境	原材料存储环境脏、乱	落实 5S 管理	存储合理有序
	加工区温度不适	配备相应降温、取暖设备	得到改善
	冷却区温度、湿度不适	设立专门冷却场所	
原料	胶的质量不过关	加强供应商管理	取得一定成效
	鞋帮面料质量不过关	加强供应商管理	
	鞋底原材料质量不过关	加强供应商管理	
方法	操作方法不当	进行操作培训,规范行为	得到改善
	压合后冷却时间较短	延长冷却时间	
人员	质量意识淡薄	增强质量意识	得到改善
	操作习惯不好	规范操作,保证质量	
	个人技能较差	加强培训	
机器	设备老化	引进新设备	得到改善
	能力不足		
	设备内温度、压强等设定标准不当		
生产流程	员工安排不当	合理安排员工	仍然存在问题
	质量检查不足		
	产品滞留某道工序		

陈组长将 QC 小组召集起来,并邀请大学教授参会,大家一起讨论下一步的质量改进方案。

陈组长说道:"经过第一轮的改进,产品的合格率得到了显著的提高,但是 A 产品改善后的入库合格率为 95.91%,仍旧未达到 99.50% 的目标。教授,我们接下来该怎么办?"教授会心一笑,说道:"PDCA管理办法仍是可行的,我们得让它循环起来,再进行一轮质量改进。昨晚我看了改进方法实施后的情况对照表,并且绘制新的产品质量问题产生原因的分析鱼骨图,发现影响产品合格率的原因出现在生产流程上,即员工的工作安排不合理。"

这时负责生产管理的小杨说道:"A产品的生产流程共有37道工序,44个员工,每道工序的操作难度和操作时间不同,导致员工的劳动强度不同,并出现产品滞留某道工序的现象。操作员工向我抱怨过,当生产过程中产品滞留时,不得不加快操作速度,劳动强度过高,出现疲惫或心理不平衡的情况,产生负面情绪,从而影响了他们的操作精度。"

教授点了点头,说道:"不错,为了提高整条生产线的质量,需要全员参与到提高质量的工作中来。PDCA质量管理隶属于全面质量管理阶段,以质量为中心,以全员参与为基础,实现让顾客满意和本组织所有成员及社会受益而达到的长期成功。所以一旦生产线上的员工出现负面情绪,就不能达到全员参与,必定影响整体产品合格率。"

陈组长看着桌上A产品的生产流程图,补充道:"整条生产线的各工序是串联进行的,系统稳定差,如果某道工序出现问题,其后续工序将无法进行或无效操作。所以非常有必要在关键工序上增加质量检查,减少后续工序的浪费。"

经过大家的讨论,发现在第一轮的改进中,只是凭经验对生产流程进行了适当的调整,并没有全面合理地平衡和优化生产流程,所以改善效果并不明显。

11.6.2 策略实施

QC小组通过对各工序的调查和测量,得到各工序的操作时间数据和人数,工序时间及处理结果见表11.6。

表11.6 工序时间及处理结果

工序号	工序名称	平均值	标准差	管制上限	管制下限
1	缝中底布	8.20	0.261 5	8.98	7.42
2	套楦	8.09	0.250 8	8.84	7.34
3	刷包头浆	3.92	0.170 3	4.43	3.41

工序号	工序名称	平均值	标准差	管制上限	管制下限
4	刷围条浆	10.02	0.391 9	11.2	8.84
5	干燥	17.00	0.795 7	19.4	14.6
6	粘贴海绵	5.02	0.275 5	5.85	4.19
7	粘贴包头	4.82	0.299 2	5.72	3.92
8	粘强条	3.22	0.194 4	3.8	2.64
9	收压帮脚	6.06	0.236 6	6.77	5.35
10	粘贴大底	5.98	0.264 9	6.77	5.19
11	压大底包头	8.74	0.218 9	9.4	8.08
12	干燥	2.40	0.169 4	2.91	1.89
13	检查	3.87	0.179 5	4.41	3.33
14	粘贴围条	13.22	0.391 6	14.4	12
15	粘贴前帮围条	9.93	0.218 1	10.6	9.28
16	压围条收底口	6.52	0.229 2	7.21	5.83
17	半成品修正	13.94	0.788 8	16.3	11.6
18	半成品检验	4.37	0.875 5	7	1.74
19	硫化	1 800	3.100 5	1 809	1 791
20	冷却	360	2.264 9	367	353
21	脱楦配双	2.5	0.264 4	3.29	1.71

教授告诉陈组长,可以根据 A 产品生产线的相关元素,运用相关软件对流水线设备进行可视化模型构建。陈组长立马安排小组成员依照教授的要求,完成模型的实体设置、参数设置,并运行模型,输出统计报告。

仿真结果显示,刷围条浆的繁忙率最大,一直处于忙碌状态,这与现场实际观察到的状况一致,因此 QC 小组确定这道工序是整个流程的瓶颈环节。除此之外,其他工序的有效工作率普遍在 60% 以下,空闲率比较大,等待现象严重。操作人员的工作率非常不均衡,有不少操作者的空闲时间很长,尤其是套楦、缝中底布和脱楦配双这三道工序。

为改善上述问题,QC 小组连夜赶工,制定出可行的策略。小组成员仔细比对调查数据后,从套楦工序的人员构成着手,考虑对套楦工序中的一名工人进行调动和培训,分配到繁忙率最大的刷围条浆这一工序。人员重新分配完成后,陈组长赶忙和教授沟通,再次运用软件仿真,查看结果。

然而问题接踵而来,从报告中发现粘贴包头+海绵成为了新的瓶颈工序。陈组长带领 QC 小组迎难而上,经过仿真实验分析后决定将原先在粘贴海绵环节的工人重新培训,使其成为粘贴海绵+包头工序的工人,这样生产线的繁忙率得到了更进一步的平衡。

这天,QC 小组决定深入到生产第一线,实地观察,发现半成品检验只在硫化之前进行,且有将近80%的产品需要返修。在半成品修正这道工序的工人会对部分半成品鞋的围条进行补胶操作,通过访谈得知,这是因为刷围条浆这道紧前工序没有充分进行刷浆。在对操作刷围条浆这一工序的工人进行重新培训过后,效果有所改善。为确保残次品不流入下道工序造成浪费,QC 小组决定在首道干燥工序后加入检查人员进行检查,发现不合格鞋品立即返工。这样半成品修正这道工序的工人就可以加入半成品检验这道工序,加快检验效率,生产线平衡。

有了第一轮产品质量的改进,QC 小组结合生产现状,决定尝试展开现场 8S 管理,进一步提高员工的节约意识、学习意识和安全意识。陈组长和小组成员向教授学习了8S 管理的相关内容,并在生产线上进行自上而下地推广。不久后,负责生产管理的小刘为陈组长带来了好消息。

首先,经过整理、整顿、清扫工作,生产线上无用的物料、废材被清除了;有用的工装夹具合理地摆放在一起,减少了员工取放的时间;生产线整体环境优化了,为产品生产、物料搬运营造了氛围,保证了产品的质量。其次,在各工序间引入看板架来控制生产线的 WIP。员工通过查看看板信息,可以方便地了解各工序间 WIP 的种类、数量和配送状况,并清楚零部件的优先生产次序,减少了过量生产带来的 WIP 堆积以及物料短缺造成的生产线中断。此外,在培训后,员工们普遍建立起了节约意识和安全意识,形成上工序为下工序负责的良好工作氛围。

陈组长和 QC 小组一起分享了这个大快人心的改善效果。严谨的教授再次对改善结果进行了仿真分析,结果显示生产线上各工序的生产过程和操作时间趋于平衡,与之前相比,工序的平均利用率提高了 28%,达到了 93.27%,闲置时间大大减少,生产线每日的运行时间减少了 492 s,改善效果十分明显。

11.6.3　检查阶段

随着改善策略的顺利实施,S 制鞋公司第二轮 PDCA 质量改善循环顺利地进入了第三阶段——检查。

QC 小组从策略实施后生产的 A 产品中再次抽选样本,并运用 Xbar-R 控制图和过程能力检验对产品质量问题的改进效果进行检查。通过分析样品的 $\overline{X}$ 控制图和样品的 R 控制图,发现改善后的结果都处于规格限制内;所有的点均在限制范围之内,不存在变异。目前来看,再次改善仍是有效的。

11.6.4　处理阶段

然而,为了巩固本次改善的实施效果,QC 小组对采取的措施进行标准化,将本次改善中的关键内容形成标准文件并严格执行。定期对员工进行培训,建立良好的工作氛围,并严格根据标准文件进行考核。

一系列工作正如火如荼地进行着,QC 小组对 2018 年一季度末 A 产品生产线质检阶段及入库合格率进行了统计,经过生产线的平衡及质量的管控,产品的入库合格率有了明显的提升。其中,半成品检验合格率从 30.04% 提高至 97.79%,入库合格率从 97.91% 提高至 99.57%。

这次的改进不仅大幅度提升了产品质量,达到了质量改善的目标,公司的生产效率也得到了明显的提升。陈组长以及 QC 小组其他成员们一直紧绷的神经也渐渐舒缓下来。

11.7　尾　声

此次组建 QC 小组,运用 PDCA 循环质量管理对 S 制鞋公司 A 产品的质量问题进行改善后,不仅有效地提高了产品的生产效率,而且调动起了所有工作人员的工作热情。A 产品也受到了客户的褒奖,订单源源不断。陈组长深刻明白,质量改进是一个持续的、阶梯式上升的过程,仍旧任重而道远,需要持续和严格地控制,步步赶超。

1. 在新西部大开发的战略背景下,以 S 制鞋公司为典型的西部制造业针对发展现状如何着手改进之路？ 有哪些启示？

2. S 制鞋公司的 A 产品在经营中遭遇到什么问题？ S 制鞋公司如何找出问题所在？

3. 陈组长为什么决定组建 QC 小组？ 你如何评价 S 制鞋公司 A 产品组建 QC 小组的结构以及团队人员的专业背景选择？ 如果你面临同样的情境如何组建团队？

4. S 制鞋公司进行一轮 PDCA 质量管理时分为哪些阶段？ 改进时为什么运用了一些分析工具？ 你认为还有哪些工具可以运用在该 PDCA 质量改进项目过程中？

5. S 制鞋公司 A 产品第二轮 PDCA 质量管理中各个阶段的重点是什么？ 有哪些需要注意和改进的地方？

使用说明

任重道远,步步赶超
——基于 QC 小组的 S 制鞋公司质量改进实践

11.1 教学目的与用途

（1）本案例主要适用于"质量管理"和"运营管理"两门课程的教学。

（2）本案例是一篇描述 S 制鞋公司 A 产品组建 QC 小组并实施 PDCA 循环质量管理实践的案例。S 制鞋公司 A 产品所遇到的质量管理问题具有很好的代表性,很多生产制造型企业在质量管理过程中都会遇到。

(3)本案例的教学目的:使学生了解和认识西部制造业的 PDCA 循环质量管理水平;了解中国东部、中部与西部制造企业的差距;引导学生学会使用组建 QC 小组、学习 PDCA 循环质量管理理论、方法和工具并具备分析和解决企业实际运营过程中所遇到的质量管理问题的能力。

(4)本案例覆盖的知识点:①质量管理的作用及意义。②QC 小组法。③PDCA 循环。

11.2　启发思考题

(1)在新西部大开发的战略背景下,以 S 制鞋公司为典型的西部制造业针对发展现状如何着手改进之路? 有哪些启示?

(2)S 制鞋公司的 A 产品在经营中遭遇到什么问题? S 制鞋公司如何找出问题所在?

(3)陈组长为什么决定组建 QC 小组? 你如何评价 S 制鞋公司 A 产品组建 QC 小组的结构以及团队人员的专业背景选择? 如果你面临同样的情境如何组建团队?

(4)S 制鞋公司进行一轮 PDCA 质量管理时分为哪些阶段? 改进时为什么运用了一些分析工具? 你认为还有哪些工具可以运用在该 PDCA 质量改进项目过程中?

(5)S 制鞋公司 A 产品第二轮 PDCA 质量管理中各个阶段的重点是什么? 有哪些需要注意和改进的地方?

11.3　分析思路

本案例系统地介绍了 S 制鞋公司 A 产品通过组建 QC 小组并实施 PDCA 循环管理提升产品质量的应用实例。教师可以根据自己的教学目标,重点分析案例中的情节,引导学生加强对质量管理知识的理解与掌握,特别是 QC 小组法与 PDCA 循环,从而提高学生完善企业质量管理的能力。这里提出如图 11.6 所示的分析思路,仅供参考。

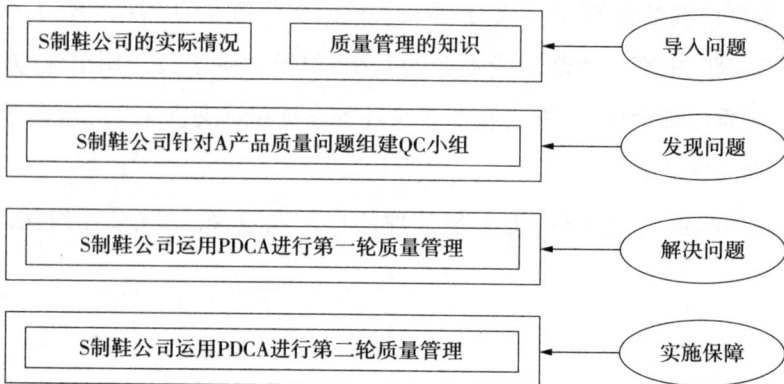

图 11.6　案例分析思路

11.4　理论分析

1）在新西部大开发的战略背景下，以 S 制鞋公司为典型的西部制造业针对发展现状如何着手改进之路？有哪些启示？

【案例分析】

教师可引导学生从宏观市场状况及相关国家政策的角度出发，全面展开对分析主体目前的运营环境、战略背景的梳理。只有深刻地把握当今时代的发展变化，围绕国家政策导向，才能实现稳步、高效发展，从而不被激烈的竞争所淘汰。分析在地域背景及环境相异的条件下，各地区企业的优势劣势、总结西部制造业与其他地域制造业的不同之处。引发学生针对西部制造业特殊的地域和环境条件如何决定企业的发展。在了解地域背景与企业特征之后，为西部制造业的改造提出一些建设性的意见。

教师可运用质量管理的分析逻辑结合案例正文引导学生对 S 制鞋公司质量管理改进的发展现状进行分析。S 制鞋公司作为西部制造企业的典型代表，是全国最早创立的大型军工鞋制造公司。随着创新驱动发展，供给侧结构性改革等政策的出台，工匠精神和创新精神成为企业改革重点。S 制鞋公司的产品，深受西南地区广大劳动人民和部队军人的喜爱。但是近年来它的销量却一直停滞不前，通过市场调研发现：客户反映，鞋子存在开胶问题，并且鞋子的舒适度有待提高。

S 制鞋公司逐步意识到产品质量的重要性，为了保障产品品质能够与东部企业相竞争,必须要提高产品的质量和效益,建立起自己的品牌。S 制鞋公司进行质量管理改进的最大目的便是摆脱发展困局塑造竞争优势以实现可持续发展。面对如今复杂多变的市场环境,制造业企业常常面临销量不如预期的困境,如何从根本出发解决客户在意的质量问题,帮助公司克服质量管理存在的问题是十分重要的。S 制鞋公司就是前车之鉴。所以管理者要随时掌握公司内外部环境变化,因地制宜,系统性地制定新的质量管理方案。

2)S 制鞋公司的 A 产品在经营中遭遇到什么问题? S 制鞋公司如何找出问题所在?

【理论依据】

QC 小组法

(1)QC 小组的定义

QC 小组即质量管理小组,是指在生产或工作岗位上从事各种劳动的职工,围绕企业的方针目标和现场存在的问题,以改进质量、降低消耗、提高经济效益和员工的素质为目的,运用质量管理的理论和方法开展活动的群众组织。

(2)QC 小组的分类

根据工作性质和内容的不同,QC 小组大致可以分为以下 4 种类型。

①现场型。主要由班组、工序、服务现场职工组成,以稳定工序,改进产品质量,降低物质消耗,提高服务质量为目的。

②攻关型。一般由干部、工程技术人员和工人组成,以解决有一定难度的质量关键为目的。

③管理型。以管理人员为主组成,以提高工作质量、改善与解决管理中的问题、提高管理水平为目的。

④服务型。由从事服务性工作的职工组成,以提高服务质量,推动服务工作标准化、程序化、科学化,提高经济效益和社会效益为目的。

(3)QC 小组的作用

①有利于发挥人的潜能,提高人的素质。

②有利于预防质量问题和改进质量。

③有利于实现全员参与管理。

④有利于改善人与人之间的关系,增强人的团结协作精神。

⑤有利于改善和加强管理工作,提高管理水平。

⑥有利于提高顾客的满意程度。

(4)QC 小组的成员

为了便于活动,小组人员不宜过多,一般 3~10 人较为合适。小组成员要牢固树立"质量第一"的思想,努力学习全面质量管理基本知识和其他现代管理方法,熟悉本岗位的技术标准和工艺规程,具有一定的专业知识和技术水平,并能积极参加活动。

QC 小组组长是小组的带头人。组长一般由全体组员选举产生,也可在组员同意的前提下,由行政领导提名。对于自愿结合的班组 QC 小组来讲,组长通常由小组的发起人担任。QC 小组组长应是全面质量管理的热心人,事业心强,技术水平和思维能力较强,善于团结群众,发挥集体智慧,掌握全面质量管理的基本知识和常用数理统计方法,并有一定的组织活动的能力。

(5)QC 小组的组建程序

由于各个企业的情况、欲组建的 QC 小组的类型,以及欲选择的活动课题特点等不同,所以组建 QC 小组的程序也不尽相同,大致可以分为以下 3 种情况。

①自下而上的组建程序。由同一班组的几个人(或一个人),根据想要选择的课题内容,推举一位组长(或邀请几位同事),共同商定是否组成一个 QC 小组,给小组取个什么名字,先要选个什么课题,确认组长人选。基本达成共识后,由经确认的 QC 小组组长向所在车间(或部门)申请注册登记,经主管部门审查认为具备建组条件后,即可发给小组注册登记表和课题注册登记表。组长按要求填好注册登记表,并交主管部门编录注册登记号,该 QC 小组的组建工作便告完成。这种组建程序,通常适用于那些由同一班组(或同一科室)内的部分成员组成的现场型、服务型,包括一些管理型的QC 小组。他们所选的课题一般都是自己身边的、力所能及的较小的问题。这样组建的 QC 小组,成员的活动积极性、主动性很高。企业主管部门应给予支持和指导,包括对小组骨干成员进行必要的培训,以使 QC 小组活动持续有效地发展。

②自上而下的组建程序。这是中国企业当前较普遍采用的。首先,由企业主管QC 小组活动的部门,根据企业实际情况,提出全企业开展 QC 小组活动的设想方案,然后与车间(或部门)的领导协商,达成共识后,由车间(或部门)与 QC 小组活动的主

管部门共同确定本单位应建几个 QC 小组,并提出组长人选,进而与组长一起物色每个 QC 小组所需的组员、所选的课题内容。最后由企业主管部门会同车间(部门)领导发给 QC 小组长注册登记表,组长按要求填完两表(即小组注册登记表、课题注册登记表),经企业主管部门审核同意,并编上注册号,小组组建工作即告完成。

这种组建程序较普遍地被"三结合"技术攻关型 QC 小组所采用。这类 QC 小组所选择的课题往往是企业或车间(部门)急需解决的、有较大难度的、牵涉面较广的技术、设备、工艺问题,需要企业或车间为 QC 小组活动提供一定的技术、资金条件。因此,难以自下而上组建。还有一些管理型 QC 小组,由于其活动课题也是自上而下确定,并且是涉及部门较多的综合性管理课题,因此,通常也采取这种程序组建。这样组建的 QC 小组,容易紧密结合企业的方针目标,抓住关键课题,给企业和 QC 小组成员带来直接的经济效益。又由于其有领导与技术人员的参与,活动得到了人力、物力、财力和时间的保证,利于取得成效,但易使成员产生"完成任务"感,影响活动的积极性、主动性。

③上下结合的组建程序。这是介于上面两种之间的一种。它通常是由上级推荐课题范围,经下级讨论认可,上下协商来组建。这主要是涉及组长和组员人选的确定,课题内容的初步选择等问题,其他程序与前两种相同。这样组建小组,可取前两种所长,避其所短,应积极倡导。

(6)QC 小组的活动程序

QC 小组组建以后,从选择课题开始,开展活动。活动的具体程序如下。

①选题。QC 小组活动课题的选择,一般为:根据企业方针目标和中心工作;根据现场存在的薄弱环节;根据用户(包括下道工序)的需要。从广义的质量概念出发,QC 小组的选题范围涉及企业各个方面的工作。因此,选题的范围是广泛的,概括起来主要有 10 大方面:提高质量;降低成本;设备管理;提高出勤率、工时利用率和劳动生产率,加强定额管理;开发新品,开设新的服务项目;安全生产;治理"三废",改善环境;提高顾客(用户)满意率;加强企业内部管理;加强思想政治工作,提高职工素质。

②确定目标值。课题选定以后,应确定合理的目标值。目标值的确定要注重目标值的定量化,使小组成员有一个明确的努力方向,便于检查,活动成果便于评价;注重实现目标值的可能性,既要防止目标值定得太低,小组活动缺乏意义,又要防止目标值

定得太高,久攻不克,使小组成员失去信心。

③调查现状。为了解课题的状况,必须认真做好现状调查。在进行现状调查时,应根据实际情况,应用不同的 QC 工具(如调查表、排列图、折线图、柱状图、直方图、管理图、饼分图等),进行数据的搜集整理。

④分析原因。对调查后掌握到的现状,要发动全体组员动脑筋,想办法,依靠掌握的数据,通过开"诸葛亮"会,集思广益,选用适当的 QC 工具(如因果图、关联图、系统图、相关图、排列图等)进行分析,找出问题的原因。

⑤找出主要原因。经过原因分析以后,将多种原因,根据关键、少数和次要多数的原理进行排列,从中找出主要原因。在寻找主要原因时,可根据实际需要应用排列图、关联图、相关图、矩阵分析、分层法等不同分析方法。

⑥制定措施。主要原因确定后,制订相应的措施计划,明确各项问题的具体措施,即要达到的目的,谁来做,何时完成以及检查人安排。

⑦实施措施。按措施计划分工实施。小组长要组织成员,定期或不定期地研究实施情况,随时了解课题进展,发现新问题要及时研究、调整措施计划,以达到活动目标。

⑧检查效果。措施实施后,应进行效果检查。效果检查是把措施实施前后的情况进行对比,看实施后的效果是否达到了预定的目标。如果达到了预定的目标,小组就可以进入下一步工作;如果没有达到预定的目标,就应对计划的执行情况及其可行性进行分析,找出原因,在第二次循环中加以改进。

⑨制定巩固措施。达到了预定的目标值,说明该课题已经完成。但为了保证成果得到巩固,小组必须将一些行之有效的措施或方法纳入工作标准、工艺规程或管理标准,经有关部门审定后纳入企业有关标准或文件。如果课题的内容只涉及本班组,就可以通过班组守则、岗位责任制等形式加以巩固。

⑩分析遗留问题。小组通过活动取得了一定的成果,也就是经过了一个 PDCA 循环。这时候,应对遗留问题进行分析,并将其作为下一次活动的课题,进入新的 PDCA 循环。

⑪总结成果资料。小组将活动的成果进行总结,是自我提高的重要环节,也是成果发表的必要准备,还是总结经验、找出问题、进行下一个循环的开始。

以上步骤是 QC 小组活动的全过程,体现了一个完整的 PDCA 循环。由于 QC 小组每次取得成果后,能够将遗留问题作为小组下个循环的课题(如没有遗留问题,则提出新的打算),因此,QC小组活动能够持久、深入地开展,推动PDCA循环不断前进。

【案例分析】

教师引导学生围绕S制鞋公司A产品的特性,分析出S制鞋公司A产品销售经营现状:销售量下滑、不能满足客户的要求、产品合格率不达标、生产过程存在问题。针对质量问题,公司哪些部门和员工会与产品质量问题产生直接关联。

A产品是S制鞋公司的主要产品,深受西南地区广大劳动人民和部队军人的喜爱。但是近年来它的销量却一直停滞不前,2017年度A产品的销量跌幅高达10%,在进行质量管理改进之前A产品的入库合格率仅为95.01%,其每个季度总产量为917.6万双,也就是说每个季度差不多会产生45.8万双残次品的鞋子。A产品的生产线生产出的鞋子质量合格率没有达标,而公司的目标客户对鞋子质量的要求又比较高,客户得不到满足,销售出现下滑,严重影响公司的整体效益。所以S制鞋公司的产品质量问题必须有所改善,才能在激烈的竞争中取得优势,满足客户需求,推动公司稳步发展,S制鞋公司成立QC小组活动以期找出问题所在。QC小组活动是企业加强质量管理并持续改进的重要手段,是企业推行全面质量管理的一种全员参与方式。现场型的QC小组以稳定工序质量、改善产品质量、现场安全、设备保全、降低物资消耗、改善作业环境、降低劳动强度、提高工作效率和工作质量为活动目的,能够有效地解决公司现阶段的质量问题。

3)陈组长为什么决定组建QC小组?你如何评价S制鞋公司A产品组建QC小组的结构以及团队人员的专业背景选择?如果你面临同样的情境如何组建团队?

【理论依据】 略。

【案例分析】

首先,在S制鞋公司A产品目前的质量管理基础之上,根据企业特点和管理人员的负责内容,引导学生分析S制鞋公司在注重客户需求、核心业务单一、员工积极参与等方面情况。S制鞋公司面临产品质量困境,同时S制鞋公司是一个相对来说较小的企业,组织结构相对简单,这就可以在上下级建立快速沟通的渠道,使上级的指令在短时间内传达下来,并进行落实,实施QC小组,这样可以在短时间内将公司内部所有的资源充分调动起来加以利用,拥有推行 QC 小组活动的优势;生产 A 产品的很多技术工人文化水平不高,保留了原有的生产工艺,生产流程也比较传统,对质量的概念不了解,但是对于学习知识和技术富有热情,大家普遍认同质量是产品的根本所在,愿意积极地参与到改进产品质量的活动中来,具备了实施 QC 小组活动的条件;S 制鞋公司属于全国最早的军工企业,也是大型的军工鞋制造企业,公司绝大部分的资源都集中在产品的制造生产上,所以其核心业务具有单一、明确的特点,充分考虑组建 QC 小组和实施 PDCA 循环管理的适用条件,进行可行性分析。

其次,文中的陈组长在教授的指导下成立 QC 小组,引导学生思考以这样的方式组建项目团队需要合理、高效的人员组织来承担质量改进活动,S 制鞋公司针对 A 产品质量问题组建 QC 小组。其中,由杜总出任倡导者,财务部主管提供财务效益分析,陈组长则担任项目主导人,其余小组成员主要由公司的生产管理部、物贸仓储部、公司办公室、战略规划部、财务部这几个核心部门的主管组成,从而使得改进顺利实现。在组织结构中,项目负责人和成员的选取至关重要,决定着整个项目的成败。以实际案例引起学员对项目团队建立的重视,了解、分析并建立一个高效、合适的质量团队的方法,引发学生对团队组建的思考。

4)S 制鞋公司进行一轮 PDCA 质量管理时分为哪些阶段? 改进时为什么运用了一些分析工具? 你认为还有哪些工具可以运用在该 PDCA 质量改进项目过程中?

【理论依据】

PDCA 循环

(1)PDCA 循环的定义

PDCA 循环是美国质量管理专家休哈特博士首先提出的,由戴明采纳、宣传、普及,所以又称戴明环。全面质量管理的思想基础和方法依据就是 PDCA 循环。PDCA 循环的含义是将质量管理分为 4 个阶段,即计划(Plan)、执行(Do)、检查(Check)、处理(Act)。在质量管理活动中,要求把各项工作按照做出计划、计划实施、检查实施效果,然后将成功的纳入标准,不成功的留待下一循环去解决。这一工作方法是质量管理的基本方法,也是企业管理各项工作的一般规律。

PDCA 循环就是按照这样的顺序进行质量管理,并且循环不止地进行下去的科学程序。

P(Plan)计划:包括方针和目标的确定,以及活动规划的制定。

D(Do)执行:根据已知的信息,设计具体的方法、方案和计划布局;再根据设计和布局,进行具体运作,实现计划中的内容。

C(Check)检查:总结执行计划的结果,分清哪些对了,哪些错了,明确效果,找出问题。

A(Act)处理:对总结检查的结果进行处理,对成功的经验加以肯定,并予以标准化;对于失败的教训也要总结,引起重视。对于没有解决的问题,应提交给下一个PDCA 循环中去解决。

以上 4 个过程不是运行一次就结束,而是周而复始地进行,一个循环完了,解决一些问题,未解决的问题进入下一个循环,这样阶梯式上升的。

PDCA 循环是全面质量管理所应遵循的科学程序。全面质量管理活动的全部过程,就是质量计划的制定和组织实现的过程,这个过程就是按照 PDCA 循环,不停顿地周而复始地运转的。

(2)PDCA 循环过程

①P(计划)阶段。根据顾客的要求和组织的方针,为提供结果建立必要的目标和过程。

选择课题、分析现状、找出问题。强调的是对现状的把握和发现问题的意识、能力,发现问题是解决问题的第一步,是分析问题的条件。新产品设计开发所选择的课题范围是以满足市场需求为前提,以企业获利为目标的。同时也需要根据企业的资源、技术等能力来确定开发方向。课题是本次研究活动的切入点,课题的选择很重要,如果不进行市场调研,论证课题的可行性,就可能带来决策上的失误,有可能在投入大量人力、物力、财力后造成设计开发的失败。比如,一个企业如果对市场发展动态信息缺少灵敏性,可能花大力气开发的新产品,在另一个企业已经是普通产品,这就会造成人力、物力、财力的浪费。选择一个合理的项目课题可以减少研发的失败率,降低新产品投资失败的风险。选择课题时可以使用调查表、排列图、水平对比等方法,使头脑风暴能够结构化呈现较直观的信息,从而帮助管理者做出合理决策。

选定目标,分析产生问题的原因。找准问题后,分析产生问题的原因至关重要,运用头脑风暴法等多种集思广益的科学方法,把问题产生的所有原因统统找出来。明确了研究活动的主题后,需要设定一个活动目标,也就是规定活动所要做到的内容和达到的标准。目标可以是定性加定量化的,能够用数量来表示的指标要尽可能量化,不能用数量来表示的指标也要明确。目标是用来衡量实验效果的指标,所以设定应该有依据,要通过充分的现状调查和比较来获得。例如,一种新药的开发必须了解、掌握政府部门所制定的新药审批政策和标准。制定目标时可以使用关联图、因果图来系统化地揭示各种可能之间的联系,同时使用甘特图来制订计划时间表,从而可以确定研究进度并进行有效的控制。

列出各种方案并确定最佳方案,区分主因和次因是最有效解决问题的关键。创新并非单纯指发明创造的创新产品,还可以包括产品革新、产品改进和产品仿制等。其过程就是设立假说,然后去验证假说,目的是从影响产品特性的一些因素中去寻找出好的原料搭配、好的工艺参数搭配和工艺路线。然而现实条件中不可能把所有想到的实验方案都实施,所以提出各种方案后优选并确定出最佳的方案是较有效率的方法。筛选出所需要的最佳方案,统计质量工具能够发挥较好的作用。正交试验设计法、矩阵图都是进行多方案设计中效率高、效果好的工具方法。

制定对策、制订计划。有了好的方案,其中的细节也不能忽视,计划的内容如何完成好,需要将方案步骤具体化,逐一制定对策,明确回答出方案中的"5W1H",即为什么制定该措施(Why),达到什么目标(What),在何处执行(Where),由谁负责完成(Who),什么时间完成(When),如何完成(How)。使用过程决策程序图或流程图,方案的具体实施步骤将会得到分解。

②D(执行)阶段。按照预定的计划、标准,根据已知的内外部信息,设计出具体的行动方法、方案,进行布局。再根据设计方案和布局,进行具体操作,努力实现预期目标的过程。

设计出具体的行动方法、方案,进行布局,采取有效的行动。产品的质量、能耗等是设计出来的,通过对组织内外部信息的利用和处理,做出设计和决策,是当代组织最重要的核心能力。设计和决策水平决定了组织执行力。

对策制定完成后就进入了实验、验证阶段,也就是做的阶段。在这一阶段除了按计划和方案实施外,还必须要对过程进行测量,确保工作能够按计划进度实施。同时建立数据采集,收集起始过程的原始记录和数据等项目文档。

③C(检查)阶段。确认实施方案是否达到了目标。效果检查,检查验证、评估效果。"下属只做你检查的工作,不做你希望的工作。"IBM 的前 CEO 郭士纳的这句话一语道破检查验证、评估效果的重要性。方案是否有效、目标是否完成,需要进行效果检查后才能得出结论。将采取的对策进行确认后,对采集到的证据进行总结分析,把完成情况同目标值进行比较,看是否达到了预定的目标。如果没有出现预期的结果,应确认是否严格按照计划实施对策,如果是,就意味着对策失败,需要重新进行最佳方案的确定。

④A(处理)阶段。标准化,固定成绩标准化是维持企业治理现状不下滑,积累、沉淀经验的最好方法,也是企业治理水平不断提升的基础。可以这样说,标准化是企业治理系统的动力,没有标准化,企业就不会进步,甚至下滑。

对已被证明的有成效的措施,要进行标准化,制定成工作标准,以便以后的执行和推广。

问题总结,处理遗留问题。所有问题不可能在一个 PDCA 循环中全部解决,遗留的问题会自动转进下一个 PDCA 循环,如此,周而复始,螺旋上升。

处理阶段是 PDCA 循环的关键。因为处理阶段就是解决存在的问题、总结经验和吸取教训的阶段。该阶段的重点又在于修订标准,包括技术标准和管理制度。没有标准化和制度化,就不可能使 PDCA 循环转动向前。

【案例分析】

引导学生了解 PDCA 质量管理中主要存在计划阶段、策略实施、效果检查和处理阶段 4 个方面内容。在每个阶段中都会有相应的分析工具辅助管理,让学生了解 Pareto 图、鱼骨图、控制图等的作用是什么,分别适用于哪些方面。并对各个阶段所使用的方法和工具进行总结和对比,归纳整理各常用分析工具的使用情况,以增强学生的实践能力。

5)S 制鞋公司 A 产品第二轮 PDCA 质量管理中各个阶段的重点是什么? 有哪些需要注意和改进的地方?

【案例分析】

引导学生充分了解 PDCA 质量管理的 4 个阶段的关键任务。

计划阶段是 S 制鞋公司 A 产品质量改进的第一步,强调的是把握现状和发现问题,其核心和关键在于确定方案,要明确问题并进行初步分析。执行阶段是 PDCA 质量管理的第二阶段,要按照预定的计划、标准,根据已知的内外部信息,设计出具体的行为方法、方案,进行布局,再根据设计方案和布局,进行具体操作,努力实现预期目标。检查阶段是确认实施方案是否达到了目标的阶段,将采取的对策进行确认后,对采集到的证据进行总结分析,把完成情况同目标值进行比较,看是否达到了预定的目标。处理阶段是 PDCA 循环的关键,该阶段的重点在于修订标准,包括技术标准和管理制度,没有标准化和制度化,就不可能使 PDCA 循环转动向前。

11.5 关键要点

(1)质量管理是每个公司永恒的话题,质量管理的方法有多种(如全面质量管理、PDCA 循环质量管理、QC 小组等)。当一个企业面临质量问题时,只有根据该企业的实际情况,才能确定有效的、适合的质量改进方法。在本案例中,由于本次质量改进有专业人士的指导、企业结构相对简单、员工积极参与以及其核心业务明确这 4 个要点,这使得 S 制鞋公司选择组建 QC 小组,实施 PDCA 循环质量管理方法来进行质量改进。

(2)PDCA 循环质量管理需要合理、高效的人员组织结构来保障质量改进活动得以顺利实现。质量改进若实施失败,最大的原因就是缺少这样的一个人员组织结构。在组织结构中,项目负责人和小组成员的选取至关重要,决定着整个项目的成败。

(3)引导学生深入了解 PDCA 循环质量管理的核心思想,系统地掌握 PDCA 循环质量管理的实施步骤。

(4)了解并学习使用 PDCA 循环质量管理的阶段划分和相关分析工具。